内蒙古民族文化通鉴·调查系列丛书

阿古拉地区农牧民变迁调查

文　明　王关区◎著

中国社会科学出版社

图书在版编目(CIP)数据

阿古拉地区农牧民变迁调查 / 文明，王关区著 . —北京：中国社会科学出版社，
2024.4

（内蒙古民族文化通鉴 . 调查系列丛书）

ISBN 978-7-5227-1249-9

Ⅰ.①阿…　Ⅱ.①文…②王…　Ⅲ.①牧区—农民—生活状况—调查—科尔沁
左翼后旗②牧区—牧民—生活状况—调查—科尔沁左翼后旗③牧区—农民—生产
状况—调查—科尔沁左翼后旗④牧区—牧民—生产状况—调查—科尔沁左翼后旗
Ⅳ.①D422.826.4②F325.726.4

中国国家版本馆 CIP 数据核字（2023）第 031238 号

出 版 人	赵剑英
责任编辑	宫京蕾
特约编辑	芮 信
责任校对	刘 娟
责任印制	郝美娜

出　　版	中国社会科学出版社
社　　址	北京鼓楼西大街甲 158 号
邮　　编	100720
网　　址	http：// www.csspw.cn
发 行 部	010-84083685
门 市 部	010-84029450
经　　销	新华书店及其他书店

印刷装订	北京君升印刷有限公司
版　　次	2024 年 4 月第 1 版
印　　次	2024 年 4 月第 1 次印刷

开　　本	710×1000　1/16
印　　张	16.75
插　　页	2
字　　数	288 千字
定　　价	98.00 元

《内蒙古民族文化通鉴》总序

乌 兰

"内蒙古民族文化研究建设工程"成果集成——《内蒙古民族文化通鉴》（简称《通鉴》）六大系列数百个子项目的出版物已陆续与学界同人和广大读者见面了。这是内蒙古民族文化传承保护建设中的一大盛事，也是对中华文化勃兴具有重要意义的一大幸事。借此《通鉴》出版之际，谨以此文献给所有热爱民族文化，坚守民族文化的根脉，为民族文化薪火相传而殚智竭力、辛勤耕耘的人们。

一

内蒙古自治区位于祖国北部边疆，土地总面积 118.3 万平方公里，占中国陆地国土总面积的八分之一，现设 9 市 3 盟 2 个计划单列市，全区共有 102 个旗县（市、区），自治区首府为呼和浩特。2014 年，内蒙古总人口 2504.81 万，其中蒙古族人口 458.45 万，汉族人口 1957.69 万，包括达斡尔族、鄂温克族、鄂伦春族"三少"自治民族在内的其他少数民族人口 88.67 万；少数民族人口约占总人口的 21.45%，汉族人口占 78.15%，是蒙古族实行区域自治、多民族和睦相处的少数民族自治区。内蒙古由东北向西南斜伸，东西直线距离 2400 公里，南北跨度 1700 公里，横跨东北、华北、西北三大区，东含大兴安岭，西包阿拉善高原，南有河套、阴山，东南西与 8 省区毗邻，北与蒙古国、俄罗斯接壤，国境线长达 4200 公里。内蒙古地处中温带大陆气候区，气温自大兴安岭向东南、西南递增，降水自东南向西北递减，总体上干旱少雨，四季分明，寒暑温差很大。全区地理上大致属蒙古高原南部，从东到西地貌多样，有茂密的森林，广袤的草原，丰富的矿藏，是中国为数不多的资源富集大区。

内蒙古民族文化的主体是自治区主体民族蒙古族的文化，同时也包括达斡尔族、鄂温克族、鄂伦春族等人口较少世居民族多姿多彩的文化和汉族及其他各民族的文化。

"内蒙古"一词源于清代"内札萨克蒙古"，相对于"外扎萨克蒙古"即"外蒙古"。自远古以来，这里就是人类繁衍生息的一片热土。1973 年在呼和浩特东北发现的大窑文化，与周口店第一地点的"北京人"属同一时期，距今 50 万—70 万年。1922 年在内蒙古伊克昭盟乌审旗萨拉乌苏河发现的河套人及萨拉乌苏文化、1933 年在呼伦贝尔扎赉诺尔发现的扎赉诺尔人，分别距今 3.5 万—5 万年和 1 万—5 万年。到了新石器时代，人类不再完全依赖天然食物，而已经能够通过自己的劳动生产食物。随着最后一次冰河期的迅速消退，气候逐渐转暖，原始农业在中国北方地区发展起来。到了公元前 6000 年—前 5000 年，内蒙古东部和西部两个亚文化区先后都有了原始农业。

"红山诸文化"（苏秉琦语）和海生不浪文化的陆续兴起，使原始定居农业逐渐成为主导的经济类型。红山文化庙、坛、冢的建立，把远古时期的祭祀礼仪制度及其规模推进到一个全新的阶段，使其内容空前丰富，形式更加规范。"中华老祖母雕像""中华第一龙""中华第一凤"——这些在中华文明史上具有里程碑意义的象征物就是诞生在内蒙古西辽河流域的红山文化群。红山文化时期的宗教礼仪反映了红山文化时期社会的多层次结构，表明"'产生了植根于公社，又凌驾于公社之上的高一级的社会组织形式'（苏秉琦语——引者注），这已不是一般意义上的新石器时代文化概念所能包容的，文明的曙光已照耀在东亚大地上"①。

然而，由于公元前 5000 年和公元前 2500 年前后，这里的气候出现过几次大的干旱及降温，原始农业在这里已经不再适宜，从而迫使这一地区的原住居民去调整和改变生存方式。夏家店文化下层到上层、朱开沟文化一至五段的变迁遗迹，充分证明了这一点。气候和自然环境的变化、生产力的进一步发展，必然促使这里的人类去寻找更适合当地生态条件、创造具有更高劳动生产率的生产方式。于是游牧经济、游牧文化诞生了。

①　田广金、郭素新：《北方文化与匈奴文明》，江苏教育出版社 2005 年版，第 131 页。

历史上的游牧文化区，基本处于北纬40度以北，主要地貌单元包括山脉、高原草原、沙漠，其间又有一些大小河流、淡水咸水湖泊等。处于这一文化带上的蒙古高原现今冬季的平均气温在-10℃—20℃之间，年降雨量在400毫米以下，干燥指数在1.5—2之间。主要植被是各类耐寒的草本植物和灌木。自更新世以来，以有蹄类为主的哺乳动物在这一地区广泛分布。这种生态条件，在当时的生产力水平下，对畜牧业以外的经济类型而言，其制约因素无疑大于有利因素，而选择畜牧、游牧业，不仅是这种生态环境条件下的最佳选择，而且应该说是伟大的发明。比起从前在原始混合型经济中饲养少量家畜的阶段，逐水草而居，"依天地自然之利，养天地自然之物"的游牧生产、生活方式有了质的飞跃。按照人类学家L. 怀特、M. D. 萨林斯关于一定文化级差与一定能量控驭能力相对应的理论，一头大型牲畜的生物能是人体生物能的1—5倍，一人足以驾驭数十头牲畜从事工作，可见真正意义上的畜牧、游牧业的生产能力已经与原始农业经济不可同日而语。它表明草原地带的人类对自身生存和环境之间的关系有了全新的认识，智慧和技术使生产力有了大幅提高。

马的驯化不但使人类远距离迁徙游牧成为可能，而且让游牧民族获得了在航海时代和热兵器时代到来之前绝对所向披靡的军事能力。游牧民族是个天然的生产军事合一的聚合体，具有任何其他民族无法比拟的灵活机动性和长距离迁徙的需求与能力。游牧集团的形成和大规模运动，改变了人类历史。欧亚大陆小城邦、小农业公社之间封闭隔绝的状况就此终结，人类社会各个群体之间的大规模交往由此开始，从氏族部落语言向民族语言过渡乃至大语系的形成，都曾有赖于这种大规模运动；不同部落、不同族群开始通婚杂居，民族融合进程明显加速，氏族部族文化融合发展成为一个个特色鲜明的民族文化，这是人类史上的一次历史性进步，这种进步也大大加快了人类文化的整体发展进程。人类历史上的一次划时代的转折——从母权制向父权制的转折也是由"游牧部落"带到农耕部落中去的。①

对现今中国北方地区而言，到了公元前1000年前后，游牧人的时期

---

①　[苏] Д. E. 叶列梅耶夫：《游牧民族在民族史上的作用》，《民族译丛》1987年第5、6期。

业已开始，秦汉之际匈奴完成统一草原的大业，此后的游牧民族虽然经历了许多次的起起伏伏，但总体十分强势，一种前所未有的扩张从亚洲北部，由东向西展开来。于是，被称为"世界历史两极"的定居文明与草原畜牧者和游牧人开始在从长城南北到中亚乃至欧洲东部的广阔地域内进行充分的相互交流。到了"蒙古时代"，一幅中世纪的"加泰罗尼亚世界地图"，如实反映了时代的转换，"世界体系"以"蒙古时代"为开端确立起来，"形成了人类史上版图最大的帝国，亚非欧世界的大部分在海陆两个方向上联系到了一起，出现了可谓'世界的世界化'的非凡景象，从而在政治、经济、文化、商业等各个方面出现了东西交流的空前盛况"。① 直到航海时代和热兵器时代到来之后，这种由东向西扩张的总趋势才被西方世界扭转和颠倒。而在长达约两千年的游牧社会历史上，现今的内蒙古地区始终是游牧文化圈的核心区域之一，也是游牧世界与华夏民族、游牧文明与农耕文明碰撞激荡的最前沿地带。

在漫长的历史过程中，广袤的北方大草原曾经是众多民族繁衍生息的家园，他们在与大自然的抗争和自身的生存发展过程中创造了各民族自己的文化，形成了以文化维系起来的人群——民族。草原各民族有些是并存于一个历史时期，毗邻而居或交错居住，有些则分属于不同历史时期，前者被后者更替，后者取代前者，薪尽而火传。但不论属何种情形，各民族文化之间都有一个彼此吸纳、继承、逐渐完成民族文化自身的进化，然后在较长历史时期内稳定发展的过程。比如，秦汉时期的匈奴文化就是当时众多民族部落文化和此前各"戎""狄"文化的集大成。魏晋南北朝时期的鲜卑文化，隋唐时期的突厥文化，宋、辽、金时期的契丹、女真、党项族文化，元代以来的蒙古族文化都是如此。

二

　　蒙古民族是草原文化的集大成者，蒙古文化是草原文化最具代表性的文化形态，蒙古民族的历史集中反映了历史上草原民族发展变迁的基本

_____

① 《杉山正明谈蒙古帝国："元并非中国王朝"一说对错各半》，《东方早报·上海书评》2014 年 7 月 27 日。

规律。

有人曾用"蝴蝶效应"比喻 13 世纪世界历史上的"蒙古风暴"——斡难河畔那一次蝴蝶翅膀的扇动引起周围空气的扰动，能量在连锁传递中不断增强，最终形成席卷亚欧大陆的铁骑风暴。这场风暴是由一位名叫铁木真的蒙古人掀起，他把蒙古从一个部落变成一个民族，于 1206 年建立了大蒙古汗国。铁木真统一蒙古各部之后，首先废除了氏族和部落世袭贵族的权力，使所有官职归于国家，为蒙古民族的历史进步扫清了重要障碍，并制定了世界上第一部具有宪法意义、包含宪政内容的成文法典，而这部法典要比英国在世界范围内最早制定的宪法性文件早了九年。成吉思汗确立了统治者与普通牧民负同等法律责任、享有同等宗教信仰自由等法律原则，建立了定期人口普查制度，创建了最早的国际邮政体系。

13、14 世纪的世界可被称为蒙古时代，成吉思汗缔造的大蒙古国囊括了多半个亚欧版图，发达的邮驿系统将东方的中国文明与西方的地中海文明相连接，两大历史文化首度全面接触，对世界史的影响不可谓不深远。亚欧大陆后来的政治边界划分分明是蒙古帝国的遗产。成吉思汗的扩张和西征，打破了亚欧地区无数个城邦小国、定居部落之间的壁垒阻隔，把亚欧大陆诸文明整合到一个全新的世界秩序之中，因此他被称为"缔造全球化世界的第一人"①。1375 年出现在西班牙东北部马略卡岛的一幅世界地图——"卡塔拉地图"（又称"加泰罗尼亚地图"，现藏于法国国家图书馆），之所以被称为"划时代的地图"，并非因为它是标明马可·波罗行旅路线的最早地图，而是因为它反映了一个时代的转换。从此，东西方之间的联系和交往变得空前便捷、密切和广泛。造纸、火药、印刷术、指南针——古代中国的这些伟大发明通过蒙古人，最终真正得以在欧洲推广开来；意大利作家但丁、薄伽丘和英国作家乔叟所用的"鞑靼绸""鞑靼布""鞑靼缎"等纺织品名称，英格兰国王指明要的"鞑靼蓝"，还有西语中的许多词汇，都清楚地表明东方文化以蒙古人为中介传播到西方的那段历史；与此同时，蒙古人从中亚细亚、波斯引进许多数学家、工匠和管理人员，以及诸如高粱、棉花等农作物，并将其传播到中国和其他

---

① ［美］杰克·威泽弗德：《成吉思汗与今日世界之形成》，温海清、姚建根译，重庆出版社 2006 年版，第 8 页封面。

地区，从而培育或杂交出一系列新品种。由此引发的工具、设备、生产工艺的技术革新，其意义当然不可小觑；特别是数学、历法、医学、文学艺术方面的交流与互动，知识和观念的传播、流动，打破了不同文明之间的隔阂，以及对某一文明的偏爱与成见，其结果就是全球文化和世界体系若干核心区的形成。1492 年，克里斯托弗·哥伦布说服两位君主，怀揣一部《马可·波罗游记》，信心满满地扬帆远航，为的就是找到元朝的"辽阳省"，重建与蒙古大汗朝廷的海上联系，恢复与之中断的商贸往来。由于蒙古交通体系的瓦解和世界性的瘟疫，他浑然不知此时元朝已经灭亡一百多年，一路漂荡到加勒比海的古巴，无意间发现了"新大陆"。正如美国人类学家、蒙古史学者杰克·威泽弗德所言，在蒙古帝国终结后的很长一段时间内，新的全球文化继续发展，历经几个世纪，变成现代世界体系的基础。这个体系包含早先蒙古人强调的自由商业、开放交通、知识共享、长期政治策略、宗教共存、国际法则和外交豁免。①

即使我们以中华文明为本位回望这段历史，同样可以发现蒙古帝国和元朝对我国历史文化久远而深刻的影响。从成吉思汗到忽必烈，历时近百年，元朝缔造了人类历史上版图最大的帝国，结束了唐末以来国家分裂的状况，基本划定了后世中国的疆界；元代实行开放的民族政策，大力促进各民族间的经济文化交流和边疆地区的开发，开创了中华民族多元一体的新格局，确定了中国统一的多民族国家的根本性质；元代推行农商并重政策，"以农桑为急务安业力农"，城市经济贸易繁荣发展，经贸文化与对外交流全面推进，实行多元一体的文化教育政策，科学技术居于世界前列，文学艺术别开生面，开创了一个新纪元；作为发动有史以来最大规模征服战争的军事领袖，成吉思汗和他的继任者把冷兵器时代的战略战术思想、军事艺术推上了当之无愧的巅峰，创造了人类军事史的一系列"第一"、一系列奇迹，为后人留下了极其丰富的精神财富；等等。

统一的蒙古民族的形成是蒙古民族历史上具有划时代意义的时间节点。从此，蒙古民族成为具有世界影响的民族，蒙古文化成为中华文化不可或缺的组成部分。漫长的历史岁月见证了蒙古族人民的智慧，他们在文

---

① ［美］杰克·威泽弗德：《成吉思汗与今日世界之形成》（修订版），温海清、姚建根译，重庆出版社 2014 年版，第 6、260 页。

学、史学、天文、地理、医学等诸多领域成就卓然，为中华文明和人类文明的发展做出了不可否认的伟大贡献。

20世纪30年代被郑振铎先生称为"最可注意的伟大的白话文作品"的《蒙古秘史》，不单是蒙古族最古老的历史、文学巨著，也是被联合国教科文组织列为世界名著目录（1989年）的经典，至今依然吸引着世界各国无数的学者、读者；在中国著名的"三大英雄史诗"中，蒙古族的《江格尔》、《格斯尔》（《格萨尔》）就占了两部，它们也是目前世界上已知史诗当中规模最大、篇幅最长、艺术表现力最强的作品之一；蒙古民族一向被称为能歌善舞的民族，马头琴、长调、呼麦被列入世界非物质文化遗产，蒙古族音乐舞蹈成为内蒙古的亮丽名片，风靡全国，感动世界，诠释了音乐不分民族、艺术无国界的真谛；还有传统悠久、特色独具的蒙古族礼仪习俗、信仰禁忌、衣食住行，那些科学简洁而行之有效的生产生活技能、民间知识，那些让人叹为观止的绝艺绝技以及智慧超然且极其宝贵的非物质文化遗产，都是在数千年的游牧生产生活实践中形成和积累起来的，也是与独特的生存环境高度适应的，因而极富生命力。迄今，内蒙古已拥有列入联合国非物质文化遗产名录的项目2项（另有马头琴由蒙古国申报列入名录）、列入国家级名录的81项、列入自治区及盟市旗县级名录的3844项，各级非遗传承人6442名。其中蒙古族、达斡尔族、鄂温克族、鄂伦春族等内蒙古世居少数民族的非遗项目占了绝大多数。人们或许不熟悉内蒙古三个人口较少民族的文化传统，然而那巧夺天工的达斡尔造型艺术、想象奇特的鄂温克神话传说、栩栩如生的鄂伦春兽皮艺术、闻名遐迩的"三少民族"桦皮文化……这些都是一朝失传则必将遗恨千古的文化瑰宝，我们当倍加珍惜。

内蒙古民族文化当中最具普世意义和现代价值的精神财富，当属其崇尚自然、天人相谐的生态理念、生态文化。游牧，是生态环保型的生产生活方式，是现代以前人类历史上唯一以人与自然和谐共存、友好相处的理念为根本价值取向的生产生活方式。游牧和狩猎，尽管也有与外在自然界相对立的一面，但这是以敬畏、崇尚和尊重大自然为最高原则、以和谐友好为前提的非对抗性对立。因为，牧民、猎人要维持生计，必须有良好的草场、清洁的水源和丰富的猎物，而这一切必须以适度索取、生态环保为条件。因此，有序利用、保护自然，便成为游牧生产方式的最高原则和内在要求。对亚洲北部草原地区而言，人类在无力改造和控制自然环境的条件下，游牧生产方式是维持草畜平衡，使草场及时得到休整、涵养、恢复的自由而能动的最佳选择。我国北方的广大地区尽管数千年来自然生态环境相当脆弱，如今却能够成为我国北部边疆的生态屏障，与草原游牧民族始终如一的精心呵护是分不开的。不独蒙古族，达斡尔族、鄂温克族、鄂伦春族等草原世居少数民族在文化传统上与蒙古族共属一个更大的范畴，不论他们的思维方式、信仰文化、价值取向还是生态伦理，都与蒙古族大同小异，有着多源同流、殊途同归的特点。

随着人类历史进程的加速，近代以来，世界各地区、各民族文化变迁、融合的节奏明显加快，草原地区迎来了本土文化和外来文化空前大激荡、大融合的时代。草原民族与汉民族的关系日趋加深，世界各种文化对草原文化的作用和影响进一步增强，农业文明、工业文明、商业文明、城市文明的因素大量涌现，草原各民族的生产生活方式，乃至思想观念、审美情趣、价值取向都发生了巨大变化。虽然，这是一个凤凰涅槃、浴火重生的过程，但以蒙古族文化为代表的草原各民族文化，在空前的文化大碰撞中激流勇进，积极吸纳异质文化养分，或在借鉴吸纳的基础上进行自主的文化创新，使民族文化昂然无惧地走上转型之路。古老的蒙古族文化，依然保持着它所固有的本质特征和基本要素，而且，由于吸纳了更多的活性元素，文化生命力更加强盛，文化内涵更加丰富，以更加开放包容的姿态迎来了现代文明的曙光。

三

古韵新颜相得益彰，历久弥新异彩纷呈。自治区成立以来的近 70 年间，草原民族的文化事业有了突飞猛进的发展。我国社会主义制度和民族区域自治、各民族一律平等的宪法准则，党和国家一贯坚持和实施的尊重、关怀少数民族，大力扶持少数民族经济文化事业的一系列方针政策，从根本上保障了我国各民族人民传承和发展民族文化的权利，也为民族文化的发展提供了广阔空间。一些少数民族，如鄂伦春族仅仅用半个世纪就从原始社会过渡到社会主义社会，走过了过去多少个世纪都不曾走完的历程。

　　一个民族的文化发展水平必然集中体现在科学、文化、教育事业上。在历史上的任何一个时期，蒙古民族从来不曾拥有像现在这么多的科学家、文学家等各类专家教授，从来没有像现在这样以丰富的文化产品供给普通群众的消费，蒙古族大众的整体文化素质从来没有达到现在这样的高度。哪怕最偏远的牧村，电灯电视不再稀奇，网络、手机、微信微博业已成为生活的必需。自治区现有 7 家出版社出版蒙古文图书，全区每年都有数百上千种蒙古文新书出版，各地报刊每天都有数以千百计的文学新作发表。近年来，蒙古族牧民作家、诗人的大量涌现，已经成为内蒙古文学的一大景观，其中有不少作者出版有多部中长篇小说或诗歌散文集。我们再以国民受教育程度为例，它向来是一个民族整体文化水准的重要指标之一。中华人民共和国成立前，绝大多数蒙古人根本没有接受正规教育的机会，能够读书看报的文化人寥若晨星。如今，九年义务教育已经普及，即便是上大学、读研考博的高等教育，对普通农牧民子女也不再是奢望。据《内蒙古 2014 年国民经济和社会发展统计公报》显示，全自治区 2013 年少数民族在校大学生 10.8 万人，其中蒙古族学生 9.4 万人；全区招收研究生 5987 人，其中，少数民族在校研究生 5130 人，蒙古族研究生 4602 人，蒙古族受高等教育程度可见一斑。

　　每个时代、每个民族都有一些杰出人物曾经对人类的发展进步产生深远影响。正如爱迪生发明的电灯"点亮了世界"一样，当代蒙古族也有为数不少的文化巨人为世界增添了光彩。提出"构造体系"概念、创立地质力学学说和学派、提出"新华夏构造体系三个沉降带"理论、开创油气资源勘探和地震预报新纪元的李四光；认定"世界未来的文化就是中国文化复兴"、素有"中国最后一位大儒家"之称的国学大师梁漱溟；在国际上首次探索出山羊、绵羊和牛精子体外诱导获能途径，成功实现试管内杂交育种技术的"世界试管山羊之父"旭日干；还有著名新闻媒体人、文学家、翻译家萧乾；马克思主义哲学家艾思奇；当代著名作家李准……这些如雷贯耳的大名，可谓家喻户晓、举世闻名，但人们未必都知道他们来自蒙古族。是的，他们来自蒙古族，为中华民族的伟大复兴，为全人类的文明进步做出了应有的贡献。

　　历史的进步、社会的发展、蒙古族人民群众整体文化素质的大幅提升，使蒙古族文化的内涵得以空前丰富，文化适应能力、创新能力、竞争能力都有了显著提升。从有形的文化特质，如日常衣食住行，到无形的观念形态，如思想情趣、价值取向，我们可以举出无数个鲜活的例子，说明蒙古文化紧随时代的步伐传承、创新、发展的事实。特别是自2003年自治区实施建设民族文化大区、强区战略以来，全区文化建设呈现出突飞猛进的态势，民族文化建设迎来了一个新的高潮。内蒙古文化长廊计划、文化资源普查、重大历史题材美术创作工程、民族民间文化遗产数据库建设工程、蒙古语语料库建设工程、非物质文化遗产保护、一年一届的草原文化节、草原文化研究工程、北部边疆历史与现状研究项目等，都是这方面的有力举措，收到了很好的成效。

但是，我们也必须清醒地看到，与经济社会的跨越式发展相比，文化建设仍然显得相对滞后，特别是优秀传统文化的传承保护依然任重道远。优秀民族文化资源的发掘整理、研究转化、传承保护以及对外传播能力尚不能适应形势发展，某些方面甚至落后于国内其他少数民族省区的现实也尚未改变。全球化、工业化、信息化和城镇化的时代大潮，对少数民族弱势文化的剧烈冲击是显而易见的。全球化浪潮和全方位的对外开放，意味着我们必将面对外来文化，特别是强势文化的冲击。在不同文化之间的交往中，少数民族文化所受到的冲击会更大，所经受的痛苦也会更多。因为，它们对外来文化的输入往往处于被动接受的状态，而对文化传统的保护常常又力不从心，况且这种结果绝非由文化本身的价值所决定。换言之，在此过程中，并非所有得到的都是你所希望得到的，并非所有失去的都是你应该丢掉的，不同文化之间的输入输出也许根本就不可能"对等"。这正是民族文化的传承保护任务显得分外紧迫、分外繁重的原因。

文化是民族的血脉，内蒙古民族文化是中华文化不可或缺的组成部分，中华文化的全面振兴离不开国内各民族文化的繁荣发展。为了更好地贯彻落实党的十八大关于文化建设的方针部署，切实把自治区党委提出的实现民族文化大区向民族文化强区跨越的要求落到实处，自治区政府于2013年实时启动了"内蒙古民族文化建设研究工程"。"工程"包括文献档案整理出版，内蒙古社会历史调查、研究系列，蒙古学文献翻译出版，内蒙古历史文化推广普及和"走出去"，"内蒙古民族文化建设研究数据库"建设等广泛内容，计划六年左右的时间完成。经过两年的紧张努力，从2016年开始，"工程"的相关成果已经陆续与读者见面。

建设民族文化强区是一项十分艰巨复杂的任务，必须加强全区各界研究力量的整合，必须有一整套强有力的措施跟进，必须实施一系列特色文化建设工程来推动。"内蒙古民族文化建设研究工程"就是推动我区民族文化强区建设的一个重要抓手，是推进文化创新、深化人文社会科学可持续发展的一个重要部署。目前，"工程"对全区文化建设的推动效应正在逐步显现。

"内蒙古民族文化建设研究工程"将在近年来蒙古学研究、"草原文化研究工程""北部边疆历史与现状研究"、文化资源普查等科研项目所取得的成就基础上，突出重点，兼顾门类，有计划、有步骤地开展抢救、保护濒临消失的民族文化遗产，搜集记录地方文化和口述历史，使民族文化传承保护工作迈上一个新台阶；将充分利用新理论、新方法、新材料，有力推进学术创新、学科发展和人才造就，使内蒙古自治区传统优势学科进一步焕发生机，使新兴薄弱学科尽快发展壮大；"工程"将会在科研资料建设，学术研究，特色文化品牌打造、出版、传播、转化等方面取得突破性的成就，推出一批具有创新性、系统性、完整性的标志性成果，助推自治区人文社会科学研究和社会主义文化建设事业蓬勃发展。"内蒙古民族文化建设研究工程"的实施，势必大大增强全区各民族人民群众的文化自觉和文化自信，必将成为社会主义文化大发展大繁荣，实现中华民族伟大复兴中国梦的一个切实而有力的举措，其"功在当代、利在千秋"的重要意义必将被历史证明。

（作者为时任内蒙古自治区党委常委、宣传部部长，"内蒙古民族文化建设研究工程"领导小组组长）

目　　录

绪　论

"一切变革，都是值得思考的奇迹，每一刹那发生的事都可以是奇迹。"

的确，我们身边发生的每个细小的变化，都是值得思考的奇迹。然而，世间变化太快，很少有人能够停下来思考这种变化背后的奇迹。庆幸的是，内蒙古民族文化研究建设工程为思考变革提供了这样的一个平台，让研究者以调查研究的方式考察新中国成立以来内蒙古自治区经济社会发展的变迁过程。本研究项目则重点考察新中国成立以来阿古拉农牧民的生产、生活的变化，以及阿古拉生态环境的变迁过程，试图去记录其背后的奇迹。

一、科尔沁部落蒙古族是阿古拉地区农牧民的主体。自清朝建治以来不断融入到该地区的其他民族其他部落，通过长期的交往交流交融共同组成了阿古拉地区蒙古族。

科尔沁是一个古老的蒙古部落，发源于今呼伦贝尔草原，人口众多，地域辽阔。几经变革，部分科尔沁部众东迁至嫩江流域，号称嫩科尔沁。到顺治七年（1650 年），嫩科尔沁分设科尔沁左翼中旗、科尔沁左翼后旗、科尔沁左翼前旗、郭尔罗斯前旗、郭尔罗斯后旗、杜尔伯特旗、扎赉特旗、科尔沁右翼中旗、科尔沁右翼前旗、科尔沁右翼后旗等 10 旗，部落游牧范围基本划定。科尔沁左翼后旗作为嫩科尔沁 10 旗之一，清顺治七年（1650 年）设旗，早期归属哈布图哈萨尔的 17 世孙明安，旗域面积 3 万余平方千米，由 2 万科尔沁蒙古族部众分 10 个努图克游牧于此。后因清朝廷颁布"借地养民"等诏准开垦蒙荒政策，旗札萨克大面积开放牧场，开荒面积约占全旗总面积的 7/10。后不断划分出昌图府、康平县、辽源州等地域，几经周折，现如今科尔沁左翼后旗总土地面积为 1.16 万平方千米，总人口 40.6 万人，其中蒙古族人口占 73%。

在科尔沁左翼后旗，明安子孙及其部属成为其蒙古族人口的主干。其中，阿古拉作为清朝设科尔沁左翼后旗时旗扎萨克驻牧地，又地处科左后旗中北部地区，其人口变动相对稳定。探究阿古拉蒙古族人口的渊源，可追溯到 16 世纪中叶，科左后旗之祖明安之长子栋果尔、三子多尔济伊勒登、六子乌努呼布和及其子民、部落分别设希如德、玛如德、埃古如德努图克游牧于此，其后代成为今日阿古拉蒙古族人口的主体。当然，自清朝建治以来，不断融入到该地区的其他民族及部落的子孙后代，通过长期的交往、交流、交融，最终共同组成了阿古拉地区蒙古族。

阿古拉，隶属科尔沁左翼后旗，因镇所在地位于双合尔山脚下而得名。内蒙古自治区成立初期，阿古拉地区属于原巴彦宝吐努图克，1948年 4 月调整为阿古拉努图克，此后依次调整为阿古拉九区——阿古拉人民公社——阿古拉苏木。到 2000 年 12 月，撤销原哈日额日格苏木并入阿古拉苏木改建为阿古拉镇。科尔沁左翼后旗建治初期，阿古拉地区蒙古族仍然从事着游牧畜牧业，直到 1802 年清朝政府推行"借地养民"政策，农业生产方式逐渐渗透到该地区，其单一的游牧生产方式发生改变。新中国成立初期，阿古拉地区农牧民基本定居，在生产上虽然仍以畜牧业为主，但农业耕种已经成为其重要的生计方式之一，以牧为主、农牧相结合的生计方式基本形成。阿古拉地区民间有很多关于对双合尔山的敬畏、对喇嘛教和双福寺的敬仰、对科尔沁民歌的热衷的事迹和故事，三者的变化发展始终伴随着当地农牧民生产生活的变迁，仿佛成了当地农牧民群众共同的印记。在此，我们只是记录了其中的点滴，甚至会有一些不足或错误的理解，更多的故事或细微的变化，则需要进一步的、多学科的综合考察研究。

二、新中国成立以来，阿古拉地区农牧民以牧为主、农牧结合的生计方式基本没有改变，而更多的变化出现在种养结构（比例）调整、技术改进和基础设施改善等方面。从农牧抢地，到以农促牧，体现着阿古拉地区农牧民对自身优劣势的不断再认识。

逐水草而牧是阿古拉地区农牧民原有的生产方式。随着清朝政府"借地养民"政策的推行，地处科尔沁左翼后旗中北部沙丘沼泽连片地带的阿古拉也未能幸免，其游牧地逐渐缩小。新中国成立前夕，当地农牧民仍以畜牧业为主，农业生产只限于沙坨地上漫撒子式的耕作，处在广种薄收状态。在当时，当地王公贵族、牧主中也有大面积耕种于东大荒者，在阿古拉，他们只种植口粮，基本没有大面积开垦之事。

新中国成立之初，阿古拉当地农田或牲畜所有制结构进行改造，"废除一切封建剥削制度"，给予了贫苦百姓土地和牲畜，所有人获得了生产资料和生产的自主性，其生产积极性空前高涨。但在农业耕作方式和畜牧业放牧方式等微观层面，即技术层面上并没有带来根本性的改变。

对当地农牧民而言，颠覆式的改变始于集体化时期。大型农业机械的进入和沙坨间甸子地的开垦，完全改变了当地原有的农牧业比例和农牧业经营方式。在劳动时间的安排、劳动精力的投入、生产资料的分配、生产工具的改进和生产方式的革新上，对农业的投入远远超过了畜牧业。相比，畜牧业经营方式的改变则更缓慢一些，品种改良、结构调整和基础设备的改善是其变迁的主线，放牧方式、畜群管理等方面基本沿用着新中国成立初期的方式。生产工具的改进也相对缓慢，推迟到改革开放甚至到20世纪90年代初，当地农牧业生产中仍大量使用以人力和畜力为主的简易生产工具。

到20世纪90年代中期，一方面大面积垦种、超负荷放牧等不合理行为使沙地植被遭破坏，导致当地生态环境严重恶化。另一方面玉米、大豆等大众农产品需求量增加、价格走俏，商品化程度不断提高，而糜子、荞麦等小众农产品仍然停留在自产自食状态。结果，在畜牧业经营上，"羊蹄理论"影响下的牲畜规模、结构调整和轮牧、休牧、禁牧成为改革方向，以牛为主的畜群结构和半放牧半舍饲的饲养方式逐渐形成，畜产品商品率逐年提高，设备和劳动力投入开始增加；在农业经营上，退出沙地、整合农田为先导，种植结构调整和产能提高成为必然趋势，"玉米独大"、外销为主格局基本形成，良种和化肥农药成为提高产能的主要手段，而农业机械化率逐年提高，不仅使役畜成为历史，也导致农业劳动力结构性剩余和季节性短缺现象并存。

进入21世纪以来，以羊肉价格为先导的牛羊肉市场变动，直接影响当地农牧民饲养结构及规模。同时对畜牧业的投入也不断加大，如棚圈、饲草、人工投入增加，相应的也有品种优化和单体产能的提高，逐步形成了一种高投入高产出型的畜牧业格局。然而，单户规模较小、农牧户合作意识淡薄等，使当地以草原黄牛为代表的畜产品，在与大市场对接中处于劣势，农牧民仍然是市场价格的被动接受者。而在农业生产上，"玉米独大"的结构持续一段时间后，出于国内玉米库存压力和国际玉米价格倒逼，种植结构调整成为必然，但生产的惯性仍在延续。在以畜牧业为主导的发展方针的影响下，当地农牧民腾出相当面积的耕地，播种青贮等饲草；为满足糜子、荞麦、杂豆等小众产品的市场需求，部分农牧户则选择专业化种植这些原本属于优势品种的作物。当然，与过去相比，农田水利、防护林建设、机械储备和出售途径等有了极大的改善，农业基础设施建设和农业生产方式都达到了较先进水平。

除此之外，阿古拉地区农牧民也把当地丰富的森林资源、动植物资源巧妙地利用于生产生活中，辅助农牧业生产，丰富生活所需品，但均未形成像样的产业体系。当地也有些采石、采碱等小型采矿业，因规模过小、储量不足而难以形成带动就业、增加地方收入的支柱产业。当然，事物总有两面性。阿古拉地区独特的自然景观、深厚的民俗文化底蕴以及工矿业未曾涉足的原始自然状态，对阿古拉地区的民俗旅游、生态旅游开发提供了绝佳条件。白兴图原生态旅游、阿古拉湿地草原观光、白音查干湖候鸟观赏区、双合尔山景观赏、沙漠探险旅游、寺庙文化旅游、阿古拉生态牧家乐等一系列独具特色的旅游热点正在形成。新兴起的文化、体育、生态旅游将对当地传统农牧业生产布局和产业结构产生什么样的影响，我们拭目以待。

三、新中国成立以来，尤其进入 21 世纪后，阿古拉地区农牧民生活方式发生了较大的变化，因生产发展带来的收入水平的提高，使当地百姓物质生活明显改善，精神生活得以丰富，正与全国人民一同奔向小康生活。

从游牧到定居，阿古拉地区农牧民在数百年的变迁过程中已经形成了他们特有的生活方式。解放初期，短衫、布鞋，猪肉、蔬菜，土房、炕灶，胶轮车等衣食住行方式基本形成。同时，在精神生活层面依旧保留着游牧生产的风俗习惯和对宗教信仰的笃信。

新中国成立至改革开放初期，阿古拉地区商品经济尚未发达，当地群众生活所需物资资料仍然相对匮乏，吃不饱、穿不暖、盖不起土坯房的情况时有发生，特别是三年困难时期（1959—1961 年）曾发生不少人因饥饿难忍，误吃毒野菜而身亡的事件。总体而言，这一时期当地农牧民生活方式的变化是相对缓慢的。当然，条件虽艰苦，但是阿古拉农牧民对美好生活的追求从未停歇。比如在服装款式上，虽然仍在穿戴老式长袍，仍以自己裁剪、手工（或用缝纫机）缝纫为主，但中山服、军装（警制服）、工人服、前进服等服装款式也随时代而流行。同时，达林嘎查文艺团等为代表的民间艺人群体，以好来宝、胡仁乌力格尔等形式赞美歌唱正在发生翻天覆地式变化的美好新生活。

随着改革开放的暖风拂向广大农村牧区，阿古拉农牧民生活方式也发生了新的变化。商品经济不断发展，物质逐渐丰富、思想得以开放，当地百姓逐渐摆脱吃不饱、穿不暖的生活状态，衣着款式、色调、布料出现多样化趋势；改善性新建房屋增多，砖瓦结构房屋代替着土坯房；自行车、摩托车走进普通百姓家庭，甚至一些富裕家庭拥有了六轮车、小汽车；嘎查、农牧民家中快速普及有线电话，一些工商户引入"大哥大"移动电话，当地与外界的信息交流、物质交换更加频繁。尤其20世纪90年代初，集市贸易的开放，使阿古拉地区商品经济进入开放式发展的快车道。

进入21世纪的十余年，是阿古拉农牧民生活方式发生本质性变化的时代，百姓对小康生活的追求逐渐从量的增加转向为质的提升，饮食和服饰上的大众化、品质化趋向显著，砖瓦结构房屋基本普及，房屋内部结构、家居用品、采暖方式与时俱进，四通八达的交通干线、畅通无阻的信息流通，完全打开了阿古拉与外界的联系，小汽车、手机、家用电器、安全饮水应有尽有。而物质生活的改善，唤起人们对精神生活的追求，更加重视传统文化的传承、保护和发展。其中，也有一些过度市场化、物质化的习惯正在影响年轻一代，对当地百姓生活产生新的困惑。

四、新中国成立以来，由于人为不合理的开发利用和全球性气候变化，致使阿古拉地区大量的灌木林、草地、沙地植遭受破坏，直到20世纪90年代中后期，人们才开始意识到生态退化的严重性，开始重视和强化生态恢复和环境保护。

一座山、两座岩峰、延绵不断的沙丘和丘间甸子，以及星罗棋布的淖尔、水泡，形成了阿古拉自然生态的主体，而沙丘上的灌木、甸子草地及防护林成为其主要植被类型。新中国成立之前，早期的农业开发一定程度上破坏了原有生态系统的平衡，但毕竟开垦面积相对有限，且属于漫撒子式的种植，对生态环境的影响仍未显现。

新中国成立之后，特别是公社化时期，大量平缓沙地及坨间草甸被开垦，使其成为农田。然而，一方面沙窝地土质松散，有机质相对低，产出较低，连续种植几年便被弃耕，导致沙地植被严重退化。另一方面，随着耕地面积的扩大可放牧草牧场相对减少，但养畜规模却逐年扩大，导致有限草牧场上的放牧强度加大，使巴拉尔、冬季草场、灌木丛利用率提高，使沙地植被遭受破坏，以禾本科和豆科为主的优质牧草逐步从原生植被中消失，大面积沙生植物成为植物群落中的建群种和优势种。

阿古拉境内植被以次生草木本植物群落为主，大体包括草甸、沙丘沙地和灌木禾草植被类，如黄榆、桑、梧桐、旱柳等乔木和锦鸡儿、山杏等零星灌木等多种类型。然而在过去的几十年中，这些森林和草地植被也遭到破坏。虽然从1982年开始贯彻以家庭经营为主的林业生产方针，开启了新一轮植树造林活动，但集体所有灌木、沙地草场的保护和建设没有受到足够重视。锦鸡儿、红沙红柳、乌柳沙柳、沙蒿油蒿等灌木丛和沙地植被大量被采伐，使得这些灌木几近消失。

当然，其中也有气候变化的诱因。在过去半个多世纪，区域夏季降水量有明显减少、年平均温度则有明显上升的趋势，对境内湖泊、水泡子等地表水产生一定的影响。在20世纪90年代中期之前，当地大小湖泊、水泡子水量充足，湖面面积基本稳定，但降水补给不足，水位受季节性降水的影响显著。从20世纪90年代末开始，当地小型水泡子逐渐消退，有些年份村落及周围死水潭基本干枯，湖泊水面萎缩明显。

进入20世纪90年代中后期，尤其是21世纪以来，在国家重大生态保护工程的影响下，当地政府及群众有意识保护和恢复生态环境，进行禁牧、退耕和植树造林等生态工程，使沙地植被快速恢复，流动、半固定沙丘持续扩大问题得到基本遏制。2014年，境内双合尔湿地经自治区人民政府批准晋升为自治区级自然保护区，标志着阿古拉地区生态环境恢复与保护的新开端。

五、新中国成立以来，经历了70年的发展，阿古拉地区农牧民生产生活，以及所处的生态环境发生了翻天覆地的变化。今天，阿古拉人民应敏锐地观察自身变化和所处环境条件，不断发现自身问题和不足，以更加昂扬的姿态担负起时代赋予的使命。

新中国成立以来，阿古拉地区农牧民在以双合尔山为中心的数百平方千米土地上，开发利用当地沙地、湖泊和草地等自然资源，以畜牧业为主、农牧相结合的生计方式，以其积极向上的精神状态和独特的文化形态，不断丰富和改善自己的生活，推动了地区经济社会的发展。

综观 70 多年来当地农牧民生产生活以及所处生态环境的变化，带给他们的是更现代化的生产和更富裕的生活，以及更加完备的公共服务平台。当然，与发展较快的地区相比，当地经济社会发展仍相对滞后，区位优势不明显、产业结构相对单一、自然灾害频繁、人们守旧观念较重等依然是制约其持续发展的瓶颈因素。当然，事物的发展往往具有两面性。在以资源开发为原始积累的年代，阿古拉地区因缺乏可开发自然资源，第二、三产业发展极其落后，其经济结构仍以农牧业为主。这恰恰给当地留下了较完好的自然生态和最淳朴的民族文化，成为他们以生态优先、绿色发展的后发优势。

当下，阿古拉地区如何利用得天独厚的自然生态条件和代代相传的优秀文化之优势，开启以特色农牧业为基础，以旅游业为突破口的经济社会发展模式，践行"绿水青山就是金山银山"理念，推进阿古拉地区的绿色发展，是摆在阿古拉人民面前最紧迫的任务。

第一章 阿古拉及阿古拉地区概况

阿古拉镇，在行政区划上隶属于内蒙古自治区通辽市科尔沁左翼后旗（简称科左后旗，下同）。阿古拉，蒙古语，汉译为山，因镇政府所在地一座海拔不足 300 米的山——双合尔山而得名。阿古拉镇地处科尔沁沙地东端，位于通辽市科尔沁区东南 60 千米、科左后旗政府所在地甘旗卡镇东北 60 千米处，其行政版图大体呈倒梯形。据全国第六次人口普查资料显示，截至 2010 年 11 月 1 日，阿古拉镇总人口为 14552 人，其中蒙古族人口为 14530 人，占其总人口的 99.85%，是科左后旗蒙古族人口最为集中的镇。

第一节 科左后旗及科左后旗蒙古族

科左后旗，俗称博王旗，隶属内蒙古自治区通辽市，地处内蒙古自治区通辽市南部，科尔沁沙地东端与松辽平原的连接带。地理坐标为北纬 42°40′—43°42′，东经 121°30′—123°43′之间。科左后旗，清顺治七年（1650 年）设旗，隶属哲里木盟，是嫩科尔沁 10 旗之一，是科尔沁部落蒙古族主要聚居地区之一。据全国第六次人口普查，2010 年 11 月，科左后旗总人口 37.9 万人，其中蒙古族 27.6 万人，占总人口之 72.66%。

一 科左后旗简史[①]

历史上，科左后旗所境内先后有东明、匈奴、鲜卑、契丹、女真、汉

---

① 该段内容摘选自《科尔沁左翼后旗志》编纂委员会编《科尔沁左翼后旗志》，内蒙古人民出版社 1993 年版；《科尔沁左翼后旗志》（1989—2007 年），内蒙古文化出版社 2008 年版；科左后旗概况，中国·科左后旗官网，http://kzhq.tongliao.gov.cn/zjhq/hqgk/6a49b8b9_923c_4700_8543_3dfcf8a02232.html 等。

等各族先民繁衍生息。明朝后期，游牧于嫩江流域的科尔沁部南迁，元太祖弟哈布图哈萨尔 17 世孙明安统率科尔沁部的一部游牧于此，并将 3 万余平方千米的广袤草原分给 13 个儿子及家丁、随从游牧，建立希如德、翁尼古德、玛如德、阿嘎珠德、柏如德（柏尔德）、埃古尔德（埃古如德）、光兀尔德、莫克图德、伊和哈拉图达（伊合哈拉图德）、巴嘎哈拉图达（巴嘎哈拉图德）等 10 个努图克（蒙古语，古为游牧地，后引申为行政单位区）。过了 1 个世纪，科尔沁部等蒙古各部归顺清朝后，于 1636 年清太宗分封蒙古王公，划旗定界。科左后旗的远祖栋果儿因战功受公爵，同其叔父洪果儿合为一旗。清朝顺治七年（1650 年），单设科左后旗。栋果儿之子章吉伦晋君王爵，领扎萨克，诏世袭罔替。旗札萨克属外藩蒙古内扎萨克，直隶于理藩院，会盟地在哲理木地方。政务上受盛京将军和哲里木盟盟长监督。

清顺治七年（1650 年）建旗至民国 19 年（1930 年），实行札萨克制度，共有 13 代王爷世袭罔替。札萨克即王爷，是旗内最高统治者。其间，于清咸丰五年（1855 年），僧格林沁晋亲王赐"博多勒噶台"号，后逐渐称科左后旗为"博多勒噶台"亲王旗，简称"博王旗"。

科左后旗建治初，总面积为 3.51 万多平方千米，总人口号称 2 万，地广人稀。旗境东与南部土地平展且肥沃。嘉庆七年至光绪二十五年（1802—1899 年），朝廷颁布"借地养民"谕旨，诏准开垦蒙荒，本旗札萨克先后开放常突额勒克及其东西夹荒、八面城、库都力和阿尔林塔拉地方牧场，开荒面积约占全旗总面积的 7/10。至 20 世纪初，在开放地先后设昌图、康平、辽源、法库等府、州、县，专事管理佃民事务，旗与开放地之间挖立封堆以作疆界。

1931 年九一八事变后，科左后旗沦陷。在日本帝国主义的残酷统治下，成立东科后旗公署，由日本人任参事官，管理全旗的事务。1945 年 8 月，日本帝国主义投降，抗日战争胜利。翌年元月，中国共产党辽西省委蒙古工作团到科左后旗开辟工作，3 月成立中国共产党领导下的科左后旗民主政府，隶属辽西省五地委。1946 年 9 月，中共科左后旗委、旗民主政府及地方武装实施战略北撤，国民党在吉尔嘎朗成立科左后旗政府。1947 年 6 月，科左后旗全境获第二次解放，恢复科左后旗民主政府，归属内蒙古自治区哲里木盟。1953 年 6 月，撤销哲里木盟，成立内蒙古东

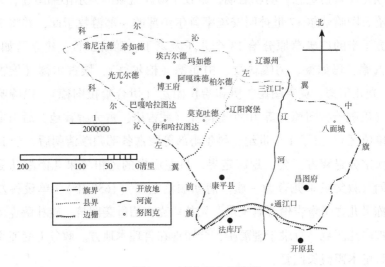

图 1-1　清末科左后旗图

来源：《科尔沁左翼后旗志》编纂委员会编：《科尔沁左翼后旗志》。

部区行署，科左后旗亦归东部区行署。1954 年 4 月，东部区行署被撤销，科左后旗复隶属于新恢复的哲里木盟。1969—1979 年，科左后旗同哲里木盟一起划归吉林省管辖 10 年。之后，一直隶属内蒙古自治区哲里木盟。1999 年 8 月，哲里木盟撤盟建通辽市，科左后旗亦成为通辽市的隶属旗。

二　科左后旗蒙古族

科左后旗蒙古族的先民，在元代游牧于额尔古纳河、海拉尔河流域和呼伦湖一带，属于元太祖之弟哈布图哈萨尔及其后裔科尔沁部。至明代中期，在哈布图哈萨尔 14 世孙奎蒙克塔斯哈喇率领下东迁至嫩江，号为嫩科尔沁部。明人称作"好尔趁"或"火尔慎"。明朝后期，复自嫩江流域南徙至福余地。奎蒙克塔斯哈喇的曾孙，科左后旗蒙古人的远祖明安，于明万历四十四年（1616 年）率部归服后金努尔哈赤。明安子孙及其部属，后来成为科左后旗蒙古族人口的主干。[①]

---

① 《科尔沁左翼后旗志》编纂委员会编：《科尔沁左翼后旗志》，内蒙古人民出版社 1993 年版，第 183 页。

当然，现今科左后旗蒙古族也有部分察哈尔部蒙古族，以及蒙古贞（阜新）、土默特（朝阳）、苏鲁克（彰武）等旗部分蒙古族居民的后代。此外，科左后旗也有奈曼、敖汉等旗的蒙古人零星来居住。1948年后，科左中旗和原科左前旗部分地区分两次划归科左后旗，因而全旗蒙古族人口又有新的增加[1]，共同形成了如今的科左后旗蒙古族。

当前，科左后旗各苏木镇分布着不同数量的蒙古族人口，其中吉尔嘎朗镇、阿古拉镇、朝鲁吐镇、努古斯台镇、海鲁吐镇、阿都沁苏木、茂道吐苏木等苏木镇作为科左后旗早期设置的努图克，其蒙古族人口占总人口的比重均超过90%，阿古拉镇、朝鲁吐镇、阿都沁苏木等地蒙古族比例甚至高达99%以上（详见表1-1）。

表1-1　　　　　　　　科左后旗各苏木镇人口民族比例

	总人口	汉族	占比	蒙古族	占比	满族	占比	其他少数民族	占比
甘旗卡镇	89451	24852	27.78%	61815	69.10%	2483	2.78%	301	0.34%
吉尔嘎朗镇	24426	1530	6.26%	22768	93.21%	123	0.50%	5	0.02%
金宝屯镇	32291	9585	29.68%	21938	67.94%	486	1.51%	282	0.87%
常胜镇	44502	18951	42.58%	24455	54.95%	1066	2.40%	30	0.07%
查日苏镇	37877	9793	25.85%	27861	73.56%	205	0.54%	18	0.05%
双胜镇	33830	23025	68.06%	10431	30.83%	354	1.05%	20	0.06%
阿古拉镇	14552	22	0.15%	14530	99.85%	0	0.00%	0	0.00%
朝鲁吐镇	16693	101	0.61%	16590	99.38%	2	0.01%	0	0.00%
努古斯台镇	16762	865	5.16%	15772	94.09%	38	0.23%	87	0.52%
海鲁吐镇	21360	218	1.02%	21140	98.97%	2	0.01%	0	0.00%
阿都沁苏木	18053	59	0.33%	17983	99.61%	2	0.01%	9	0.05%
茂道吐苏木	12031	134	1.11%	11862	98.60%	35	0.29%	0	0.00%
全旗	379237	97660	25.75%	275544	72.66%	5219	1.38%	814	0.21%

资料来源：科左后旗统计局、科左后旗第六次人口普查领导小组办公室，《科左后旗第六次人口普查资料汇编》，通辽市哲里木民族印刷有限公司，2012年。

三　科左后旗经济社会发展概况

新中国成立以来，特别是改革开放后，科左后旗经济社会进入快速发

---

① 《科尔沁左翼后旗志》编纂委员会编：《科尔沁左翼后旗志》，内蒙古人民出版社1993年版，第183页。

展阶段，各项改革深入完善，经济实力不断增强，社会事业日新月异，百姓生活蒸蒸日上。

（一）地方经济实力不断增强，经济发展方式明显转变

与新中国成立初期相比，科左后旗经济总量和结构都有了翻天覆地的变化。据统计，1966 年，科左后旗工农业总产值仅为 4774 万元，1985 年达到 22385 万元，到 2010 年地方生产总值已高达 912665 万元，是 1966 年的 190 倍，1985 年的 40 倍；人均 GDP 达到 21849 元。1978 年，科左后旗财政收入仅为 470 万元，到 2010 年已达 3.5 亿元，是 1978 年的约 75 倍。到 2010 年，全旗三次产业结构已调整到 23：45：32，迈出了以农牧业为主导向工业为主导转型发展的坚实一步。而在 1965 年科左后旗工业与农林牧渔副业产值比重为 8：92（分别为 40190 万元和 437215 万元，其中农牧林渔业总产值占 83.8%）。2010 年，全旗社会消费品零售总额达 19 亿元，是 1953 年的 260 倍。

（二）工业经济快速发展，主导地位更加突出

科左后旗地处环渤海经济圈，距东北工业重镇沈阳、长春分别 190 千米和 315 千米。距通辽近 78 千米，既是通辽市也是内蒙古东部的南出口。科左后旗从 1958 年开始办工业。近年来，科左后旗以国家"振兴东北老工业基地"和"西部大开发"为契机，大力实施"工业强旗"战略，努力实现产业结构升级。2010 年，全旗工业固定资产投资累计完成 71.6 亿元，工业增加值达到 32 亿元。而在 1949 年，全旗工业总产值仅为 21 万元，1958 年，为 215 万元，有全民工业企业 12 个，集体企业 1 个。到 1985 年工业总产值达到 4499 万元，大小工业企业达到 102 家，其中全民企业 32 家，集体企业 70 家。到 2010 年已有 43 家规模以上工业企业，产值超亿元企业就有 13 家。1985 年，当地主要工业产品有青贮饲料切碎机、铁犁、暖气片、水泥预制件、白灰、铸铁管、铁锅、乳制品、白酒、皮鞋、皮革制品、毛皮制品、木家具、服装、中小农具等。如今新能源产业健康发展，累计开工风电 50 万千瓦，九星再生金属交易市场、金宝屯洗煤厂、跃奇太阳能真空集热管、九鼎风电装备制造等大项目相继开工建设，康臣重组康源药业工作顺利完成，科尔沁牛业、维尔公司不断壮大，支柱产业主导地位更加突出，有色金属加工、能源、医药、农畜产品加工、矽砂、装备制造业六大主导产业逐渐形成。

（三）农牧业生产全面发展，新农村建设成果显著

科左后旗曾是一个以畜牧业为经济主体的旗，传统农牧业比重较大。而如今科左后旗利用其独特的自然地理条件，全面启动实施了"4241"工程，黄牛、水稻、菌菜、林草四大产业基地初具规模。绿色水稻基地顺利通过全国绿色食品原料标准化生产基地验收，获得了"国家级粮食生产先进县""全国绿色无公害果蔬生产示范县"等荣誉称号。新中国成立初期，科左后旗粮食总产约12354万斤，1988年达60287万斤，到2010年全旗粮食总产量已达到92.8亿斤，是1949年的75倍和1988年的15倍。依托产业化龙头企业及各类专业合作经济组织，加快发展以黄牛为主的畜牧业主导产业。1949年，科左后旗大小牲畜总头数9.4万头（只），1985年六月末增加至49.2万头只，到2010年6月末全旗大小牲畜头数已突破200万头只，仅黄牛存栏就达42.7万头。农村牧区基础设施建设步伐加快，累计投入扶贫开发资金5090万元，使1.2万户、4.93万人口稳定脱贫。实施安全饮水工程116处，解决了11万人的饮水安全问题，全旗已有45%的农村牧区人口吃上了安全的自来水。

（四）旅游成为全旗经济新的增长点，第三产业增速喜人

科左后旗立足本地，先后打造创建了大青沟国家4A级生态旅游区、阿古拉草原民俗旅游区、僧格林沁博物馆和吉日嘎朗王府名胜古迹旅游区等精品旅游区，年接待游客超过65万人次，实现旅游综合收入6亿元以上。个体、私营经济蓬勃发展，2006—2010年累计新增个体工商户9373户、私营企业450家。物流业加快发展，农村集贸市场持续活跃，信息、中介、金融、社区服务等新兴服务业繁荣发展。全旗第三产业增加值由2005年的18.3亿元增加到2010年的33亿元，年均增长12.5%。

（五）人民生活日新月异，社会建设全面发展

改革开放初期，科左后旗农牧民年人均纯收入不足百元，仍过着吃不饱穿不暖的日子。党的十一届三中全会以后，当地百姓生活日新月异。1985年，全旗农牧民人均纯收入仅为369元，到2000年达1570元，到2010年时达到5116元，而城镇居民可支配收入已达11980元。同时，科左后旗不断完善就业政策，加大农村牧区劳动力就业培训力度，2006—2010年新增城镇就业岗位8486个，城镇失业率控制在4%以内。加快推

进城镇居民医疗保险、城乡低保、"五保"供养等提标扩面工作，努力做到应保尽保。全面落实"两免一补"政策，进一步调整教育布局，撤并中小学 130 所，以教育园区为主的总投资 3.6 亿元的 34 所学校、82 个校安工程项目全面开工。城镇居民医疗保险参保人数达到 55541 人，新型农村合作医疗参合率达到 95.6%。

（六）环境综合治理速度加快，生态环境明显改善

近年来，科左后旗认真落实"双禁、双退、双还"政策，生态自然恢复和人工修复效果明显。赤通高速公路两侧 20 万亩综合治理项目、百万亩围封禁牧项目顺利完成，禁垦禁牧和季节性休牧工程成效显著。2005—2010 年全旗累计完成人工造林 138.4 万亩，封沙（山）育林 116.8 万亩，综合治沙 255.2 万亩，森林覆盖率由 2005 年的 15.8% 提高到 2010 年的 18.5%，草原植被盖度达到 70%，实现了治理速度大于沙化速度的良性逆转。

第二节 阿古拉及阿古拉地区农牧民

正如前文所述，阿古拉镇地处科尔沁沙地东端，位于通辽市科尔沁区东南 60 千米、科左后旗所在地甘旗卡镇东北 70 千米处，版图大体呈倒梯形。阿古拉镇北依科左后旗茂道吐苏木，西邻努古斯台镇、巴胡塔苏木，南与吉日嘎朗镇、甘旗卡镇相接，东同阿都沁苏木、海流吐镇毗邻。全镇总土地面积 150 万亩，其中耕地面积 19 万亩，可利用草牧场 73 万亩，林地 31 万亩，可开发自然水面 5 万多亩。[①] 全镇共辖哈日额日格、巴彦宝吐、桐其格、乌日图塔拉、白兴吐、花德热、阿古拉、雅敏艾勒、特格希巴雅尔、赛音呼都嘎、吉力吐、玛拉楚达、阿仁艾勒、仓恩巴达、道日苏、达林艾勒、合林索根等 17 个行政村，58 个自然屯。

一 阿古拉的由来

清顺治七年（1650 年）之前，阿古拉大致属于明安 13 子（其中 3 个

---

① 阿古拉镇，通辽市政府网，2017-12-16，http：//www.tongliao.gov.cn/tl/mzmc/2017-12/16/content_1fddc094c5ed46a8b3c344de069dc9cc.shtml。

儿子没有子嗣）分领的 10 个努图克之希如德、玛如德、埃古如德努图克境内。

1650 年，清朝设科左后旗，旗扎萨克驻牧于双合尔山。由于双合尔山地处旗域偏北，不便管理全旗军政事务，旗扎萨克在旗内中心地带选择吉尔嘎朗图塔拉（今吉日嘎朗镇达巴岱嘎查）建立一处"会典所"，作为各努图克组长及扎萨克要员们会商全旗事务的场所。① 1740 年，旗扎萨克从双合尔迁至吉日嘎朗王府。

1680 年，在格德尔古苏布克（今阿古拉镇境内）建科左后旗第一座喇嘛教庙宇，后迁建双合尔山南麓，称双福寺。

1772 年，科左后旗向理藩院报告义仓粮谷数，存谷定为 18372 石 7 斗。义仓设在双合尔山南 15 里处黄土岗上（今阿古拉镇境内），并设仓管执掌出入。

1932 年，科左后旗归兴安南省管辖。伪满政府取消苏木，改建努图克。初期设希如德、翁尼古德、玛如德、阿嘎珠德、柏尔德、埃古尔德、光兀尔德、哈拉图达 8 个努图克，并编成序列一、二、三、四、五、六、七、八区。每努图克下设 4 个嘎查。至 1939 年又增设 7 个努图克，分别以驻地命名为：吉日嘎朗、新庙、公河来、黑五家子、公司五家子、金宝屯、布敦哈日根、阿都沁、欧里、协尔苏、巴彦宝吐、公营子、伊胡塔、甘旗卡、海斯改 15 个努图克。阿古拉地区属于巴彦宝吐努图克。

1947 年 6 月，人民解放军收复科左后旗全旗。8 月，设吉日嘎朗、麦里、浩坦、布敦哈日根、巴彦乌达、巴彦宝吐、敖力布皋、雅玛吐 8 个努图克，阿古拉属于巴彦宝吐努图克。

1948 年 4 月，经哲里木盟政府批准，将 8 个努图克调整为 15 个努图克。原敖力布皋努图克部分区域和巴彦宝吐努图克部分区合为阿古拉努图克，驻地双合尔庙。② 同年 8 月，又调整为 10 个努图克，阿古拉仍单设努图克；10 月哲里木盟政府决定将旗境北科左中旗的敖古斯台、茂道吐 2 个努图克归科左后旗，成立 12 个努图克。

1950 年，原 12 个努图克编成序列：吉日嘎朗为一区、大官营子为二

① 乌力吉：《清代科尔沁在左翼后旗王府》，《通辽日报》2006 年 8 月 3 日第 003 版。

② 乌日其其格：《阿古拉镇蒙古族口语研究》，内蒙古民族大学，2011 年 5 月。

区、浩坦为三区、金宝屯为四区、布敦哈日根为五区、巴雅思古楞为六区、阿都沁为七区、茂道吐为八区、阿古拉为九区、敖古斯台为十区、伊胡塔为十一区、甘旗卡为十二区。1955 年 7 月，库伦旗的满斗营子、朝鲁吐 2 个努图克归科左后旗后，变成 14 个区，共辖 847 个自然屯。

1956 年秋，撤销区、村建置，全旗划为 67 个嘎查（乡）和 2 个镇。区政府改为区公所，成为旗的派出机构。嘎查（乡）作为基层行政区划存在近 2 年。九区阿古拉辖阿古拉、阿林艾里、那林塔拉 3 个嘎查。

1958 年 10 月，随着全国人民公社化运动，撤销嘎查（乡）建置，全旗建吉日嘎朗、铁牛等 19 个政社合一的人民公社，阿古拉建人民公社。通过 1960、1963 年两次调整，19 个人民公社调整为 30 个人民公社，阿古拉人民公社辖阿古拉（雅门艾里、协日拉、营根艾里、阿古拉）、赛音呼都嘎（赛音呼都嘎）等 18 个生产大队 35 生产队（详见表 1-2）。

1969 年 7 月，阿古拉人民公社随哲里木盟划归吉林省管辖。1979 年 7 月，随同哲里木盟划归内蒙古自治区。

表 1-2　　　　阿古拉人民公社所辖生产大队、生产队（1963 年）

生产大队名称（18）	生产队名称（35）
阿古拉	雅门艾里、协日拉、营根艾里、阿古拉
赛音呼都嘎	赛音呼都嘎
达林艾里	达林艾里、照木力窑、浩坦格日
东玛拉楚达	东玛拉楚达
吉力吐	吉力吐
西玛拉楚达	西玛拉楚达
协达呼都嘎	协达呼都嘎
特格希巴乙	特格希巴乙、西日塔拉布尔
阿林艾里	阿林艾里、门德来、北乌兰吐来
道尔苏	宝日胡都嘎、道尔苏、前乌兰吐来、宝音哈嘎
乌兰那仁	希伯艾里、西乌兰那仁、东乌兰那仁、敖格力高
白音宝吐	宝楞、白音宝吐
乌汗	乌汗艾里
哈日额日格	哈日额日格
扎拉吐	扎拉吐、都喜
那林塔拉	那林塔拉、达班艾里

续表

生产大队名称（18）	生产队名称（35）
乌日图塔拉	乌日图塔拉
花灯	花灯

来源：《科尔沁左翼后旗志》编纂委员会编，《科尔沁左翼后旗志》，第95页。

1984年11月，根据政治经济体制改革的规定，撤销人民公社、生产大队、生产队建制，建苏木、乡、镇，以下为嘎查村民委员会，下辖自然屯。全旗建5个镇、3个乡、26苏木，哈日额日格单独设苏木[①]。阿古拉苏木下辖阿古拉嘎查、达林艾勒嘎查等18个嘎查，31个自然屯（详见表1-3）。

表1-3　　　　　　　阿古拉苏木所辖嘎查、自然屯（1988年）

嘎查名称（18）	所属自然屯（31）	原属公社
阿古拉	阿古拉、希达胡都嘎	阿古拉
达林艾里	达林艾里、浩坦格日、砖盆窑	阿古拉
色音胡都嘎	色音胡都嘎、乌日都色音胡都嘎、敦达色音胡都嘎	阿古拉
巴润道日苏	巴润道日苏、宝日胡都嘎	阿古拉
准道日苏	准道日苏、塔本胡都嘎、乌日都乌兰吐来	阿古拉
准玛拉楚达	准玛拉楚达	阿古拉
门德来	门德来	阿古拉
准仓恩巴达	准仓恩巴达、敖格力皋	阿古拉
吉力吐	吉力吐	阿古拉
阿仁艾里	阿仁艾里、辉图乌兰吐来	阿古拉
协日勒	协日勒、衙门艾里	阿古拉
敖包	敖包	乌兰敖道
宝格吐	宝格吐	乌兰敖道
和林索根	和林索根	乌兰敖道
巴润仓恩巴达	巴仁仓恩巴达、希伯艾里	阿古拉

---

① 哈日额日格苏木，1984年单设苏木，地处原阿古拉苏木东，面积430平方千米，辖14个嘎查，由原属阿古拉、巴雅斯古楞公社部分生产大队、生产队合并为苏木，并以驻地哈日额日格为苏木称谓。

嘎查名称（18）	所属自然屯（31）	原属公社
巴润特格希巴雅尔	巴润特格希巴雅尔	阿古拉
公因艾里	公因艾里	阿古拉
准特格希巴雅尔	准特格希巴雅尔、希日塔拉布尔	阿古拉

来源：《科尔沁左翼后旗志》编纂委员会编：《科尔沁左翼后旗志》，第 101 页。

2000 年 12 月，实施农村牧区行政区划调整，撤乡建镇，全旗调整为 11 个镇、10 个苏木、2 个乡。撤销哈日额日格苏木并入阿古拉苏木改建阿古拉镇。2006 年 4 月，再次进行农村牧区乡镇区划调整，阿古拉镇区划未变，下辖 17 个嘎查（详见表 1-4）。

表 1-4　　　　　　　阿古拉镇所辖嘎查、自然屯（2007 年）

嘎查名称（17）	所属自然屯（58）	原属苏木镇
阿古拉	阿古拉、希达胡都嘎	阿古拉
哈日额日格	哈日额日格、扎拉吐	哈日额日格
巴音宝吐	巴音宝吐（准、巴润）、乌汗（准、巴润）	哈日额日格
桐其格	桐其格、特门套布、嘎海套布、努克图（辉图努克图）、散都	哈日额日格
乌日图塔拉	那仁塔拉、达班艾勒、乌日图塔拉（准巴润）	哈日额日格
白兴吐	胡吉尔、哈根、白兴吐	哈日额日格
花德热	花德热（准、教达、巴润）	哈日额日格
雅敏艾勒	雅敏艾勒、协日勒	阿古拉
特格希巴雅尔	准特格希巴雅尔、巴润特格希巴雅尔、公因艾里	阿古拉
赛音呼都嘎	赛音呼都嘎、乌日图赛音呼都嘎、教达赛音呼都嘎	阿古拉
吉力图	吉力图	阿古拉
玛拉楚达	玛拉楚达、都希	阿古拉
阿仁艾勒	阿仁艾勒、门德来、芒罕艾勒、塔林门德来、乌顺阿日、协日唐	阿古拉
仓恩巴达	巴润仓恩巴达、准仓恩巴达、敖格力皋、希伯艾里	阿古拉
道日苏	宝日胡都嘎（准、巴润）、准道日苏、巴润道日苏、塔本胡都嘎、乌兰吐来、巴彦哈格	阿古拉
达林艾勒	达林艾勒、浩坦格日、砖盆窑	阿古拉
合林索根	合理索根、宝格图、敖包艾勒	阿古拉

来源：《科尔沁左翼后旗志》编纂委员会编：《科尔沁左翼后旗志》，第 59 页。

2012 年，科左后旗对农村牧区行政区划再次进行调整，恢复设立巴胡塔苏木、散都苏木和巴彦毛都等 3 个苏木，共设 10 个镇、5 个苏木、4 个国有农牧场、1 个街道。阿古拉镇区划未变。

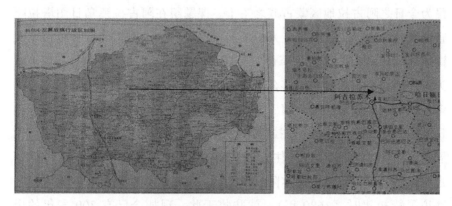

图 1-2 2000 年撤乡并镇之前的阿古拉苏木

来源：《科尔沁左翼后旗志》编纂委员会编，《科尔沁左翼后旗志》。

图 1-3 2000 年撤乡并镇后的阿古拉镇

来源：科左后旗政府信息网。

二 阿古拉地区农牧民

据全国第六次人口普查资料显示，截至 2010 年 11 月 1 日，阿古拉镇共 4296 户，总人口为 14552 人，其中蒙古族人口为 14530 人，占其总人口的 99.85%，是全旗蒙古族人口比例最高的镇。

据《科左后旗志》《博王旗史话》等文献记载，16 世纪中叶阿古拉地区大致属于科左后旗之祖明安的长子栋果尔的希如德努图克、三子多尔济伊勒登的玛如德努图克和六子乌努呼布和的埃古如德努图克，其子民为今日之阿古拉地区蒙古族之主干。课题组在阿古拉镇乌日图塔拉嘎查调查时，图门吉日嘎拉老人也证实了这种判断。据图门吉日嘎拉老人讲述（其家谱在"文化大革命"当中已被烧毁，凭记忆讲述），其祖辈为科左后旗之祖明安三子多尔济伊勒登所辖玛如德努图克的台吉，300多年前来现居住地驻牧。随后，其他兄弟家族，以及其属民（当地称哈日雅图）、奴隶（当地称阿拉巴图或包勒）也相继来此地驻牧。现已发展至 16、17 代人，嘎查居住人口 97% 以上均为上述祖先的后人。据阿古拉镇乌兰那仁嘎查依德尔阿日色楞老人描述，其祖先早在双福寺先身浩沁黑特初建时（1680 年），就驻牧于此，现如今已有 300 多年的历史。其他学者的田野调查也证实了这一观点。如宝音陶克陶、乌力吉敖其尔在其《阿古拉镇达林嘎查简史》一文中描述，达林艾勒嘎查包氏族人为当时埃古如德努图克人。① 而"第一小组砖盆窑最早居民则是来自苏布日根呼奇德的巴嘎哈拉图达努图克②的包氏族人。约清朝末期来此地驻牧。"③

当然，与其他科尔沁地区一样，阿古拉农牧民中有相当一部分是从喀喇沁、土默特、蒙古贞（辽宁阜新一带，作者注）、察哈尔等蒙古族部落迁至阿古拉的。据科左后旗志记载，"清康熙年间，察哈尔人反清，为首者遭围剿身亡，子女近亲被遣散到各旗监管。科左后旗海斯改、胡吉尔、边布拉、花根等嘎查至今仍有察哈尔人的后裔，自称为西哈拉人……其先人就是康熙年间流入科左后旗的察哈尔部人。""清朝末期，封禁松弛，

---

① 宝音陶克陶、乌力吉敖其尔：《阿古拉镇达林艾勒嘎查简史》，见政协科左后旗委员会《科左后旗文史资料（一）（蒙文）》，第 23—36 页。

② 巴嘎哈拉图达为清朝时期在科左后旗驻牧的 8 个游牧努图克 2 个游牧部落之一，详见《科尔沁左翼后旗志》编纂委员会编《科尔沁左翼后旗志》，内蒙古人民出版社 1993 年版，第 88 页。

③ 宝音陶克陶、乌力吉敖其尔：《阿古拉镇达林艾勒嘎查简史》，见政协科左后旗委员会《科左后旗文史资料》编委会编《科左后旗文史资料（一）（蒙文）》，第 23—36 页。

图 1-4　访谈图门吉日嘎拉老人

课题组 2014 年 11 月摄于乌日图塔拉嘎查。

各旗人民的流动稍趋自由。这时蒙古贞（阜新）、土默特（朝阳）、苏鲁克（彰武）等旗部分蒙古族居民或因生计困蹙或为避匪患，投靠亲友前来科左后旗，依附于寺庙名僧及地方豪门贵族，或为庙丁或为仆人和属民，居住在农村牧区靠经营农牧业为生。……此外，科左后旗也有奈曼、敖汉等旗的蒙古人零星迁来居住。"① 而相关学者的田野考察也证实了上述记载。如，在阿古拉镇阿古拉嘎查（包括阿古拉、希达呼都嘎两个自然屯）141 户 478 人口中，62% 为原住科尔沁蒙古族，而其余 32% 为蒙古贞蒙古族等迁入户；马拉楚达嘎查（包括马拉楚达、都希两个自然屯）242 户，804 人口中原住科尔沁蒙古族仅占 24%，其余 76% 为喀喇沁、蒙古贞、敖汉等地迁入的蒙古族；赛音呼都嘎嘎查 167 户 830 人口中，原住科尔沁蒙古族仅为 19%，其余 81% 则是来自喀喇沁、蒙古贞的蒙古族（详见表 1-5）②。

表 1-5　　　　　　阿古拉镇各嘎查人口及其构成（2010 年）

嘎查名称 人口来源	户数	总人口	原住民	外来人口
哈日额日格	182	739	92%	8%

① 《科尔沁左翼后旗志》编纂委员会编：《科尔沁左翼后旗志》，内蒙古人民出版社 1993 年版，第 183 页。

② 乌日其其格：《阿古拉镇蒙古族口语研究》，内蒙古民族大学，2011 年 5 月。

续表

嘎查名称 人口来源	户数	总人口	原住民	外来人口
道日苏	326	1350	68%	32%
特格其巴雅尔	312	1275	98%	2%
阿古拉	141	478	62%	38%
巴音宝吐	238	1017	100%	0
乌日吐塔拉	248	1130	97%	3%
花德热	178	756	98%	2%
白兴吐	278	1091	99%	1%
阿仁艾勒	282	1194	96%	4%
合林索根	202	835	96.5%	3.5%
玛拉楚达	242	804	24%	76%
赛音呼都嘎	167	830	29%	81%
雅敏艾勒	181	860	90%	10%
仓恩巴达	332	1585	80%	20%
桐其格	402	1740	98.2%	1.8%
吉力吐	223	977	84%	16%
达林艾勒	214	1016	58%	42%

资料来源：乌日其其格：《阿古拉地区蒙古族口语研究》，内蒙古民族大学，2011 年。

受到早期旗札萨克驻牧于双合尔山，以及科左后旗最大庙群双福庙坐落于此地等影响，迁入阿古拉地区的汉族人口也不在少数，只是后来这部分人无论从生产方式还是生活习惯，以及语言文字上都受了当地蒙古族的影响，民族成分逐渐改成蒙古族。据科左后旗志记载，"雍正年间，和硕端柔公主下嫁科左后旗郡王齐默特多尔济为福晋。清廷从栾津一带征调擅长书写计算和建造房屋、烹饪、裁缝等各种手工工艺的汉族人，伴嫁前来科左后旗，定居在东辽河以东一带。他们中有金、王、李、赵、孟、贾、高、何等 8 姓，称为 8 户。这是汉族迁入科左后旗的开端"。之后到 1935 年 5 次大规模的汉族人口迁入科左后旗，并定居于此。[①] 据课题组实地调查了解，阿古拉镇道日苏、达林艾勒等嘎查居住着迁入阿古拉已有 200—300 年历史的金、张、杨、冬、胡、刘、王、高、孙等姓氏的汉族人口，早已变成蒙古族。学者宝音陶克陶、乌力吉敖其尔在其《阿古拉镇达林

---

① 《科尔沁左翼后旗志》编纂委员会编：《科尔沁左翼后旗志》，内蒙古人民出版社1993年版，第184—185页。

艾勒嘎查简史》中提到，"随着双福寺的衰落，原属于寺庙庙丁、属民的汉族人口聚居于砖盆窑（今阿古拉镇达林艾勒嘎查一个自然屯）……其先民有的随清朝公主伴嫁而来，有的则作为手工艺人、农业耕作、牧工、泥瓦工身份被迁入此地成为双福寺属民。现在，这些汉族人后代完全蒙古化，全部按蒙古族人口登记"①。

可见，阿古拉地区农牧民中既有其主流部落科尔沁蒙古族的后人，也有不断融入该地区的其他民族以及其他部落蒙古族的后代，他们共同形成了阿古拉地区蒙古族。

三 阿古拉地区农牧民生产发展之纵览

游牧是阿古拉地区农牧民最初的生产方式，然而自清朝嘉庆七年（1802年）朝廷诏准开荒，旗境东部、南部大片牧场放垦，腹地也开始有了农业耕作，从而改变了单一的畜牧业经济状况。②

自清朝顺治十年（1650年）建札萨克至清朝嘉庆五年（1800年），科左后旗曾是片水草丰美的天然牧场。居住在这里的牧民在3.5万平方千米的广袤草原上逐水草而牧。1802—1899年期间，清朝政府推行"借地养民"政策，境内草牧场7/10被开垦。由于草牧场逐渐缩小，以经营畜牧业为生的牧民从旗南境水草丰美之地迁往沙丘沼泽连片的中、北部地带。③当时，地处科左后旗偏北区域的阿古拉，是科左后旗主要放牧区之一。据乌力吉编著《博王旗史话》记载，"明安有子13，其中3个儿子没有子嗣。其余10子，在科尔沁左翼后旗还没有设旗建治前就在明安原生息地分领10处游牧。长子栋果尔伊勒都齐领希如德努图克（今阿古拉一带），驻牧于公因艾里；三子多尔济伊勒登，领玛如德努图克（今阿都沁、额莫勒一带）驻牧于布敦毛都拉布克乌苏一带……六子乌努呼布和

---

① 宝音陶克陶、乌力吉敖其尔：《阿古拉镇达林艾勒嘎查简史》，见政协科左后旗委员会《科左后旗文史资料（蒙文）》，第23—36页。

② 《科尔沁左翼后旗志》编纂委员会编：《科尔沁左翼后旗志》，内蒙古人民出版社1993年版，第209页。

③ 《科尔沁左翼后旗志》编纂委员会编：《科尔沁左翼后旗志》，内蒙古人民出版社1993年版，第235页。

领埃古如德努图克（今哈日额日格一带），驻牧于珠勒根阿日乌苏别日嘎齐"①。后来，随着双福寺的筑建，寺庙经济开始出现，尤其旗内放垦，阿古拉地区开始出现农业耕作。据《哲里木盟十旗调查报告书》记载，"又道光八年（1828 年）开放康平一带荒地。……此外，则西北部沙坨之地，地力硗薄，瘠而不肥，蒙民亦全行垦种。但不能久种一地，因草尽沙浮，风卷沙移，籽种亦被刷挂而去，故东峨南亩此种彼荒，随时移易。虽西北境垦无余地而播种收获者仅有其半，旗下亦不向其所租，故蒙民尚乐于从事。若以其地招垦或按亩征租则不但汉民无人备价承领耕种，即蒙人亦将弃而废之也。"②足见，自清嘉庆七年（1802）起，阿古拉农牧民单一的游牧生产方式发生改变。直至今日，阿古拉农牧民虽然仍以畜牧业为主，但农业耕作也早已成为其主要的生产活动之一，农牧相结合、农牧互补已成为当地农牧民最主要的生产方式。目前，阿古拉地区 5402 户16808 人口中，仍有 16145 人口从事农牧业生产，农牧业人口占其总人口的 96.06%。

在畜牧业生产上，阿古拉地处科尔沁沙地腹地，草牧场多为沙丘沙地草原，绝大部分植物植株矮小稀疏、覆盖度为 30%—50%。优质牧草种类虽多，但群落不大，多数为差巴嘎蒿、冷蒿、黄蒿、万年蒿等蒿属为主的建群种类，营养成分低，适口性差，草原标准等级低。据统计，阿古拉镇草牧场总面积约 516.7 平方千米，当地畜牧业生产多采取放牧与舍饲相结合方式，天然草场与庄稼秸秆互补。新中国成立初期，阿古拉地区五畜齐全，直到 20 世纪 80 年代中后期，骆驼、马的饲养量急剧下降。目前已经没有人饲养骆驼。据统计，到 2013 年年末，阿古拉镇大小畜合计 85978 头只，其中牛 35164 头、小畜50814 只。阿古拉地区家畜品种以草原传统黄牛为主，后进行品种改良，与西门塔尔、夏洛来、海福特等优良牛种进行改良。绵羊多以科尔沁细毛羊为主，后引进中国美利努、小尾寒羊、道赛特、夏洛来、大尾寒羊等优良品种，山羊以蒙古山羊为主，后引进辽宁盖县绒山羊和内蒙古罕山绒山羊等优良品种。

---

① 乌力吉编著：《博王旗史话》《科左后旗政协文史资料专辑》，2012 年 6 月。

② 内蒙古图书馆主编：《内蒙古历史文献丛书之一　哲里木盟十旗调查报告书》，远方出版社 2007 年版，第 159—160 页。

马主要为科尔沁马，境内特格希巴乙（原公因艾里）等地以出产快马著称[①]，现少量牧民饲养科尔沁马及其他品种比赛用马。

表 1-6　　　　　　1984 年和 2013 年阿古拉地区牲畜头数概况

种类	大畜						羊			生猪	牲畜总计
	合计	牛	马	驴	骡	骆驼	合计	绵羊	山羊		
1984 牧业年	18267	14247					19164	14587	4577	6231	43662
1984 日历年	13166	10226	1602	1327	20	11	10013	7420	2593	3607	26786
2013 牧业年	30599	29128					46462			7879	84940
2013 日历年		35164					20814			6654	

资料来源：《科左后旗统计年鉴》（1984 年、2013 年）。

在农业生产上，阿古拉地区甸子地比较平坦肥沃，但面积较少，坨子地以固定沙丘为主，水源丰富、光照充足。阿古拉镇耕地面积约为 160 平方千米。早期阿古拉地区以种植糜黍荞麦等短日期杂粮为主。新中国成立后，特别是 20 世纪 50 年代末期在"以粮为纲"方针指导下，坨子地大量引种玉米，大面积开垦草甸，盲目种水稻；到 20 世纪 60 年代初又由坨子地转向甸子地。自 1982 年实行家庭联产承包责任制以后，耕地面积基本稳定，一段时间内减少了玉米种植面积，适度增加蓖麻、大豆等豆类、油料种植面积。到 20 世纪 90 年代中后期开始，特别是 2001 年科左后旗提出"稳玉米、增稻麦、扩经作"的结构调整思路之后，阿古拉地区种植结构逐年转向以玉米为主，以零星种植大豆、杂豆、糜子等为辅。据统计，1984 年阿古拉地区总播种面积约 3632.5 公顷，其中粮食作物播种面积约 2313.3 公顷，油料作物播种面积 643.1 公顷，其他作物约 676 公顷。在粮食作物中，玉米、糜子、荞麦播种面积排前三位，各占粮食播种面积之 38.14%、25.38% 和 14.82%。虽然自 20 世纪 80 年代初，该地区开始加强农田基本建设，推广混合施用农家肥和化肥等科学种田方式，但耕地土壤肥力不足，产量一般。据 1984 年统计，阿古拉苏木玉米亩产仅为 370 斤左右，粮食作物综合产量仅为 320 斤/亩左右。而到 2013 年，阿古拉镇所辖 17 个嘎查（村）总播种面积 17300 余公顷，其中粮食作物播种面积达 11763 公顷，油料作物播种面

---

① 《科尔沁左翼后旗志》编纂委员会编：《科尔沁左翼后旗志》，内蒙古人民出版社 1993 年版，第 242 页。

积 1500 公顷，其他作物约 4070 公顷。在粮食作物中，玉米、糜子和大豆播种面积排前三，各占粮食播种面积之 89%、10.88% 和 5.10%。当年粮食作物综合产量达 490 斤/亩左右。近几年为了满足畜牧业发展需求，农牧民青贮种植面积呈现快速增加趋势。据统计，到 2013 年阿古拉镇青贮种植面积已经达到 4000 公顷左右，在总播种面积的所占比重达到 23.7% 左右。

四 双合尔山、科尔沁民歌及双合尔庙

每当谈论阿古拉地区农牧民，总绕不过双合尔山、科尔沁民歌和双合尔庙。在当地农牧民的生产生活中，并不高巍的双合尔山、唱不完的科尔沁民歌、依山傍水的双合尔庙，有着特殊的分量和意义。

(一) 双合尔山

双合尔山是一个名不见经传的小山峰，因其独特的自然环境和深厚的历史文化底蕴被世人认识，成为科尔沁草原上最为神奇的山。双合尔[①]，蒙古语，汉译为海青鹰或海东青，学名矛隼。双合尔山位于阿古拉镇政府所在地阿古拉嘎查，海拔标高 262 米，与地面相对高程为 59 米，是由长解石、闪长石组成的草原沙地上的圆形山峰。[②] 在当地，关于这座山的由来，流传着很多美丽而感人的传奇故事，如格斯尔汗与蟒古斯的故事、牧民兄弟乌力吉与巴特尔的传说等。当然，也有人认为双合尔山是由两边的石砬子上取材堆成的一座古代墓冢。双合尔山背靠吉力吐查干（查干，蒙古语，汉译为沙地，又称为双合尔音查干），东南百余米处有一石砬子，西南二十多里又有一石砬子，左右为大小巴彦查干淖尔（淖尔，蒙古语，汉译为湖），南面则是一马平川，视野千里。

据科左后旗志记载，顺治七年（1650 年）设科尔沁左翼后旗，章吉伦以祖父明安功，由贝勒晋为多罗郡王，受札萨克，诏世袭罔替。设左领三，驻牧双合尔山，即科左后旗设旗建札萨克初期近百年驻牧于双合尔山一带。但由于驻地双合尔山地处旗域偏北，不便管理全旗军政事务，旗扎

---

① 又写双和尔，此文中引用双合尔山白塔上的写法，见图 1–8。

② 《科尔沁左翼后旗志》编纂委员会编：《科尔沁左翼后旗志》，内蒙古人民出版社 1993 年版，第 129 页。

图 1-5　双合尔山远景图
课题组摄于 2014 年 8 月。

萨克在旗内较中心地带，选择济尔哈朗图塔拉（今吉尔嘎朗）建立了一处"会典所"[①]。期间，双合尔山附近建科左后旗第一座喇嘛寺庙双合尔庙，并多次敬迁扩建。于雍正十二年（1734 年），依照活佛旨意，在双合尔山山顶建一座佛塔，保留至今。现列为国家重点保护文物。旗扎萨克驻地，以及两座佛教建筑，再度增添了双合尔山的神秘色彩，其身上附着的文化符号远远超过山本身。如今，双合尔山不仅仅是一座山，更是阿古拉地区农牧民共同的地理标志和心灵之神。

图 1-6　双合尔山东南方的石砬子及其上的岩画
课题组摄于 2014 年 11 月。

与双合尔山心心相印的还有百年不干涸的巴彦查干湖和绵绵不断的吉力吐查干。位于双合尔山两侧的巴彦查干湖，因一段双合尔山传说以及完

---

① 乌力吉编著：《博王旗史话》，《科左后旗政协文史资料专辑》，2012 年 6 月。

好的自然状态，成为阿古拉地区又一道美丽的自然景观。巴彦查干湖，分为东西两个湖，双合尔山西侧的叫大巴彦查干湖，或巴彦查干淖尔，稳定水面约 3000 亩①，四周生长着大片芦苇、蒲草，是天鹅、丹顶鹤、大雁、野鸭等北方候鸟的栖息地；东侧的叫小巴彦查干淖尔，或莲花吐淖尔、莲花湖，水面不稳定，受降水影响较明显，四周生长着芦苇、蒲草。在当地民间流传着地处双合尔山两侧的两个巴彦查干淖尔，会在双合尔山山底下相通，在西边大湖里沉落的东西，会从东边的小湖中浮现的传说。在现实生活中，巴彦查干湖不仅为双合尔山周围的农牧业生产提供源源不断的水资源，还保障着以巴彦查干淖尔为核心的万亩双合尔原始湿地生态系统的稳定。位于双合尔山北侧的吉力吐查干则是科左后旗境内最大流动沙带，面积约 317.6 平方千米，占全旗流动沙丘的 15.7%，从西北向东南经由 5个苏木镇，横穿半个旗境，是科尔沁沙地之主要的组成部分。吉力吐查干在阿古拉境内面积约有 20 万亩，南北宽近 10 千米，东西长约 20 千米，最高沙峰曾达到相对地面高度 30 米左右。

　　双合尔山北靠吉力吐查干，东西两侧依偎着两个湖，两座石碴子，三面环绕数万亩原始湿地草原，一个仙境般的自然景观，以及以此为标志的1000 平方千米的热土，千百年来抚育着数十代阿古拉农牧民，为其生产生活提供源源不断的物质基础，成为他们共同热爱的美丽家园。

图 1-7　巴彦查干湖

图片由阿古拉镇干部文明提供。

---

①　胡金山：《阿古拉镇：迷人景色惹人醉》，《通辽日报》，2010 年 7 月 20 日。

专栏 1-1 双合尔山上的白塔

双合尔山顶上的白塔，建于雍正十二年（1734 年），形状好似北京北海公园里的白塔，是内蒙古自治区重点保护文物。当年修建这座佛塔，也是推行喇嘛教的措施，以象征积福益寿，生业繁昌。塔为砖石结构，通高 13 米，由塔基、塔座、塔身三部分组成。塔基用砖石砌成，高 2 米，方形，每面长 9.1 米，南北两面修有 2 米宽的台阶。南台阶 9 层，北台阶 7 层。塔座用青方砖砌成，多棱形，四面有砖雕如意图案和吉祥结，两侧雕刻蹲形小狮子。塔身又分为塔底、塔肚和塔顶三部分。塔底为圆柱形，3 层；塔肚为瓮形，四面刻有砖画和文字，文字与图画雕刻精细，线条流畅；塔顶为铸铁金锋形，上有佛教图案，金锋上有铜质鎏金的月亮、太阳、火炬，塔顶的罗伞下悬挂着 4 个铜制小铃。塔身柱为檀香木主芯建成。佛塔屹立在双合尔山顶，虽历经风雨，但仍通体洁白，又有蓝天白云相映衬，更显得好似利剑刺天。①

图 1-8 双合尔白塔及简介

课题组摄于 2014 年 8 月。

（二）科尔沁民歌

阿古拉以"民歌之乡"远近闻名，先后被内蒙古自治区文化厅、国家文化部命名为"蒙古族叙事民歌艺术之乡"（1997 年）、"中国民间文

---

① 潘茂桐、银海：《双合尔山、双福寺和双合尔山白塔》，《中国档案报》，2003 年 12 月 26 日第 T00 版。

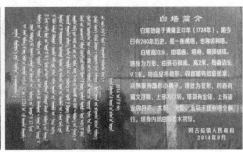

图 1-9　拴马桩及白塔简介

课题组摄于 2014 年 8 月。

化艺术之乡"（2008 年）称号，而其背后不仅是因为有加以叙事赞美的人物，也因为有能歌善舞的阿古拉农牧民。当然每年农历五月初五端午节这天举办的"双合尔·楚古兰"，也为阿古拉地区科尔沁民歌的发展提供了绝佳的平台。

1. 僧格林沁与科尔沁民歌《僧王赞》：据科左后旗志记载，僧格林沁，博尔济吉特氏，嘉庆辛末年（1811 年）出生在科左后旗哈日额日格苏木百兴图嘎查（今阿古拉镇白兴吐嘎查）普通台吉家庭①，是科左后旗第十代扎萨克王爷，在中国近代史上反抗外国侵略者而立下了赫赫战功的历史人物。道光五年（1825 年）僧格林沁承袭科左后旗札萨克郡王。1825 年至 1855 年，奉清廷之命率清军镇压太平天国北伐军有功而晋爵亲王。咸丰五年（1855 年）封僧格林沁为"博多勒噶台亲王"，诏世袭罔替，故科左后旗又称为"博王旗"。1859 年组织与指挥大沽口保卫战，取得中国军队自 1840 年西方资本主义武装入侵以来的第一次重大胜利。同治四年（1865 年）四月，僧格林沁在山东曹州与捻军交战中阵亡，终年 55 岁。② 关于僧格林沁在科尔沁草原上流传着不同版本的赞歌，而其核心无非是记录和称赞僧格林沁一生的丰功伟绩。下面摘录一首当地广为流传的科尔沁民歌"僧王赞"，感受当地农牧民对英雄僧王的赞美和敬仰。如下：

---

① 《科尔沁左翼后旗志》编纂委员会编：《科尔沁左翼后旗志》，内蒙古人民出版社 1993 年版，第 906 页。

② 有研究称，僧格林沁被捻军杀害年份为 1865 年 5 月 18 日。详见卓海波《僧格林沁若干问题研究》，中央民族大学（博士论文），2012 年 4 月。

专栏 1-2 僧王赞[①]

有辽阔富饶的土地，
有至亲的众多台吉；
有土默特、蒙古贞的婚姻，
有为皇上建立的功绩。

有敖嫩十旗的土地，
有家乡的众多台吉；
有故里跟随的随员，
我们的僧王是官吏的第一。

叩头有观音菩萨，
阿入华有公阿哈；
有战胜仇敌的功劳，
有为国家建树的佳话。

祈祷磕头有占来菩萨光普照，
六家子有三爷诺关照颜；
降妖除魔有赫赫功名，
官府衙门有亲王称号。

猖狂的法国强盗，
突袭明月般的中国；
为了消灭法国入侵者，
晋封僧格林沁掌舵。

嚣张的英国强盗，

① 满都呼编著：《神奇的双合尔山》，吉林音像出版社 2007 年版，第 111—113 页。

侵扰清澈的中国；
为了打败英国入侵者，
擢升僧格林沁掌舵。

牢记皇帝的命令，
官兵皆意知行；
为击败英、法顽敌，
精锐的蒙古兵出征。

北疆的蒙古兵，
身带弓箭；
跨上战马，
步调一致急行军。

内蒙古的骑兵，
高高举起长枪；
如风驰电掣般，
英勇地向前冲。

英勇的僧王，
血战大沽古战场；
大沽古战役的结果，
英法联军"血比水浓"。

英雄的郡王僧格林沁，
战斗在险峻的大沽古；
大沽古的鏖战，
消灭英法联军。

打败了洋鬼子，

国家太平了；
消灭了仇敌，
塞北的蒙古兵扬名了。

消灭了外寇，
社稷安定了；
打败了外敌，
内蒙古骑兵显声了。

皇帝的江山，
开始有了和平、安闲；
英雄的僧王，
我们大家怀念您！

神圣的社稷，
有了幸福、安宁；
不屈的僧王，
大家怀念您！

2. 达那巴拉与科尔沁民歌《达那巴拉》：叙事民歌《达那巴拉》流传于祖国大江南北，而其主人翁达那巴拉、金香均为阿古拉人。达那巴拉生卒年不详①，出生于今阿古拉镇达林艾勒，后迁入吉力吐嘎查。因达那巴拉射箭、摔跤、骑马技艺超群，被时任旗军统领包善一（蒙文名为额尔敦毕力格）看中，拉入自己的部队。1919 年在科左后旗宝格图艾勒送亲时，在一场争夺帽子的婚礼仪上，不慎把头撞上马蹬，被惊马拖走，不幸身亡。金香生于 1896 年，今阿古拉镇敖包艾勒人。② 在封建社会，达

---

① 有文献记载，达那巴拉生于 1891 年。引自满都呼编著《神奇的双合尔山》，吉林音像出版社 2007 年版，第 91 页；也有研究称，达那巴拉生于 1913 年。详见刘宝花《叙事民歌〈达那巴拉〉研究》，内蒙古大学，2010 年 5 月。但从他身亡年份推测，前者更具合理性。

② 有文献记载，金香为吉力吐嘎查人。引自包树海《〈达那巴拉〉：蒙古人的〈梁祝〉》，《通辽日报》2012 年 7 月 10 日。

图1-10　僧格林沁画像

图片由阿古拉镇干部文明提供。

那巴拉、金香自由恋爱，但因达那巴拉被迫参军，使得两个深爱的恋人终不能走到一起。最后，金香嫁给了她所不爱的人，并活到20世纪60年代。而叙事民歌《达那巴拉》在真人真事的基础上演绎而成，从而表达了草原人民对美好生活、纯洁爱情的渴望和赞美，成为阿古拉地区蒙古族经典民歌之首（详见专访二）。

3. 双合尔楚古兰：如果说《僧王赞》《达那巴拉》等民歌来自阿古拉地区农牧民真实生活，那么不得不说创作这些民歌名曲的草原人民。阿古拉之所以被誉为"蒙古族叙事民歌艺术之乡""中国民间文化艺术之乡"，是因为它具有能激发草原人民自由创作的民俗文化平台。双合尔楚古兰，汉译为双合尔山的聚会，源自阿古拉地区农牧民在每年农历五月五日登高望远的地域习俗。每逢农历五月五，阿古拉地区群众登双合尔山，下巴彦查干淖尔，到双福寺祈祷，祈福一年牛羊肥壮、粮食丰收、众生安康。因聚集于双合尔山上，五月五登高望远习俗成为一种人们交流思想、增进友谊、互相来往的极好机会，演变成了一种地区文化。为此，阿古拉苏木党委、政府自 1993 年开始组织举办双合尔楚古兰，在群众原有的爬山、游泳等传统活动外，开展了赛马、搏克、射箭等蒙古族传统三项体育活动，以及球赛、拔河、长跑等比赛项目。其中文艺表演和民歌比赛是"双合尔楚古兰"必不可少的项目之一。如今，"双合尔楚古兰"已举办23 届，已成为科左后旗乃至通辽地区的一张文化名片，被列入通辽市非物质文化遗产名单。

图 1-11　双合尔楚古兰掠影

图片由阿古拉镇干部文明提供。

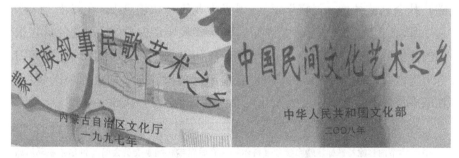

图 1-12　阿古拉镇分别于 1997、2008 年被内蒙古自治区文化厅、国家文化部誉为"蒙古族叙事民歌艺术之乡"、"中国民间文化艺术之乡" 称号

课题组摄于 2014 年 7 月。

（三）　喇嘛教及双合尔庙（双福寺）[①]

萨满教是北方少数民族信奉的原始宗教之一。但对于阿古拉农牧民而言，因为有双合尔庙，喇嘛教（佛教）的影响远远超过萨满教。双合尔庙，法名双福寺，蒙古语全称为特古斯巴雅思古楞图苏莫，位于双合尔山脚下，是科左后旗第一座且规模最大的喇嘛寺庙。

双合尔庙原庙建于清康熙十九年（1680年）。科左后旗札萨克在格德日古草布克（今阿古拉镇乌兰那仁嘎查）附近筑起三间小庙，把原在王爷家供奉的释迦牟尼佛像请落座新寺内，并从土默特呼和浩特大昭寺的白氏禅定忽阁克图那里交了一千多两白银购置108卷《甘珠尔经》。与此同时，任命翁古特努图克台吉、查喀岱所属奴隶喇嘛贺其英贵为大喇嘛。[②] 康熙二十九年（1690年），在双合尔山东南靠石碴子修建一座二层楼式寺庙，命名为"大康最盛寺"，蒙古语称"伊合阿木古楞玛西德力格日申苏莫"。因靠石碴子所建，民间称之为"哈丹苏莫"。康熙三十一年（1692年），因原修寺庙破旧，又在双合尔山西侧，北靠吉力吐查干，面向白彦查干淖尔，修建一座四方大庙，敬迁原庙。原庙称为浩沁黑特（蒙古语，汉意为旧庙）。乾隆元年（1736年），因双合尔山西侧的四方大庙已经简陋不堪，将庙迁至双合尔山南麓。新修筑的庙有正殿、东西配殿及后殿，并有围墙。正面有门厅，正殿为大雄宝殿，还有十八罗汉殿、护法神殿、四大天王殿、法轮亭和钟鼓楼等，规模宏大壮观。乾隆二十三年（1758年），再次扩建庙宇，翌年扩建工程告竣。嘉庆六年（1801年），修建双合尔山南麓一座40丈见方三层楼式参尼（蒙古语称却瑞）扎仓（或拉僧，显宗学部）；道光十九年（1840年），在双福寺又修建一座30丈见方的二层楼式寺庙，名为"大康慈悲月寺"，藏名叫"朱德巴拉僧"（密宗学部），主要诵念延年益寿之经，并决定由玛如德努图克负责修缮；光绪十四年（1888年）四世葛根，因大雄宝殿失火烧尽，在原来位置上修建二层楼式九九八十一间大雄宝殿。从此，全旗二十七座

---

①　本节内容除特殊标注外均参考《科尔沁左翼后旗志》编纂委员会编《科尔沁左翼后旗志》，内蒙古人民出版社1993年版，第896—897页；乌力吉编著：《博王旗史话》，《科左后旗政协文史资料专辑》，2012年6月。

②　额日很巴图《双福寺》，见政协哲里木盟委员会文史资料研究委员会编，《哲里木盟文史资料》（第二辑），通辽教育印刷厂印刷，1986年3月，第77页。

寺庙均归双福寺领导和掌管。[①] 光绪二十四年（1898年），双合尔山南麓又续建一座丁科（蒙古语称丁合尔）扎仓（时轮学部）；1940年，为供奉已圆寂的哈丹喇嘛木乃伊，在双合尔山东南原哈丹苏莫东侧建一座约9平方丈的小庙，命名为固丁庙，是双福寺最后建造的一座庙。

根据1947年的调查，双福寺有耕地504垧（约等于7560亩），其中有东大荒上等好耕地就有6500亩，牲畜650多头（只）。有353名喇嘛。在鼎盛时期，双福寺喇嘛达到千人左右，本寺除有格根（活佛）之外，还有4位好比喇罕喇嘛（转世活佛）。学塾分却瑞扎仓、居德巴扎仓（或朱德巴拉僧）、丁合尔扎仓（或丁科尔拉僧）、阿巴哈札仓四个。各学部均有自己的寺庙，此外还有哈丹苏莫、"固丁"庙等形成系列庙群。据文献记载，新中国成立前双合尔山周围有大小庙宇十座，其中有30至81丈见方的庙宇四座，不足30丈见方的有6座。三层楼式建筑两座，二层楼式建筑3座，普通建筑5座。新中国成立初期庙仓共8所，其中4所是活佛忽图克图的私人庙仓。[②]

图1-13 双福寺原貌

图片由阿古拉镇干部文明提供。

新中国成立后，在土地改革运动中，绝大部分喇嘛还俗，寺庙财产归当地农会统一分配给包括喇嘛在内的农牧民，庙内大量铜制佛像和经卷逐渐消失。1976年5月，寺庙建筑几乎全部被拆毁，只留有藏经阁等3座残存的庙房。

---

① 额日很巴图《双福寺》，见政协哲里木盟委员会文史资料研究委员会编《哲里木盟文史资料》（第二辑），通辽教育印刷厂印刷，1986年3月，第81页。

② 额日很巴图《双福寺》，见政协哲里木盟委员会文史资料研究委员会编《哲里木盟文史资料》（第二辑），通辽教育印刷厂印刷，1986年3月，第82页。

图 1-14　双福寺一角（1956 年）

图片由阿古拉镇干部文明提供。

图 1-15　双福寺遗址

课题组摄于 2014 年 8 月。

　　从 3 间小庙发展成科左后旗境内最大的喇嘛教圣殿，从繁盛时期的盛况到衰落时期的凋零，在近 300 年（1680—1976 年）的变迁过程中，双福寺不仅对喇嘛教传入科左后旗，以至于影响当地农牧民生产生活，也通过迁入庙丁、劳役、建造房屋、裁缝等人员，对当地农牧业生产及社会结

图1-16　双福寺遗址

课题组摄于2014年8月。

构带来了极大影响。据《科左后旗志》记载，"在信奉喇嘛教极盛时期，境内蒙古族虔诚笃信喇嘛教，几乎家家户户供奉烧香。富者日烧三香，每逢农历初一、十五日点燃佛灯，每年正月要请大批喇嘛念经祭佛。贫者起码也要在年节向佛像烧香膜拜。各寺庙每年都有定期的经会，名目繁多，届时蒙民扶老携幼赶赴经会烧香叩头祈祷，并且施舍饭食和财物。……在生产生活上，无论养畜、耕地、盖房子、动土、看坟茔，还是外出打猎、出远门，都要请有威望的喇嘛指教。若逢村里失盗、被劫，或有人患急病、失踪、轻生等异常事故也要问卜于喇嘛，或念经灭灾，或请指出得失因果。……举凡蒙民的婚嫁、丧葬、年老庆寿、患病都离不开喇嘛念经为之消灾祈祷"。据《博王旗史话》记载，"清康熙、乾隆、道光时期，是蒙古族成年男子的30%—40%均出家当了喇嘛"。据乌日塔拉嘎查老人图门吉日嘎拉回忆，其一位太爷爷就是在双合尔庙当喇嘛（19世纪中叶），这种情况在双合尔庙周围嘎查比比皆是。

早期，随着双福寺的修建和扩大，不仅形成庙丁、属民等服务于寺庙的人群，也形成了为寺庙放养畜群、农业耕作、修建房屋的人群和村落，久而久之影响当地生产方式和生活习俗。据《科左后旗志》记载，"根据1947年的调查，双福寺有耕地504垧（其中东大荒369垧），牲畜654头（只），清朝、民国时期有庙丁为寺庙放牧或作劳役。"其中，设有几处地窝铺，大小牲畜分放在双福寺西玛拉楚达屯和东玛拉楚达屯等地，雇人放牧。清末民初，由卓索图盟各旗流入科左后旗的贫困户多为蒙古贞人，是专为寺庙炒炒米的庄户。其西处的英根艾里，是专门的碾磨坊屯；其南面的希伯艾里，是专事保管庙仓粮食的地方。① 据传，为了修建双福寺，除木材和石头从外地运进外，建筑所需青砖蓝瓦，在双合尔山南，西自公因艾里（现特格希巴雅尔嘎查，笔者注），东至达林艾勒共建了 13 处"马蹄窑"，烧砖烧瓦。② 乌兰那仁嘎查老人伊德尔阿日斯楞也证实了这一说法，老人说："现在达林艾勒嘎查砖盆窑就是建双合尔庙时烧砖的地方，因此得名于砖盆窑"，有人则认为现阿古拉镇协日勒（蒙语，汉译为坟墓）嘎查乃是安葬双合尔庙已故喇嘛僧人的地方。③ 而这些不仅导致原住民驻牧地名的变化，更引起原有生产方式和生活习惯的改变。仅以迁入阿古拉地区的蒙古贞对当地生产生活的影响为言，蒙古贞人的北迁移居不仅使施粪肥、种植菜园子等农耕技术和耕作方法带到当地，加快了该地区由牧业经济转为半农半牧经济的发展过程；而且也把炕席、炉子等生活资料以及蒙古贞馅饼、黏豆包等饮食文化带入该地区，影响和改变了原住民起居方式和饮食结构，甚至其文化。④

如今，随着地方经济社会的发展和人民生活条件的改善，人们对地方性文化以及文化产品的需求多元化趋势日益显著，寺庙所附载的价值已不仅是宗教本身，而是超越宗教自身的文化、经济和社会价值。因此，2010年阿古拉镇政府正式启动双福寺复建工程，总投资 2.2 亿元，用 3 年的时间重建双福寺。⑤ 截至 2015 年，双福寺复建已完成多个主殿和配殿的建设工程⑥，崭新的双福寺已展现在世人面前。

神奇的双合尔山、清澈的巴彦查干湖、浩瀚的吉力吐查干养育着世代驻牧于此的各族民众。数百年来，外来的生产生活方式，无时无刻不在影响阿古拉农牧民，使其从游牧到定居、从单一的畜牧业生产到农牧相结合

---

① 科左后旗档案局编：《双合尔记忆》，2012 年 1 月。

② 乌力吉编著：《博王旗史话》，《科左后旗政协文史资料专辑》，2012 年 6 月。

③ 包银妞：《科尔沁左翼后旗蒙古地名研究》，内蒙古大学，2009 年 6 月。

④ 白志强：《蒙古贞人和科尔沁文化的多样性——以内蒙古通辽市科尔沁左翼后旗阿古拉镇为例》，内蒙古师范大学，2013 年 4 月。

⑤ 青格乐图：《抓住机遇奋发图强努力　开创阿古拉镇科学发展新局面》，在中共阿古拉镇第十四次代表大会上的报告，2011 年 4 月 28 日。

⑥ 李丽洁：《科左后旗加快旅游景区提质升级步伐》，《通辽日报》2015 年 12 月 12 日。

图 1-17　访谈伊德尔阿日斯楞老人

课题组摄于 2014 年 11 月。

图 1-18　重建中的双福寺一角（正面）

课题组摄于 2014 年 11 月。

的双重生产，体现出外来文化对当地生产生活的影响，以及原有文化形态对外来文化的包容和接纳能力。作为北方少数民族原始信仰，萨满的影响

图 1-19　重建中的双福寺一角（鸟瞰）

课题组摄于 2014 年 8 月。

依然存在，而进入清朝后喇嘛教对阿古拉农牧民的影响则更为显著。通过双福寺以及周围其他寺庙的修建，宗教本身及附着于此的寺庙文化、寺庙经济，不仅在信仰上，更是在生产方式和生活习惯上影响了当地农牧民。而民歌，以其背后的真实人物和社会生活，展现出这种文化变迁和生产生活的改变，歌颂着阿古拉农牧民对自由平等、繁荣发展的美好愿望。

第二章 新中国成立以来阿古拉地区农牧民生产的发展

1947年6月，内蒙古骑兵二师十二团配合兄弟部队在额德淖尔战役中击溃包善一的国民党三十一师，东科后旗①全境第二次解放②，包括阿古拉地区农牧民在内的全旗人民迎来了彻底解放。1949年，东科后旗恢复科尔沁左翼后旗名称③，新中国的曙光普照科尔沁大地。如前文所述，游牧生产是阿古拉地区农牧民最初的生计方式，然而自清朝嘉庆七年（1802年）朝廷诏准开荒，旗境东部、南部大片牧场放垦，腹地也开始有了农业耕作，从而改变了单一的畜牧业经济状况。④ 直至新中国成立前夕，阿古拉地区农牧相结合的生计方式基本形成，畜牧业生产和农业生产成为当地农牧民最主要的生计来源。

第一节 畜牧业生产的发展变化

一 畜牧业生产经营体制机制变迁

新中国成立之前，阿古拉地区大部分牲畜和草牧场掌控在当地王公贵

① 东科后旗，伪大同元年（1932年），伪满当局将科尔沁左翼后旗改称东科后旗，该旗札萨克为旗长。详见《科尔沁左翼后旗志》编纂委员会编《科尔沁左翼后旗志》，内蒙古人民出版社1993年版，第596页。

② 《科尔沁左翼后旗志》编纂委员会编：《科尔沁左翼后旗志》，内蒙古人民出版社1993年版，第600页。

③ 《科尔沁左翼后旗志》编纂委员会编：《科尔沁左翼后旗志》，内蒙古人民出版社1993年版，第601页。

④ 《科尔沁左翼后旗志》编纂委员会编：《科尔沁左翼后旗志》，内蒙古人民出版社1993年版，第209页。

族（包括喇嘛等）、牧主手中。他们在各努图克，甚至在更大的范围内放牧，向贫苦牧民放苏鲁克。

1947—1948 年土地改革中，废除一切封建剥削制度。当时，内蒙古有三种产业区域，即农业区、半农半牧区和游牧区，1947 年下半年开始的土地改革对三种不同类型区采取了不同的政策。如农业区要实现耕者有其田，把当地王公贵族（包括喇嘛）手中掌控的土地分给无地、少地的民众，征收富人手中多余的土地，补给缺少地的民众，达到平分土地的目的；游牧地区准备消灭封建，牧主的牲口要分给替他放牧的牧民和奴隶，对大牧主可提出互助，应当叫他拿出一部分东西交给牧民和奴隶。[①] 1947 年 10 月《中国土地法大纲》正式公布内蒙古实根据际研究决定，境内一切土地为蒙古民族所公有；废除封建土地所有制度，消除一切封建阶级及寺院的土地所有权。新中国成立后，在游牧区内实行放牧自由政策，按盟、旗行政区划自由放牧；农业区实行耕者有其田政策，将原来一切封建地主占有土地收归公有，与乡村其他土地统一按人口平均分配给全体农民。在半农半牧区，农业占优势的地方，大中地主的固定的大垄地和耕畜分给贫苦农民，小地主与富农不动；牧业占优势的地方，大牧主的役畜可分给贫苦农牧民，但牧群不分；个别蒙奸恶霸的土地、牧畜、财产，经政府批准可分给农牧民；半农半牧区农、牧业的经济发展方向，应根据群众意愿和自然条件的不同来决定，但必须保护牧场等。[②] 当时，阿古拉地区对全艾勒（嘎查）全部牲畜进行平均分配，实现了牧者有其畜，使当地畜牧业稳步发展。

到 1954 年，阿古拉地区开始建立互助组、互助合作社，将农牧民牲畜全部作价归生产队。除部分自留除外，其余牲畜全部归生产队所有，由生产队统一管理经营。1956 年阿古拉建高级社。农牧民全部生产生活资料全部归生产队所有，将所有自留畜统一到生产队。农牧民在生产队统一安排下参加劳动，牲畜统一放牧、统一管理、统一经营。成立高级社以后，实行以高级社为基本核算单位的记工分红制，按劳动力出工情况记工

---

① 内蒙古自治区政协文史资料委员会：《"三不两利"与"稳宽长"文献与史料》，内蒙古政协文史书店发行，2005 年 2 月，第 23—24 页。

② 内蒙古自治区政协文史资料委员会：《"三不两利"与"稳宽长"文献与史料》，内蒙古政协文史书店发行，2005 年 2 月，第 35 页。

分，根据记分分收益。

1958 年秋季，在"大办人民公社"的号召下，阿古拉实现人民公社化。其间推进生产"大跃进"，大搞"基本田""卫星田"建设，开垦大面积的甸子地。到 1960 年，已开荒甸子地 10400 亩①，使过去优质牧场变成了良田。由于管理不善，虽然牲畜数量有所增长，但牧业生产方面牲畜损失死亡多，不爱畜、饲养管理不妥当，有的宰杀母畜。② 当时，"除了当年的皮、毛、绒和牛品算为收入以外，要根据牧业生产计划，在保证完成纯增任务的前提下，按牧业年度有计划的出卖 10%—15% 的牲畜（包括自食部分在内）作为当年的牧业生产收入，列入总收入中统一计算，统一分配"③。

1960 年，阿古拉公社贯彻执行以农业为基础，种植业和饲养业并重，以猪为纲，猪牛并重，稳定全面，高速发展畜牧业生产的方针，动员全党全民开展一人一口猪和百母百仔的群众运动，全公社出现百母百仔群 11 个，其中牛群 5 个、马群 2 个、羊群 4 个。④ 1961 年起，科左后旗恢复自留畜政策。1962 年保留少数原以生产大队为核算的单位外，其他都改为生产队（小队）为核算单位，从而调动了群众的生产积极性，为当地畜牧业生产迎来短暂的发展。到 1967 年阿古拉人民公社牲畜头数从 1956 年的 16421 头（只）增加到 43713 头（只）。同时在"学大寨，树标兵，一带二，一片红，比、学、赶、帮"运动的影响下，强化基本草牧场建设，大力发展牧业。

在此期间，阿古拉在畜牧业发展和草牧场管理方面主要采取了以下方针政策。一是"继续认真贯彻执行稳定、全面、大力发展畜牧业的总方针，以发展大畜为主、大小畜并举，以提高质量为主、质量与数量并举，适当控制山羊发展"。二是在自治区半农半牧区要以牧为主，全面规划、

---

① 《阿古拉人民公社两年来工作总结》，科左后旗阿古拉人民公社，1960 年 12 月 5 日，科左后旗档案馆。

② 《阿古拉人民公社两年来工作总结》，科左后旗阿古拉人民公社，1960 年 12 月 5 日，科左后旗档案馆。

③ 《中共阿古拉人民公社第一届十二次党员大会社员代表大会总结》，阿古拉人民公社，1959 年 9 月 15 日，科左后旗档案馆。

④ 《科左后旗阿古拉人民公社今冬明春工作安排意见（草稿）》，1960 年 12 月 5 日；《阿古拉人民公社第四届第一次人民代表大会决议》，1960 年 12 月 9 日，科左后旗档案馆。

保护牧场、因地种植、农牧林结合的多种经济发展方针下，把"阿古拉划分两类地区，实行两种不同的生产方针，即阿古拉、阿林艾里、特格希巴乙、白音宝吐、勿日塔拉、希达胡都嘎、乌汉、达林艾里、乌兰那仁等九个大队贯彻执行以农牧并重、全面规划、保护牧场、因地种植、农牧林结合，发展多种经营的方针。吉力吐、东玛林秋、西玛林秋、色音胡都嘎、道尔苏、哈日格、扎拉吐、那林塔拉、花灯等九个大队则是要贯彻执行以牧为主、全面规划、保护牧场、因地种植、农牧林结合，发展多种经营的方针，但采取哪一种方针也要有计划地建设草原、发展牧业生产。"三是"合理规划农田、牧场、草场、林地，因地制宜地采取措施加以安排和发展。今后应从长远利益出发，该封的坨子一定要下决心封闭起来育林、畜草，普遍保护林木的政策，坚决克服顾此失彼，影响今后发展的做法"。四是"坚决贯彻执行禁止开荒、保护牧场的政策。……今后大片开荒不经过新的批准，不准开垦荒地，零星开荒也要上报公社批准。……此外，沙化严重地区，种植固沙作物，该封闭的坚决封闭，农业退出，牧业也要合理安排，公社和大队管起来。……合理轮种、轮歇、轮牧，不能盲目扩大耕地轮种面积，今后计划外的轮歇地也要经过批准。……生产队明确农田、牧场、草场、林地四固定和管理使用权限"。五是社员自留畜调动了群众养畜的积极性，对发展畜牧业生产起了一定作用。但是由于自留畜母畜多，自食、出卖少而在发展比例上出现了一些新问题，甚至在一定程度上影响了集体经济的巩固，影响了社员参加集体生产的积极性。为了保证集体经济的巩固和发展，必须正确地对待和执行自留畜政策，必须认真贯彻盟党委提示的几项规定，即"①在优先发展集体牲畜的原则下允许发展自留畜；②社员自留畜由集体统一放牧，绝对禁止雇工剥削；③放牧费根据不同情况，有的收实物或工分，牲畜不多发展不快的也可以收现款，放牧费低的要提高；④社员出卖自留畜只能卖给国家和集体，不准到自由市场出售和严防投机倒把；⑤社员需要的肉食、皮毛等畜产品，主要是从自留畜中解决，先吃先用自己的，后吃后用集体的；⑥生产队不能拿母畜、牲畜换社员个人的牛、羯羊和老弱残畜；⑦生产队给社员的实物奖励，不准奖给牲畜；⑧自留畜多的地方，根据不同条件，在不违背自留畜政策的原则下，经过动员，可以对自留畜过多的户收购一部分。对没有自留畜的户不再从集体牲畜中补留，可用社员之间互通有无的办法解决"；

等等。同时，强调在落实现有管理体制的基础上要认真执行三包一奖、定工、定产、超产奖励等办法，尽快结算做到奖罚兑现，以利于调动积极性。① 设置牧业队长、牧业书记等，专门管理协调牧业发展的各项事务。②

"文化大革命"期间，阿古拉公社虽然提出继续贯彻执行种植业与畜牧业并重，大力发展畜牧业，坚持数量质量并重，以大畜为主，马、牛、羊并举的方针③，甚至后期逐步转变为"以牧为主，农牧林结合"④，或"以牧为主，农牧并举，全面发展"⑤ 的经营方针，但其畜牧业生产仍遭受严重影响。1967 年到 1973 年之间，阿古拉人民公社牲畜头数从 43000多头（只）下降至 32000—36000 头（只）之间，到 1976 年才恢复到原来水平。当然，这期间阿古拉公社在畜牧业生产方面也做出了一些积极工作，如牲畜改良工作。在全公社 17 个大队中先后建立健全 13 个改良配种站，配备 36 名配种员。截至 1973 年 6 月末，全公社畜群中，改良畜比例分别达到马匹 40% 左右，牛 50% 左右，绵羊 82%，为畜牧业普及改良打下了良好的基础。⑥

1977 年年初，科左后旗旗委和旗革委会召开全旗农业学大寨会议，掀起全旗学大寨运动。1977 年 6 月末，阿古拉公社牲畜头数达到 1949 年以来的最高水平，为 44704 头（只），牲畜良种及改良种比例达到50.3%，其中特格其巴乙、哈日格、乌兰那仁等大队的绵羊基本达到科尔沁细毛羊的标准。同期，全公社大搞畜牧业基本建设，共建草库伦 35 处，全社人工种草面积达 2897 亩。⑦ 然而，因遭受 1977 年冬季、1980 年春季

① 《关于一九六四年畜牧业生产计划的报告》，中共阿古拉公社委员会，1964 年 9 月 20 日，科左后旗档案馆。

② 《阿古拉人民公社两年来工作总结》，科左后旗阿古拉人民公社，1960 年 12 月 4 日，科左后旗档案馆。

③ 《阿古拉公社 1972 年工作基本总结》，科左后旗档案馆。

④ 科左后旗阿古拉公社，《阿古拉公社总结经验吸取教训大办牧业多做贡献》，1973 年，科左后旗档案馆。

⑤ 《科左后旗阿古拉公社一九七七年畜牧业工作总结报告》，1977 年 7 月 23 日，科左后旗档案馆。

⑥ 《总结经验、吸取教训，大办牧业，多做贡献，阿古拉公社 1973 年牧业年度基本总结》，1973 年，科左后旗档案馆。

⑦ 《科左后旗阿古拉公社 1977 年畜牧业工作总结报告》，1977 年 7 月 23 日，科左后旗档案馆。

严重自然灾害，阿古拉公社牲畜头数分别从 1977 年牧业年度的 44704 头（只）和 1979 年牧业年度的 42284 头（只）减少至 1978 年的 37957 头（只）和 1980 年的 37367 头（只），为当地加强畜牧业基础设施建设工作敲响了警钟。

1978 年党的十一届三中全会明确提出，把全党工作重心和全国人民的注意力集中在现代化建设上。在此后的一段时间内，阿古拉公社生产生活基本处在恢复生产、整顿秩序工作当中。当年科左后旗对农村牧区政策做出了部分调整：社员自留奶牛，5 口之家允许养 1 头，6 口人以上允许养 2 头；允许社员养自留羊 1—2 只。1979 年，科左后旗提出全旗以牧为主、农牧林结合，多种经营，全面发展的方针，阿古拉公社被划入以牧为主的 20 个公社之内。1980 年 3 月，科左后旗全旗农村牧区普遍推行生产责任制，调动了群众的生产积极性。①

1982 年，阿古拉公社贯彻"林木为主，多种经营，全面发展"的生产建设方针，落实牧业生产责任制，积极推广伊胡塔公社"分户饲养、作价保本、现金提留、一定五年不变"的牧业大包干生产责任制，较好地解决了过去那种"分户饲养、仔畜比例分成"利益不直接、不好结算兑现，以及责任不明、承包畜与自留畜两样对待、提留过重等，导致社员不愿承包的问题。承包工作中，除部分大队的马群包群到劳外，其余逐年实行大包干。其中要求人工种草、畜种改良、畜疫防治、种公畜管理、畜群组合放牧等都由生产队统一起来。同时搞好青贮、贮草、打草，特别是狠抓了青贮饲料。② 1983 年 4 月，全旗开始落实草牧场责任制，把打草场、放牧场的使用权和人工种草责任落实到户，推进草畜双承包工作。1985 年 6 月末，全苏木牲畜存栏为 26063 头（只）。③ 截至 1985 年 7 月 2 日，阿古拉苏木 19 嘎查 4171 头（只）牲畜作价归户。草场责任制落实面积 47800 亩，牧场责任制落实面积 350500 亩。④ 同时，1982 年，科左

---

① 《科尔沁左翼后旗志》编纂委员会编：《科尔沁左翼后旗志》，内蒙古人民出版社 1993 年版，第 64—65 页。

② 《阿古拉公社一九八三年工作总结报告》，1983 年 10 月 28 日，科左后旗档案馆。

③ 《畜疫防治及牲畜责任制落实统计表》，阿古拉苏木，1985 年 7 月 2 日，科左后旗档案馆。

④ 《牧业生产建设统计表（二）》，阿古拉苏木，1985 年 7 月 2 日，科左后旗档案馆。

后旗提出"带领百万人民向治理沙漠进军"的口号，在"林牧为主、多种经营"方针下，开展种树种草工作，坚决制止自私开荒、乱砍滥伐等破坏草牧场的行为。注重提高牲畜出栏率和商品率，加快牲畜生产周转速度。如 1987 年，阿古拉苏木提出"要实现'三个提高'，即牲畜出栏率要提高到 25%，商品率要提高到 14% 以上，牲畜成活率要提高到 55% 以上"①。

20 世纪 80 年代末期，阿古拉苏木调整畜牧业发展思路，提出提高牲畜质量，发展大畜的方针，坚持近农远牧原则，采取的措施包括：一是调整牧业生产内部结构，大力发展黄牛、绵羊、山羊，控制马、驴、骡养殖头数，坚决杜绝适龄母畜、绵羊山羊的外流；二是狠抓黄牛冷配工作；三是搞好牧业生产基本建设，稳定草场、牧场，加强贮草、秸秆工作；四是以防为主，防治结合；五是加强经营管理，选定常年牧工，注重常年跟群放牧等。

进入 20 世纪 90 年代之后，阿古拉苏木根据本地自然特点、资源优势和经济结构，采取全面经营、分类指导，宜农则农、宜牧则牧、宜林则林，防止单打一和"一刀切"的工作方针。具体实施近农远牧、南农北牧新的农牧林发展格局。阿古拉嘎查以南要实行以农为主、林牧结合、多种经营、全面发展的生产经营模式；阿古拉嘎查以北的要实行以牧为主及农牧结合、多种经营、全面发展的方针。要求在增数量提质量的同时，狠抓草牧场的管理、保护和建设，全苏木每头牲畜人工种草 0.2 亩，种青贮 0.2 亩，贮草 1000 斤，大小畜由松散型管理、靠天养畜逐步向常年跟群放牧、高效益的商品畜牧业迈进。为了发展畜牧业，坚持限种 5 亩地，退农还牧，以农保牧。各嘎查一要选好牧工，实现常年跟群放牧，尽量延长放牧时间，最大限度地提高牲畜采食量；二要狠抓牲畜饮水，要管好、用好牧业井，每天保证牲畜两次饮水；三要加强护理工作，对孕畜仔畜老弱病种畜实行特优照顾，单独组群进行舍饲；四要抓好接羔保畜，疫病防治。②

1997 年，阿古拉苏木根据上级工作部署，实行以家庭联产承包为主、

①　叶喜：《阿古拉苏木第九届人民代表大会第三次会上的工作汇报》，1987 年 3 月 11 日，科左后旗档案馆。

②　《阿古拉苏木一九九一年工作计划》，1991 年 1 月 10 日，科左后旗档案馆。

统分结合的双层经营体制，对农牧民已承包土地进行适当调整，签订30年不变的承包合同。其中对草牧场有偿使用承包工作做了进一步的完善和调整。苏木提出要求，为防治草牧场退化沙化，鼓励农牧户建草库伦、种草种差巴嘎，杜绝外来畜，注重牲畜人工配种，限制农牧户黄牛种畜自然繁殖。针对草牧场严重沙化、草牧场超载过牧等情况，主动调整牲畜饲养结构，采取增加黄牛、绵羊和家猪家禽的饲养比例，限制马、山羊饲养头数的政策，在适度增加牲畜数量的基础上注重提高质量。为此阿古拉苏木在完善"双权一制"的基础上，坚持黄牛冷配、畜疫防治、四季跟群放牧，注重畜牧业产业化发展，重点发展吉力吐等8个嘎查黄牛养殖、门德来家猪养殖点，同时完善经营管理机制，为每个嘎查配备畜牧业副嘎查长和兽医、配种员等科技人员。①

进入21世纪以后，阿古拉镇积极响应国家和自治区有关草原生态保护与建设要求，实施退牧还草、收缩转移、围封禁牧、草畜平衡等生态工程。同时，立足阿古拉镇实际，提出了"把握两个重点，实现两个突破"，即黄牛产业和生态建设为重点实现畜牧业基础建设和双禁（禁垦禁牧）、双退（退耕退牧）、双还（还林还草）上有所突破的战略目标，继续提升黄牛产业的主导地位，加强疫病防疫工作。根据全镇牧业发展不平衡，重点突出了色音胡都嘎、哈日格、乌兰那仁、白兴吐等几个嘎查的奶站建设、饲草料建设，重点抓乌日塔拉、色音胡都嘎、玛林秋的基础育肥示范工程。同时，继续坚持为牧而农，为养而种的种植观念，不断加大引草入田力度和青贮种植面积。

如今阿古拉镇畜牧业生产和草牧场管理坚持"两结合，两为主"的原则，实施自繁自育和母牛扩繁工程，壮大黄牛产业发展。即坚持以发展基础母牛与育肥牛相结合，以基础母牛为主；坚持以发展重点嘎查村与养牛大户相结合，以养牛大户为主，按照"为养而种、为牧而农"的思路，切实加大种植优质牧草和种植青贮及粮饲兼用玉米的力度，为畜牧业发展提供坚实的基础。②

---

① 《中共阿古拉党委关于第十二届代表大会工作报告》，1998年12月24日，科左后旗档案馆。

② 《阿古拉镇2013年度工作实绩考核述职报告》，中共阿古拉镇委员会、阿古拉镇人民政府，2013年。

二　牧草资源的使用与管理

阿古拉草原属于科尔沁沙地沙丘沙地草原，面积为516.7平方千米，占总土地面积的51.7%，其中可利用面积占83.9%。北部沙丘起伏明显，南部相对平缓，草地多属于沙丘间平原。草原基质为风沙土，牧草种类大部分为旱生、沙生、中旱生科类。绝大部分植物植株矮小、稀疏，覆盖度为30%—50%。牧草中优良牧草群落较多，如有豆科小叶锦鸡儿、山竹岩黄芪、细叶扁蓿豆、砂珍棘豆、达乌里胡枝子等；禾本科羊草、糙隐子草、冰草、披碱草等；菊科飞蓬、旋覆花等。但群落不大，多数为差不嘎蒿、黄蒿、冷蒿、万年蒿等蒿属为主的建群种类。因沙地接受太阳能快，沙地草场植物返青早，带果实植物多，营养价值高，春季适于提前放牧。沙丘间洼地草好又防寒，是冬季和早春最佳牧场。

表 2-1　　　　　　　阿古拉镇各嘎查草牧场拥有情况　　单位：亩、人、亩/人

嘎查名称	天然草地	人工草地	其他草地	草牧场总面积	人口数量	人均草场面积
白兴吐嘎查	109822.4	185.7		110008.1	1038	105.98
合林索根嘎查	66160.2	24180.45		90340.65	830	108.84
特格希巴雅尔嘎查	67198.95	207.45		67406.4	1263	53.37
吉力吐嘎查	66074.25	87.6		66161.85	917	72.15
道日苏嘎查	63898.95	1647.45		65546.4	1247	52.56
乌日图塔拉嘎查	61851.75			61851.75	1013	61.06
色音呼都嘎查	48105.75	1143	14.4	49263.15	780	63.16
玛林秋嘎查	45396.6			45396.6	598	75.91
阿古拉嘎查	45144.3	185.7		45330	492	92.13
乌兰那仁嘎查	30567.3	4546.8		35114.1	1563	22.47
雅敏嘎查	22380.75			22380.75	795	28.15
花灯嘎查	21045			21045	750	28.06
哈日额日格嘎查	19566.15	927.6		20493.75	734	27.92

嘎查名称	天然草地	人工草地	其他草地	草牧场总面积	人口数量	人均草场面积
白音宝吐嘎查	9148.2	10483.05		19631.25	987	19.89
达林艾勒嘎查	18409.95			18409.95	954	19.30
阿林嘎查	18140.25	208.35		18348.6	1182	15.52
桐其格嘎查	11697.3	3763.2		15460.5	1550	9.97
阿古拉镇总面积	724608	47566.35	14.4	772188.8	16693	46.26

数据来源：《2012年科左后旗统计年鉴》；《科左后旗2014年牧业年度嘎查（村）牧业基础情况统计表》。

（一）草牧场使用和管理

阿古拉地区农牧民以放牧、打草形式利用草牧场，延续至今。草牧场条件较好的嘎查将草场分为放牧场和打草场。打草场一般选择雨水条件较好的平原草场，春夏季禁止放牧，保护牧草长势，自立秋之日至9月中旬为打草季节，牧民用钐刀割草并晒干，入冬运回村屯或直接拉进场院，以备冬春之用。新中国成立后，特别是进入公社化时期，阿古拉都在公社统一安排下打草、贮草，公社在各嘎查之间进行调剂，每个嘎查必须完成每年的打草任务。草牧场承包到户后，由于各家各户牲畜数量较少，打草场都能自给自足，有些牧户还把打草场借给那些草场面积小、没有打草场的其他嘎查的亲戚朋友。当时，基本没有机械化打草之说，牧户都用钐刀割草。

到20世纪90年代初，随着草牧场日益退化，打草场产草量逐年减退，加之牲畜头数不断增加，承包户打草场难以自给自足，同一嘎查牧户之间、不同嘎查牧户之间打草场租赁行为开始出现。进入21世纪以后，一方面各嘎查草牧场严重退化，另一方面很多平原地进行开垦变成了良田，致使多数嘎查打草场不出草，牧户基本上打不上草，更不存在出租打草场的情况。即使草牧场条件好的嘎查，也把打草场改变成了放牧场。农牧民虽然已经拥有了一些打草机械，但只能从低洼地的草甸或田间地头打些草，以备枯草期或遇灾时使用。

放牧场则更多的是以嘎查为单位共同使用。早期，草牧场面积较大的

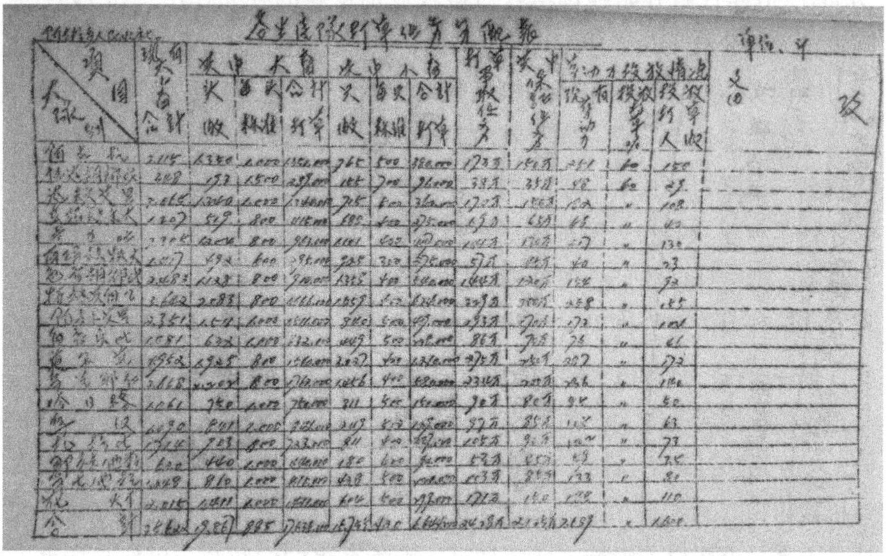

图 2-1　阿古拉乡人民公社各生产队打草任务分配表
来源：科左后旗档案馆。

嘎查可分为夏秋、冬春两季牧场。夏秋一般使用平原草地，冬春则使用沙地草地；而草牧场面积狭小的嘎查通常只有一季草场，多数为沙地草地，农牧户可自由放牧。到了 20 世纪 90 年代中期，随着气候干旱以及人为利用不当，使得草牧场退化现象日益严峻，沙地草地植被覆盖度急速降低，裸露沙地随处可见，很多地方都变成了一季草场，能放牧的草牧场逐渐缩小，原本草牧场面积较小的嘎查农田与草牧场矛盾显现，放牧者稍不注意其牲畜会跑到农田里。

世纪交替之际，科左后旗在国家退耕还林还草项目建设的基础上，对全旗草牧场划分等级，实施禁牧、休牧和轮牧政策。特别是国家草原生态保护补助奖励机制实施后，阿古拉地区草牧场进行阶段性禁牧，从每年的 4 月 1 日至 7 月 10 日进行 100 天的禁牧封育，7 月 10 日至下年 3 月 31 日可进行放牧。草牧场面积不同嘎查之间借用放牧场的行为难以继续，各嘎查内部使用都有些紧张。

（二）秸秆与青贮的使用

作为农牧交错带，秸秆和青贮对补给牧草供给不足具有至关重要的作用。阿古拉地区农牧民十分重视农作物秸秆的存贮与利用，当地政府早在

20世纪50年代就开始强调秸秆对畜牧业饲草料的补充作用。如1959年阿古拉人民公社下达当年贮存秸秆615万斤的任务，保障各类牲畜安全过冬过春两关。① 特别是随着农作物种类的增多，秸秆逐渐成为当地牲畜过冬过春的重要饲草补充。实行家庭联产承包责任制初期，当地农作物种类比较多，玉米、高粱、糜黍、豆类等作物秸秆均可作为牲畜草料利用。当时，到了秋季农牧户一般都会把农作物连秸秆运进乌图日模②，晒干后进行分解，把秸秆堆放于乌图日模中，与秋季贮藏的干草结合喂养牲畜，甚至有些秸秆因带有少许果实其营养价值更高。后来，随着种植结构的单一化，很多农牧户只种植玉米，或少许杂粮，农牧户会把玉米秸秆用芦苇、马莲等植物捆成适当大小捆运进乌图日模。有些农牧户把它切成小块或粉碎，以便增加牲畜适口性，提高秸秆的利用率。进入21世纪以来，随着农业机械化程度的提高，用综合收割机收割玉米时，玉米秸秆严重损失。因此，无畜或少畜户干脆就不回收秸秆；而牲畜多的农牧户，仍然坚持手工收割玉米，降低秸秆损失，并将其堆放于农田中③，用铁丝等材料围住。

阿古拉地区农牧民使用青贮时间也比较早。早期农牧户一般都会用黄贮。据科左后旗志记载，在1983年全旗搞青贮饲料1.61亿千克。当年，阿古拉公社在各级领导干部、党员、团员的带头示范作用下，共搞10483千克青贮，到1986年时青贮量达670万斤。④ 在实地调查中了解到阿古拉地区牧户自20世纪80年代初期开始就建砖石砌成的永久性储窖或挖成方形土坑式青贮窖，铺上塑料布，把玉米秸秆粉碎后做成黄

---

① 《中共阿古拉人民公社第一届十二次党员大会社员代表大会总结》，阿古拉人民公社，1959年9月15日，科左后旗档案馆。

② 乌图日模，蒙古语，储藏农作物及其秸秆的围墙。一般是用土木围成的四方形或圆形院子，位于农户房屋周围，与自家庭院隔开。院中地皮较为坚硬，便于糜黍、玉米、高粱、豆类等脱粒。科左后旗地区农牧户均有使用。早期，只为储藏农作物及秸秆而专用，后来农牧户在春夏季种植蔬菜或其他作物，秋冬季则储藏农作物及其秸秆。现在随着机械化程度的提高，专用乌图日模逐渐消失。

③ 由于秸秆堆放在房屋附近容易发生火灾，当地政府要求农牧户把秸秆堆放于农田中，使用时少量拉运至庭院附近。虽然这种做法降低了农牧民喂牲畜的便捷性，但排除了安全隐患，当地农牧民普遍接受了这种做法。

④ 叶喜：《阿古拉苏木第九届人民代表大会三次全会上的工作报告》，1987年3月12日，科左后旗档案馆。

贮。到了 20 世纪 90 年初，阿古拉地区在"为养而种、为牧而农"的思路下，开始种植青贮，并逐步推广。据统计，2004 年阿古拉镇种植青贮面积仅为 1850 公顷，而到 2010 年种植面积扩大至 2687 公顷，2013年则扩大到 4000 公顷左右，平均产量达到 5000 斤/亩以上。同时，有些农牧户也保留储存黄贮的做法，混合使用青黄贮。目前，只要有饲养牲畜的农牧户户都有青贮窖，全镇每年大概储存约 24 万吨左右的青贮饲料，农牧户户储存青贮 5—50 吨不等。同时，在国家草原生态保护补助奖励机制实施情况下，阿古拉镇各嘎查开始加强优质牧草的种植工作，种植面积不断扩大。截至 2013 年，当地优质牧草种植面积已达1.2 万亩，比上年增加 114%。

（三）田间地头牧草及秸秆利用

与纯牧业区不同，阿古拉地区农牧户从秋收到第二年春耕期间，可以把牲畜散放于农田及周围，充分利用田间地头牧草及留在农田中的秸秆、粮草。阿古拉地区农田林网建设较早，林地中有多种适口性较好的牧草，而且夏秋季很少有牲畜进入啃食，所以田间地头、林下牧草一般会长势较好。秋收后，很多玉米叶子、玉米粒儿、豆类叶子、豆类、糜黍根部等可食用饲草料留在田间，也能为牲畜提供较好的饲草。因此，阿古拉地区农牧民到晚秋时节一般都会把牲畜赶到田间地头散放，利用夏季无法利用的饲草料资源。

（四）禁牧与阶段性禁牧政策的实施

由于绒毛价格暴涨，阿古拉地区饲养绵羊、山羊的数量一度剧增。如，1986 年牧业年度当地大小畜存栏约 24395 头（只），其中小畜头数仅占 37.29%。到 1994 年，当地大小畜约 38638 头（只），其中小畜头数占57.67%。恰恰这段时间当地生态环境遭到严重破坏，流动沙丘明显增多。于是，自 20 世纪 90 年代中后期，阿古拉苏木采取罚款等行政手段，禁止小畜放牧，压减小畜头数，尤其山羊头数。进入 21 世纪后，国家及自治区在全区范围内实施禁牧、休牧与划区轮牧等恢复草牧场、保护草原生态的政策措施，阿古拉地区也相应进行了阶段性禁牧等措施，每年的 4 月 1日至 7 月 10 日进行全面禁牧，有效保护了境内草原生态，为当地草牧场可持续利用提供保障。

表 2-2　　　　　　1984—2000 年牧业年度阿古拉苏木牲畜存栏头数变化 单位：头（只）

	大小畜合计	大畜		小畜			小畜占大小畜比	山羊占小畜比
		合计	牛	合计	绵羊	山羊		
1984	37431	18267	14247	19164	14587	4577	51.20%	23.88%
1989	31713	15875	11811	15838	9264	6574	49.94%	41.51%
1994	38638	16354	11570	22284	9240	13044	57.67%	58.54%
1999	22365	15829	11051	6536	5846	690	29.22%	10.56%
2000	21117	15058	10309	6059	4815	1244	28.69%	20.53%

数据来源：不同年份《科左后旗统计年鉴》。

三　畜群规模与结构变化

阿古拉是科左后旗畜牧业发展的重点区域之一，畜牧业经营收入是当地农牧民家庭最主要的经济收入之一。正如当地干部所说："在阿古拉，单靠农业难以维持生计，必须结合畜牧业。看一家农牧户生活水平如何，过去要看他家打了多少粮食，而现在就看他家有没有饲养牲畜。如果哪家有畜，他家生活肯定不会太差"。

（一）畜群规模的变化

阿古拉是畜牧业大镇，特别是合林索根、吉力吐、赛音呼都嘎等一些草牧场面积较大的嘎查，其畜牧业生产一直占主导地位。自新中国成立至20 世纪 80 年代初，阿古拉地区畜牧业经历了快速发展到曲折前进的两个不同的发展阶段（见图 2-2）①。新中国成立之初，翻身做主的广大农牧民生产积极性空前高涨，从无畜到有畜，从少畜到多畜，多数群众爱畜如命，少有出栏，使得牲畜头数从 1956 年的 16421 头（只）快速增加到1967 年的 47313 头（只），12 年间实现了翻三番的快速增长。此后受

──────────

①　由于缺乏 1947—1956 年的统计数据，无法描绘前十年的发展轨迹。但据《科左后旗志》及当地老人的回忆，新中国成立初期，当地牲畜头数有限，除阿古拉努图克少数地主富农外，普通百姓基本没有自己的牲畜。据旗志记载，从 1904 年、1905 年的日俄战争到 1945 年科左后旗曾多次遭兵燹匪患，大批牲畜被抢掠驱赶；特别是伪满洲国统治时期，实行"出荷"牲畜政策，低价收购牧民牲畜，使畜牧业生产受到严重破坏。1932—1947 年的 16 年间，牲畜由 6.3 万头（只）增加到 9.8 万头（只），年均只增加 0.23 万头（只）。转自《科尔沁左翼后旗志》编纂委员会编《科尔沁左翼后旗志》，内蒙古人民出版社 1993 年版，第 235 页。

"文化大革命"影响，畜牧业生产受阻，牲畜头数跌落到 1970 年的 32552 头（只）。对此，当地政府积极采取稳妥的应对措施，群众积极响应，快速恢复畜牧业生产，到 1973 年时牲畜头数基本恢复至"文化大革命"之前的规模。但因 1977 年、1980 年分别遭遇严重的自然灾害，当地畜牧业生产遭受严重损失，牲畜损失率分别达到 15% 和 12%。

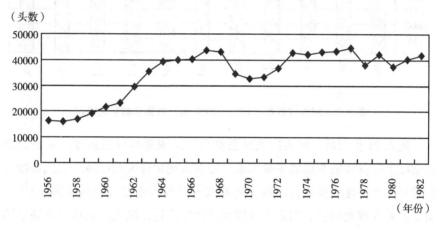

（头数）

图 2-2　阿古拉地区（1956—1982 年）牲畜头数变化情况

从实行家庭联产承包责任制至 20 世纪末，当地畜群规模出现前降后增再降的波浪式发展。实行家庭联产责任制初期，广大农牧民生产积极性虽有提高，但个体畜群管理不善、自然灾害频繁等原因，牲畜头数曾一度出现下降趋势，到 1987 年时从 1985 年的 26063 头（只）下降至 23411 头（只）。[①] 通过两年的调整期，自 1987 年阿古拉地区畜牧业生产经营进入 10 年的稳定增长期。到 1996 年，其牲畜总存栏头数达到 38638 头（只），年均增加 1500 头（只）左右，其中小畜，尤其山羊饲养头数明显增多（详见表 2-2）。当然，牲畜头数的不断扩张，加重了当地沙地植被和甸子草地的生态退化和沙化。于是，当地政府当机立断，采取限制发展小畜、退牧种草、退耕还草等政策措施；群众大量处理山羊等小畜，并加大了牲畜的舍饲圈养比例，进而出现了牲畜头数大幅下降趋势，到 2000 年时降到最低点 21117 头（只），其中大畜为 15058 头（只），占大小畜总

———————

①　1984 年 7 月进行人民公社管理体制改革，成立哈日额日格苏木。原阿古拉人民公社部分生产队被划入新成立的哈日额日格苏木，原乌兰敖道人民公社部分生产队则被划入阿古拉苏木。因此，1983 年、1984 年牧业年度的数据与之后的数据没有连贯性和可比性。

存栏的 71. 31%。

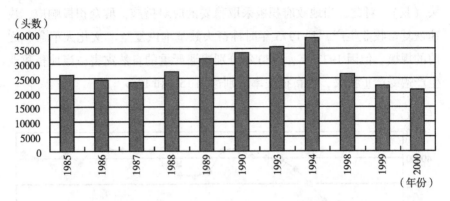

图 2-3 阿古拉苏木（1985—2000 年）牲畜头数变化情况

进入 21 世纪后，阿古拉地区畜群规模出现忽高忽低态势，其中价格波动成了牲畜规模变动的主导因素。随着市场化程度的提高，当地农牧民的牲畜出栏率逐年提高，市场价格的波动对畜牧业发展的影响更加显著。由于当地农牧业结合、家庭小规模饲养等生产特点决定，农牧民收到市场信号后更容易调整规模和结构。比如，自 2007 年开始的羊肉价格上涨，使当地小畜饲养头数从 2008 年开始几乎快速增长，2008 年、2009 年存栏量达 70000 多（只），比 2004 年几乎增加一倍；同样 2012 年、2013 年的新一轮价格上涨，又一次拉高当地小畜存栏规模，到 2014 年时从 2013 年的 46500 多（只），增加到 66600 多（只）。

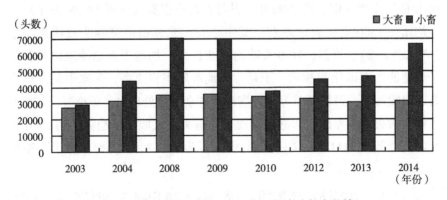

图 2-4 阿古拉镇（2001—2014 年）牲畜头数变化情况

（二）牲畜饲养结构变化

阿古拉地区作为沙地草地，其草原植被与气候条件更适合饲养大畜。由于生产的惯性，直到 20 世纪 50 年代，阿古拉地区基本保留着草原五畜结构，但就其结构而言，牛的饲养比重远远超过其他牲畜，能占到大小畜总量之 60% 左右。改革开放后这种结构逐步被打破，牛在牲畜结构中的绝对优势开始改变。据统计，1978 年牧业年度，阿古拉地区大小畜合计 37957 头（只），五畜齐全，其中牛、山羊的比重明显比 20 世纪 50 年代下降，绵羊、马的比重则有一定程度的上升（详见图 2-5）。

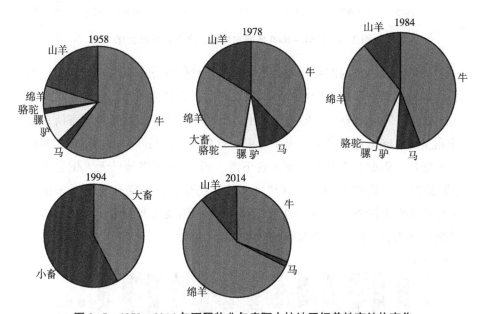

图 2-5　1958—2014 年不同牧业年度阿古拉地区饲养牲畜结构变化

20 世纪 80 年代，阿古拉地区大小畜饲养结构变化趋势更加明显。仅以原阿古拉苏木为例，1984—2000 年期间，畜群中大畜比例从 20 世纪 80 年代中期的 60% 以上下降至 20 世纪 90 年代中期的 40% 左右，再到 21 世纪初的 60% 以上，呈现 U 型曲线。相比，小畜养殖规模则表现出相反的倒 U 型升降曲线（见图 2-6）。究其原因，前 10 年是因市场上羊绒羊毛价格暴涨引起小畜头数的快速增加，后 5 年则是因生态保护的需要而采取的限制政策（详见“禁牧与阶段性禁牧政策实施”一节），以及羊绒羊毛热度降温的双重影响所致。

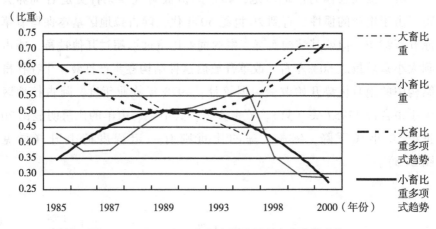

图2-6　1984—2000年阿古拉地区大小畜头数变化

　　当然，大小畜内部结构也发生了一些微妙的变化。从所占比重看，牛在大畜中的比重一直保持在68%—78%之间，而其他大畜则保持在22%—32%之间；但从趋势看，牛的所占比重出现下降趋势，而其他大畜所占比重则呈现上涨态势。其中，出于役用、骑乘需求，马匹所占比重在此期间有所增长，而驴和骆驼比重则出现下滑，到1990年当地已无人饲养骆驼（见表2-3）。而绵羊和山羊存栏规模的结构变化，则完全受羊毛羊绒价格和生态保护措施的影响，20世纪90年代中期成为其分水岭，之前山羊头数快速增长，绵羊头数则有所下降，反之亦然。

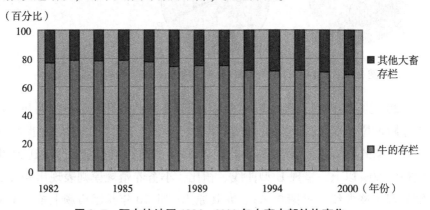

图2-7　阿古拉地区1984—2000年大畜内部结构变化

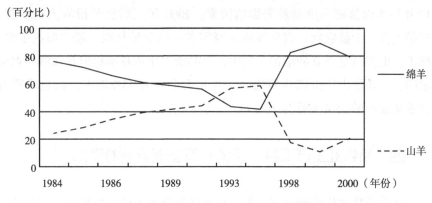

图 2-8　阿古拉地区 1984—2000 年小畜内部结构变化

表 2-3　　　　　　1978—1990 年阿古拉地区大畜内部结构变化*

	牛	马	驴	骡	骆驼	大畜合计
1978	72.72%	16.56%	10.20%	0.10%	0.42%	100%
1985	78.43%	12.13%	9.29%	0.11%	0.05%	100%
1989	74.40%	18.60%	6.77%	0.23%	0.01%	100%
1990	74.74%	19.20%	5.78%	0.29%	0.00%	100%

数据来源：各年度《科左后旗统计年鉴》（1990 年后缺乏大畜结构有效数据）。

*由于缺乏马、骆驼、驴、骡等大畜连续数据，暂用 1978 年、1985 年、1989 年、1990 年四年的牧业年度数据体现其总体变化趋势。

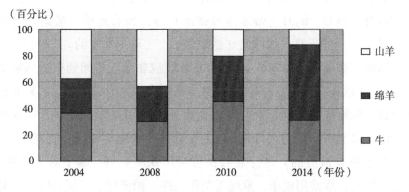

图 2-9　2000 年以来阿古拉地区牲畜结构变化

　　进入 21 世纪后，阿古拉地区大小畜结构比例一直在 40∶60 上下波动，总体走势相对稳定，而后期呈现出小畜比重进一步加大的趋势。其中有原哈日额日格苏木牲畜结构中小畜比重偏重，以及进入 21 世纪第二个

10 年后羊肉价格一度暴涨等影响因素。2000 年先后已经没有人饲养骡、驴等大畜，少数农牧户因喜好或比赛需求饲养少量马匹，基本形成了牛、绵羊、山羊三足鼎立的结构。其中，牛的所占比重基本稳定在 30%—45% 之间，绵羊所占比重则从期初的 25% 左右上升为 55% 以上，而山羊所占比重从期初的 35% 下降为 10% 左右。

四 畜牧业生产工具（设备）及基础设施的变化

随着畜牧业生产的发展，阿古拉地区畜牧业生产中传统生产工具及基础设施得到了较大的改善，甚至现代科技与机械化取代了原有的生产工具和设备。

（一）生产工具（设备）

在现代化的机械设备大量进入畜牧业生产领域之前，阿古拉地区畜牧业生产中通常使用的生产工具有：马倌通常骑马放牧，配有套马杆及马鞭等；牛倌则通常步行跟群，也有骑马放牧的，配有布鲁、牧鞭、牧羊犬等；羊倌也一般步行跟群，偶有骑马放牧的，配有小鞭、木棍、皮袋子（毡袋）、牧羊犬等。牛倌、羊倌等整天因跟群，通常自带干粮；放牧地较近者，也有中午回家吃饭的现象。出于秋季打草、冬春季进行补草补饲的需要，家中常备各种各样的割草、打草、切铡草（秸秆等）的工具，比如镰刀、钐刀、铡刀（带木床或铁床）等，也有运输、搬运、打捆牧草（秸秆等）的工具，如四叉（铁质的）、三叉（木质的）、耙子、柳条筐、麻绳、柳条（或芦苇）、架木（指木质胶轮车上搭架四根适当粗细的木棍，以增加牧草、秸秆等的搭载量，当地人称之为搭架木。后来又沿用到三轮、四轮拖拉机挂车上）等。饮畜（冬季用得多，夏季通常饮用天然湖泊、水泡水）用的大口井、压井、管井、水桶（铁质、胶皮的）、水槽（从木质到铁质的）等。农牧民普遍用铁质剪刀、刷子等工具剪毛、抓毛。另外，通常用皮革、麻绳等制作马绊、两腿绊、三腿马绊、绊绳等工具，防止役用畜、小畜走散、走远。

进入 21 世纪后，当地牧业机械化程度大大提高，上述工具逐渐被淘汰。比如，在放牛放羊时，不再骑马、步行，而是骑摩托车，不再使用牛鞭、羊鞭、布鲁、皮袋子（毡袋）等传统工具；在打草割草中开始使用小型打草机、捆草机；农牧民不再用木质胶轮车运草，而是使用三轮、四轮拖拉机，甚至用大型拖拉机搬运；饮畜中普遍使用了浅水泵、深水泵等电动设备，甚至有些大户开始使用感应水槽等，在牲畜放牧、生产资料运输、饮水等牧业生产工具逐步实现了机械化、半机械化和自动化。当然，一些简易的工具仍然在日常生产中所需，比如镰刀、钐刀、四叉、柳条筐等。

（二）基础设施建设

新中国成立之初，阿古拉地区农牧户的棚圈畜舍等基础建设比较简易，配套设施并不齐全。从 20 世纪 50 年代开始，地方政府及群众重视棚圈等基础设施建设。如，1959 年阿古拉公社党员大会社员代表大会上明确提出，"为了使各类牲畜安全过冬过春，结合秋收组织一批专业人员进行搭棚盖圈。在修补现有 127 个圈之外，又新盖 201 个圈，计 328 个。搭好 188 个棚……同时改良牲畜一定准备好暖舍，各小队准备一个接羔暖舍或暖圈"。到 1977 年时，该地区畜棚圈建设达到 9521 处（间），面积达 67467 平方米，其中永久性棚圈 1170 间（处），面积达 6959 平方米。全社 16 个配种站中乌兰那仁大队配种站的房舍、棚圈建设比较理想。[①] 而实施家庭承包责任制后，由于每家每户畜群规模不大，且农牧户居住集中，牲畜圈舍相对较小。冬季一般使用用土墙做的圈舍，有些牧户用树枝、芦苇、篱笆栅围住西北或东西北三面墙遮风挡雪，有些牧户则做泥土平房式简易畜棚，基本没有砖石结构的舍圈。夏季为了避开苍蝇蚊子叮咬，一般会找到光秃的地方用树干、铁丝围成简易畜圈。到了 20 世纪 80 年代末 90 年代初，当地农牧户基本建立起土木结构的畜棚，特别是一些养马的牧户搭建比较标准的土木结构的暖棚，备有喂精饲料的槽子、饲料盆等。而进入 20 世纪 90 年代中后期，当地农牧户开始建设砖石结构的半开放式暖棚、砖石结构畜圈等，备有木质或铁质饲料槽、饮水槽等。到 2014 年，当地农牧户牲畜棚舍数量达 117842 间，其中砖石结构棚舍达到 8448 间，户均建有棚舍 27 间，基本满足其畜牧业发展之需。

除了棚圈建设，青贮窖、药浴池等必不可少。如上文所述，当地青贮

---

① 《科左后旗阿古拉公社一九七七年畜牧业工作总结报告》，1977 年 7 月 23 日，科左后旗档案馆。

图 2-10　当地农牧民所建的土木结构、砖瓦结构畜棚

课题组 2014 年 11 月摄于希伯艾里、达林艾勒等嘎查。

贮始于 20 世纪 80 年代。当时，一些农牧户被纳入政府投资项目，除建青贮窖户外，大部分农牧户基本没有建立青贮窖池，更多是直接用秸秆、牧草喂养牲畜。每个嘎查一般备有一到两个简易的药浴池。进入 20 世纪 90 年代，当地开始重视青贮种植与贮存，开始建设青贮窖池，但多以简易土窖为主。到 2014 年，当地窖池数量达到 2675 座，其中砖石结构永久性窖池达到 1452 座，几乎户户都有不同数量的青贮窖，特别是一些牧业发展较好的嘎查，砖石水泥结构的永久性窖池基本普及。养羊大户自己备有药浴池、药浴机等。

五　畜群饲养管理方式变化

（一）畜群的分群管理

阿古拉地区农牧民对五畜以及成年畜与幼畜进行分群管理，既提高牲畜生产能力，又便于放牧管理，同时保证牲畜能够安全度过冬春季节。总的来说，早期更重视放牧管理的便捷性和牲畜安全过冬春问题，如今则更重视提高产能问题。

新中国成立初期，阿古拉地区五畜齐全，各个生产队根据牲畜种类和规模，建立若干个马群、骆驼群、牛群和羊群，同时还建立仔畜群、病弱畜群等特殊畜群。特别是到秋季要求牧工"适当分群，使牲畜吃鲜草，抓秋膘，打下安全过冬春两关的先决条件"①。当时虽然在统计上按牲畜头数计算，但在实际畜群放牧管理中普遍按多少群来掌握。每当访谈当地老人时，回忆称当时他们嘎查有多少群马、有多少群牛，等等。当时，对每种牲畜的组群规模提出具体要求，比如在《1960年上半年各项工作总结》中提出"抓好膘的分群放牧，大畜80头一群，马40—50头、羊100只、种公畜（牛）15—17头为一群。……常年使用役畜单放，七八月份达成九成膘"。到1977年，阿古拉公社合理调整每群头数，畜群数量由上年的321个增加到349个，提高了牲畜膘情，减少了死亡率。特别是加强了对老弱畜和牛犊的单独饲养管理，有利于抗灾保畜，使牲畜安全度苦春。②

改革开放后，阿古拉地区各家各户均分得了不同数量的五畜，但每户所拥有的牲畜均不能够成群。其中，马群虽然分给牧户，但采取嘎查集体统一管理方式，承包给指定的阿都沁艾勒（蒙古语，汉译为放马专业户)③。牛则以一个自然屯或小组为单位组成一到二个群，由专人统一放牧，各户承担牛倌的放牧费用。羊则按牲畜头数多少可自由组群，按单户、联户组群放牧。早期，当地绵羊与山羊比例约2∶1，但到20世纪90年代以后山羊饲养量迅速增加，甚至一度超过绵羊数量。但一般都将绵羊、山羊混合组群。当然也有专门养山羊的牧户，以山羊单独组群。骆驼及驴骡数量有限，一般不组群，牧户自家单独管理，通常不会跟其他畜群统一放牧。其中，牛羊幼畜与成年畜分开单独放牧。通常，牛犊、羊羔会

---

① 《中共阿古拉人民公社第一节第二次党员大会社员代表大会总结》，1959年9月15日，科左后旗档案馆。

② 《科左后旗阿古拉人民公社一九七七年畜牧业工作总结报告》，1977年7月23日，科左后旗档案馆。

③ 部分大队的马群实行了包群到劳的做法。详见《阿古拉公社一九八三年工作总结报告》，1983年10月28日，科左后旗档案馆。

按 1 户或几家合在一起放牧于离家不远的草场，早晨分群，晚上合群。马驹跟群放牧现象多见。

到了 20 世纪 90 年代中后期，阿古拉地区普遍采取成年畜与幼畜混群放牧形式。一方面其接羔时间从以前的春羔提前为冬羔，仔畜商品率提高，母畜很少挤奶；另一方面自然放牧时间缩短，放牧时节仔畜基本能够跟群放牧。当然，也有些嘎查或牧业点的牧民目前仍沿用成年畜与仔畜分群管理方式。早期，当地与其他地方相同，习惯接春羔，春季共同放牧时，牛犊、羊羔一般跟不上大群，只能就近放牧；而且母牛挤奶率较高，牧户通过缩短母畜与牛犊的接触时间，获得更多的鲜奶。而如今，当地一般都会接冬羔，每年 12 月份、1 月份开始断断续续接牛犊，等 7 月份放牧时牛犊都能跟群；而且农牧户为了尽快出栏当年仔畜，以及为了保护母畜膘情，很少挤奶。

（二）牲畜改良与配种繁育

据旗志记载，早在清宣统二年（1910 年），旗扎萨克亲王阿穆尔灵圭向宣统皇帝奏请创办蒙古实业公司，并在旗内由札萨克和牧主合资办实业股份公司，从"泰西"（欧洲）引进 300 只美利奴羊对本旗绵羊进行品种改良，开启当地牲畜改良序幕。但由于缺乏技术人才、管理不善等原因，两三年后种羊损失一半，畜种改良失败。[①] 新中国成立后，自 1958 年阿古拉地区就开始牲畜改良工作[②]，到 1960 年已经进入快速发展阶段。[③]早期，当地饲养本地土种牛较多，后引进西门塔尔、夏洛来、海福特等优良牛种进行横交改良，通过 30 余年的改良培育出乳、肉、兼用"科尔沁牛"品种，阿古拉地区成为科尔沁黄牛主要产地之一。到 20 世纪 80 年代中后期，当地引进中国美利努、小尾寒羊、道赛特、夏洛来、大尾寒羊等优良品种对本地绵羊进行改良，而山羊品种改良主要引进辽宁盖县绒山羊和内蒙古寒山绒山羊等优良品种。

---

① 《科尔沁左翼后旗志》编纂委员会编：《科尔沁左翼后旗志》，内蒙古人民出版社 1993 年版，第 252 页。

② 1958 年改良大畜 22 头，小畜 43 只；1959 年改良大畜 41 头，小畜 143 只。引自《阿古拉人民公社两年来工作总结》，科左后旗阿古拉人民公社，1960 年 12 月 4 日，科左后旗档案馆。

③ 当年大小畜已改良 1144 头只，占当年大小畜头数的 5.3%，引自《牧业会议总结》，1960 年 7 月 19 日，科左后旗档案馆。

20 世纪 50 年代以前，当地牲畜配种繁育采取大群放牧，自然本交的方式。1958 年，阿古拉地区部分生产队对牛羊配种采取人工授精①，到 1962 年，在阿古拉人民公社各生产队普遍推行对牛、绵羊人工配种新技术。从 20 世纪 70 年代开始推广黄牛冷冻精液人工授精，绵羊仍坚持常温人工配种，到目前这种配种方式已普及。据统计，2010 年阿古拉镇黄牛存栏达到 31031 头，其中能繁殖母牛总数达到 20463 头，黄牛冷配达到 12000 头。

（三）畜群放牧方式的变化

新中国成立之前，旗内王公贵族、牧主占有大批牲畜和草牧场，畜牧业生产经营方式上主要采取旧苏鲁克制度。苏鲁克是蒙古语，原意为"畜群"，是游牧民族牲畜租养过程中形成的习惯法，一般是占有牲畜多的牧民将其所有的牲畜出租给需要租养牲畜的牧民，而牲畜少或没有牲畜的牧民则通过放苏鲁克的方式获得牲畜、仔畜以及畜产品等生产生活资料。② 苏鲁克制可分为两种，即"旧苏鲁克"和"新苏鲁克"，以新中国成立前后为时间界线，新中国成立前的叫"旧苏鲁克"，新中国成立后的叫"新苏鲁克"，有学者认为"旧苏鲁克"是一种严酷的封建剥削制度。③

新中国成立后，内蒙古在半农半牧区普遍实施"保护牧场，禁止开荒"的政策，以便有步骤地鼓励发展畜牧业。阿古拉地区根据自治区及哲里木盟相关政策，对全努图克牲畜进行平分，实现牧者有其畜，实行单干制度，农牧民进行自由放牧。自 1954 年开始互助合作运动，到 1958 年实现人民公社化，普遍实行几户到几十户，再到全生产队统一放牧管理方式，始终贯彻自治区关于半农半牧区"保护牧场、禁止开荒"的畜牧业发展政策。其中重点实行分群管理、季节性轮牧等传统放牧经营方式。如阿古拉人民公社《关于 1964 年畜牧业生产计划的报告》中明确提出，"各队在现有的水膘基础上狠抓放牧管理，提倡早出晚归，延长放牧时间，改善放牧等办法，因地因畜采取有效措施突击抓好油膘。……特三类

---

① 到 1960 年当地大小畜已配种 3053 头只，占母畜 33.8%，引自《牧业会议总结》，1960 年 7 月 19 日，科左后旗档案馆。

② 哈斯图雅：《苏鲁克制度的历史演变及其当代价值》，内蒙古大学，2015 年 6 月。

③ 戴双喜、包英华：《法律视域中的苏鲁克制度》，《内蒙古社会科学》（汉文版）2007 年第 6 期。

牲畜单独拨群，指定有经验的老牧工，挑选水草好的牧场，加强放牧管理，消灭三类膘，坚持分群管理，瘦弱畜、优良畜、耕役畜、商品畜要单独分群专人管理。……对于畜群过大的要进行调整，一般大畜80—120头为一群，小畜150—250只为一群。要严格实行分群管理，合理利用牧场。有条件的地区要按季节划区轮牧。牧草场条件差、不能分季划区轮牧的地方也要在固定的牧场内划分几块，提高牧场利用率，充分利用大小块牧场、远近处牧场。总之按照具体情况，具体规划好草场，坚持保护冬春放牧地，做到边牧边培育，使保护和利用相结合，防止过多放牧，草质减低以及沙化"，农牧民"自留畜由集体统一放牧"。在整个公社化时期，牧工是畜牧业放牧经营的关键，因此当地公社和生产大队十分重视牧工队伍的建设，狠抓牧工队伍思想建设，实行"三包一奖""三定一评"等鼓励政策，发挥其在当地畜牧业发展中的关键作用。如1977年通过对牧工队伍的思想政治路线教育和必要的组织整顿，"对个别牧工进行了批评教育和撤换，处理了个别少数，教育了绝大多数。这样牧工群众的思想路线端了正，认识提高了，责任心加强了，从而大大加强了经营管理，广大牧工坚持了跟群放牧、适时饮水，合理调整了每群头数，畜群由去年321个增加到349个，分增28个群。提高了牲畜膘情，减少了死亡率。特别是加强了对老弱畜和牛犊的单独饲养管理，这样做有利于抗灾保畜，使牲畜安全度苦春。尤其是今年接羔保育工作由于各级领导和广大牧工的重视，保育率比去年提高，尤其小畜产仔成活率达90.6%"①。

　　实施家庭承包经营制度后，阿古拉地区除部分大队的马群包群到劳外，普遍实行"分产饲养、作价保本、现金提留、一定五年不变"的牧业生产责任制，把集体所有牲畜作价归了户，从而结束了长期以来生产资料集体所有制度，开启了农牧户个体生产经营模式。自此，农牧民的畜牧业生产经营方式经历了从完全自然放牧逐步转变为放牧与舍饲相结合，乃至舍饲为主的生产方式；从自给自足到外售与自给平衡再到外售为主、自给为辅的经营方式。当然，在放牧方式上，由于该地区农牧民户均畜群规模较小、草牧场面积狭小以及家庭劳动力有限等原因，改革开放至今大部

---

① 《科左后旗阿古拉公社一九七七年畜牧业工作总结报告》，1977年7月23日，科左后旗档案馆。

分农牧户仍沿用共同放牧方式。即农忙季节，几家或十几家，甚至以一个自然屯为单位，按畜种组成一个畜群，由专人统一放养；晚秋至初春，各家各户自己管理自家牲畜。年底清算一年的放牧报酬，一般按头数、放牧天数计算报酬。因绵羊、山羊家庭饲养规模较大，一般以家庭或几家共同放牧为主，牛则一个自然屯或小组共同放牧为主。承包初期，一般还是以集体时期的分工为依据，大家把牲畜交给那些牛倌、羊倌合群放牧管理。他们认为这些人总会比别人更懂得如何放牧、如何去管理牲畜。的确，这部分人因长期从事放牧工作，对牧业生产比较熟悉，但对种植耕作等其他经营则有些技不如人，因此在实行家庭承包后的很长一段时间内集体时期的牛倌、羊倌、马倌基本从事了合群放牧工作。

以放牛为例。一般由专人负责放牧。牲畜白天合群放牧，晚上各归各户。通常每年的统一放牧始于 5 月 1 日左右，直到 10 月中旬秋收结束。放牧者在清晨规定时间点上，挨家挨户接上牲畜统一出牧。如果有户未能在统一出牧时间点上出牧，或离出牧牧道较远，则自己把牲畜赶到指定地点合群。多数嘎查一般只有一处夏秋季牧场，因此出牧、归牧牧道都相对固定，甚至有些嘎查屯有统一的、唯一的牧道。出牧后，放牧者根据经验选择不同的路径，进行划片、划区轮牧。20 世纪八九十年代，降水条件较好，各个嘎查草牧场上基本上都有大小不同的水泡供牲畜饮水，但原则上不允许畜群长时间放牧于水泡周围。夏季中午炎热，牛群会选择蚊子、苍蝇等较少的地方停留，等下午炎热过后再进行散放。

傍晚时分，畜群沿原牧道归牧，放牧者仍将牲畜挨家挨户送到，并将各家牲畜的特殊情况告知主人，如生病、不安分、逃群、发情、损伤等，各家可在门口接上自家牲畜，日复一日。放牧期间，由于年景不同，牲畜抓膘情况不一，当然与放牧者放牧经验也有直接关系。因此，牧户根据牲畜抓膘情况对放牧者进行评价，也会跟他进行适当的讨价还价，当然也会对同一嘎查屯不同的放牧者进行比较，第二年可能会把牲畜交给那些放牧经验更丰富、效率更好的放牧者。放牧者一年放牧时间约 5—6 个月。夏季是牲畜抓水膘的季节，也是牲畜发情受孕时期。因此，放牧者一般注重早出晚归、午间休息，避免牲畜互相顶撞，快速驱赶牲畜等。如果放牧合理，牲畜抓膘及时，母牛产奶量高，发情也早，否则相反。

进入晚秋，随着庄稼收割工作的结束，牲畜也从共同放牧转为单户管理。当全嘎查收割完庄稼后，当地农牧民会把牲畜赶到庄稼地里，使牲畜啃食秸秆，以及庄稼地洒落的玉米、豆类、谷类以及叶子，称之采食庄稼茬子。这种放牧方式将会持续 1—2 个月。其中，前期要时刻关注牲畜采食情况，避免牲畜一下啃食大量带有玉米、豆类等秸秆，适当控制牲畜饮水时间。采食庄稼茬子对牲畜抓油膘极其重要。在共同放牧期间牲畜抓好了水膘，并有了一定的油膘，再放牧于玉米、大豆、谷类等带籽的秸秆地里，等于进行了精饲料补饲。这种放牧方式使秸秆资源得到了充分的利用，牲畜放牧过程中的牛羊粪也成了庄稼地里的有机肥料。

采食庄稼茬子结束后，天气逐渐变冷，当地农牧户会把牲畜放牧于庄稼地周边、田间防护林等夏季牲畜无法进入的田间地头草地、树林地。同时开始利用秋季储存的牧草、秸秆进行定期补草，甚至对一些体弱牲畜、小畜和受孕母牛等进行补饲补料。

正月过后，一般都会进入远距离半野生状态的散放阶段。开春后，基本度过了一年中最寒冷的季节，农牧户会把牛群赶到较远的沙窝地，利用过去一年中未利用过的远距离沙地草场，并及时舔食天然盐碱等。这段近 2 个月的时间内，牛群几乎处在无人看管状态，农牧民只是隔十天半个月去看牛群一趟，甚至几家合作一起，轮流去察看。由于当地降水条件较好，沙窝地牧草长势较好，加之春季沙地相对暖和，牧草返青较早，当清明节前后牧民把牲畜赶回时，大部分牲畜保膘良好。当然，其中也会发生体弱牲畜掉进水坑、被狼群撕咬的事情。

羊群的放牧，基本是家庭或几家共同放牧为主，对草牧场的选择与牛的放牧大体相同。但到冬季后仍需要放牧者跟群，特别是一些田间树林带、林场较多的嘎查，牧民必须时刻盯群，以免羊群进入林子，啃食树皮嫩枝。冬季则适当补草，对产羔母羊进行补饲。马群则与牛群相似，夏季共同放牧、共同管理为主，冬季单户散放、单户管理，适当补草补饲。

进入 20 世纪 90 年代中后期，随着当地草牧场生态环境的恶化及农业所占比重的不断扩大，放牧方式逐渐发生变化。可以说，20 世纪 90 年中后期至 21 世纪初的 10 年，是阿古拉地区农牧民畜牧业传统饲养方式发生急速改变的 10 年。由于优质草牧场逐渐退化缩减以及牧业税费加重，农牧户中无畜户、少畜户数量增多，有畜户养畜规模有所增加，从经营畜牧业的角度看农牧户间开始出现两极分化。从养畜结构看，因阿古拉地区草牧场沙化情况日益严峻，在农牧民自觉调整与地方政府有意推动下，当地小畜饲养数量大量减少，户均小畜规模缩小，很多农牧户退出了饲养小畜的行列。同时，随着农业机械化程度的逐年提高，马、骡、驴等马科动物在农业生产上的役用价值下降，以及畜产品市场上的交易价格也相对低迷，使其饲养量也出现大幅度下降。于是，牛成为当地农牧民主要饲养的牲畜种类，并加强牛种改良。从养畜户结构看，牧户养畜结构单一化趋势明显，户均养畜规模逐渐扩大。在放牧方式上，随着农业经营收入在家庭经营收入中所占比重的增加，放牧机会成本也随之增加，有畜者自己放牧或代牧现象开始出现，甚至一些草牧场面积狭小的嘎查农牧民把牲畜寄养在其他草牧场面积较宽裕的亲戚家。虽然，一个自然屯或一个小组有组织一群共同放牧现象，但畜群规模大幅缩小，而且冬季舍饲时间逐年变长，早春时节半野生状态的散放方式基本不复存在。同时，随着打草场生态退化，打草储草量逐渐下降，农田秸秆利用程度提高，青贮种植面积开始增加，在饲养牛羊过程中农牧民普遍使用青贮及外购饲料。

到21世纪初，随着草原生态保护与建设力度的加强，普遍进行春季休牧、禁牧。畜牧业经营方式从20世纪七八十年代甚至更早期的以放牧为主、以补饲为辅，发展为20世纪90年代中后期至21世纪之初的以放牧为主、以舍饲为辅的时代，逐步转变成以舍饲为主、放牧为辅的饲养方式。目前，阿古拉地区普遍实行春夏季100天的禁牧政策，即每年4月1日至7月10日进行全面禁牧。禁牧期间，牲畜完全舍饲圈养，农牧户完全依靠储草、秸秆、青贮及饲料喂养牲畜。每年7月10日后可以放牧，但由于牧草长势不理想，特别是一些干旱年份，牛羊倌放牧费用极高，很多农牧户选择自家放牧或几家联合轮换放牧，并进行适当补饲。甚至有些牲畜较多的农牧户，选择较远的草场当作夏营地，搭建起简易房舍（当地又称套布、窝棚）当作放牧点。由于草牧场比较紧张，即使草牧场面积较宽裕的嘎查也通过罚款、扣留等方式杜绝了外来畜的进入。而有些劳动力紧张的农牧户放弃养畜，或仍然选择雇用牛倌共同放牧方式，其畜牧业收入相对较低。进入秋收农忙季节，农牧户换工倒班方式放牧，或临时雇用牛羊倌。

秋收结束后，当地仍沿用采食庄稼茬子的放牧方式。但考虑到冬春季风大，极易发生秸秆起火，政府自2012年开始不允许农牧户把玉米秸秆

图 2-11　冬春季舍饲圈养

课题组 2014 年 11 月摄于希伯艾里嘎查。

图 2-12　放牧期牧民在沙地草场、草甸草场上放牧

课题组 2014 年 8 月摄于阿古拉嘎查。

拉回庭院，只能堆放在庄稼地里，使用时少量拉回。于是，农牧户收割结束后，把玉米秸秆堆放在庄稼地里，外围用铁丝网围栏。这给采食庄稼茬子增加了难度，农牧户必须时刻察看畜群，跟群放牧，以免弄坏了别人农田里的秸秆围栏等。当然，有些无畜户采用收割机收割玉米，并把秸秆直接留在了庄稼地里，这对有畜户来说是一种福利，有些无畜户会把秸秆卖给那些有需求的养畜户。采食庄稼茬子结束后，草牧场面积较宽裕的嘎查农牧民会散放牲畜，而草牧场狭小的嘎查农牧户则进入舍饲阶段。虽然冬季不禁牧，但草牧场产草量有限，出于出栏的目的，农牧户会进行补草补饲，甚至有些习惯了舍饲圈养的牲畜不会远走觅食。于是，每年秋季，农牧户必须贮存大量的牧草、秸秆、青贮和饲料，以备每年 11 月份至来年 7 月份长达 8 个月的漫长的舍饲补草补饲之需。

图 2-13　冬季牲畜在田间地头采食

课题组 2014 年 11 月摄于玛林秋嘎查。

（四）自食、出售与役用

自食是当地农牧民畜产品利用的主要方式之一。新中国成立初期，当地农牧民主要食用牛奶及奶制品，牛羊肉则相对少些。公社化时期，农牧民自食部分都计入收入，规定"在保证完成纯增任务的前提下，牧业年度有计划地出卖 10%—15% 的牲畜（包括自食部分在内）作为当年的牧业生产收入，列入总收入中统一计算统一分配"[①]，因此当地农牧民中惜售惜食现象比较普遍。即使到改革开放初期，当地农牧民主要自给牛羊肉、牛奶等产品，其中牛奶的自食率相对较高。特别是夏秋季节，鲜牛奶

---

① 《中共阿古拉人民公社第一节第二次党员大会社员代表大会总结》，阿古拉人民公社，1958 年 9 月 15 日，科左后旗档案馆。

及酸牛奶、奶豆腐、奶酪、奶皮子、黄油等奶食品是当地农牧民必不可少的饮食品。牛羊肉自食率则相对较低，这是由于一方面当地农牧相结合，农牧民肉食来源主要依靠猪肉，而非牛羊肉；另一方面牛羊肉价格相对更高，农牧民一般遇到重大节庆才食用。当地人几乎没有食用马奶、羊奶、驼奶的习惯，也很少吃马肉、驼肉、驴肉等肉食品。随着畜产品商品率的提高及农牧民生活水平的提高，当地老百姓饮食结构也发生着变化，奶食品及牛羊肉的消费量大幅度增加，但自食率却大幅度下降，当地农牧民除了猪肉，其他奶食品、肉类消费更多地依靠市场购买。

当地农牧民所生产的牛奶或奶制品，以及牛羊更多地去市场出售。在20世纪50年代至20世纪80年代初，当地农牧民都会把牛奶卖给当地乳品厂。当然更多的家庭只是满足家庭所需。到20世纪80年代末20世纪90年代初期，由于奶源紧张，很多乳品厂频频关门。① 进入21世纪后，更多的农牧户因劳动力短缺或出于保护母畜、仔畜膘情的目的，很少挤牛奶，少数奶牛养殖专业户把鲜奶和奶制品供给当地农牧民或城镇门市店。牛羊的出售情况则不同于牛奶及奶制品。早期，当地农牧民很少出售活畜，除非有看病、求学等急需用钱的需要。偶尔处理一些老弱病残的牲畜，更多的是出售羊绒、羊毛、驼绒毛等产品。特别是20世纪80年代末至20世纪90年代初随着绒毛价格的走俏，当地羊的存栏量大幅增加，羊绒销售收入成了养殖户主要收入来源。到20世纪90年代中后期，随着当地活畜市场的发展，牛羊活畜交易日渐增多，农牧民牛羊出售频率加快，牛羊饲养的周期缩短，周转率加快，来自畜牧业的直接经济收入占比大幅提升。② 目前，农牧民饲养牛羊的主要目的是出售，牛羊及产品买卖早已进入市场经济而非早期的自给自足经济。

———————————

① 1953年，自治区供销联社乳品工业公司在海斯改和乌兰那仁嘎查（今阿古拉镇乌兰那仁嘎查，作者注）各建一座乳品厂，用分离机、晃油桶、脱水机、加温锅、乳槽等设备生产乳制品。第二年，又在欧里舍根、乌力吉吐塔拉、岗古、伊胡塔、巴胡塔等地建6个乳品厂。1963年，除保留伊胡塔总厂和吉尔嘎朗总厂外，其余改称收奶站，归两个总厂分片管理，为其提供奶源。详见《科尔沁左翼后旗志》编纂委员会编《科尔沁左翼后旗志》，内蒙古人民出版社1993年版，第310页。

② 1998年年底阿古拉苏木牲畜存栏达到37317头（只），商品率提高到28.6%，来自畜牧业的收入占到家庭经营收入的30%。引自《阿古拉苏木第十三届人民代表大会第二次会议政府工作报告》，1999年3月7日，科左后旗档案馆。

表 2-4　　　　　　阿古拉地区畜牧业商品率与自食率变化情况

年份	1964	1977	1989	1998	2012
商品率	7.5%	9.4%	11.4%	28.6%	26.3%
自食率	4.0%	5.2%	0.7%	—	0.1%

数据来源：各年份《阿古拉镇（苏木）政府工作报告》。

新中国成立至 20 世纪 90 年代中期，当地农牧民家庭中大畜役用情况比较普遍。首先在农牧业生产上，以畜力耕作为主，而且多依靠牛。从春天翻地、耕种开始，到夏季松土、培土至秋季收获，全靠牛。牛力气大，而且饲养相对方便。一般户用两头壮牛拉犁，贫困户则用一头，或用驴、骡子；庄稼秸秆运回乌图日模则靠牛车，可套 1—4 头牛。到 20 世纪 80 年代末至 20 世纪 90 年代初，逐渐过渡到役用马。与牛相比，马速度快，但饲养须精细。拉犁可用 1—2 匹马，套车可用 1—5 匹马。同时，马作为重要生产工具，经常用在放牧、打猎等生产活动中。进入 20 世纪 90 年代中后期后，当地逐渐采用机械化耕种，有些富裕户开始使用四轮拖拉机耕作，三轮、四轮拖拉机搬运庄稼，当然也有些农牧户依然用马、骡子耕种。直到 21 世纪初，当地基本实现机械化，从春季播种到秋季收割全程机械化，马、骡子等大畜基本从农业生产环节中消退。其次在日常生活中，农牧民使用牛车、马车、驴车，相当富裕户才能够使用套 3—4 匹马的马车。除此之外，马、驴都可以骑乘，老百姓平时骑马走亲访友、参加各类比赛，拥有一匹好马成为那个年代很多家庭的一个梦想。而进入 20 世纪 90 年代中后期，三轮拖拉机、摩托车的出现，很大程度上替代了马在日常生活中的作用，在一般家庭中马匹慢慢被淘汰。尤其进入 21 世纪后，摩托车、小汽车等现代交通工具基本普及，普通农牧户家已不再饲养马。除此之外，早期当地农牧民会采用牛皮、羊皮等做缰绳、鞭子、鞍鞯、挽具等，用羊毛、驼毛做毡等，但进入 20 世纪 90 年代农牧民自产自制的皮毛产品逐渐走向市场化，有的甚至被其他产品替代。

六　猪及家禽养殖

猪和家禽是当地畜牧业生产的一部分，甚至一度提出猪为"六畜之

首"的口号①。据统计，截至 2014 年牧业年度，当地生猪存栏达 7959
头，其中能繁殖母猪 1705 头；禽类 48227 只，其中鸡 42302 只、鹅 5925
只，户均饲养 1.8 头猪、9.7 只鸡和 1.4 只鹅。当地农牧民很早就有饲养
猪和鸡鸭鹅等家禽的习惯。改革开放后，几乎每家每户都会饲养 1—2 头
猪，甚至有些户饲养 4—5 头，以及 10 来只鸡。早期更多是采用散养的形
式，定点给猪喂些泔水、麸皮糠、野菜等饲料，给鸡鸭鹅等喂些玉米、高
粱，以及麸皮、糠、野菜等。有些农牧户建有土木结构的简易猪圈、鸡
舍。当地人饲养猪及家禽多为自食，有些户秋冬季宰杀两头猪，多数则冬
季入冬后宰杀一头过年猪，冬春季吃猪鲜肉或腌肉。由于没有冰箱冰柜等
冷冻设备，夏季很少吃到鲜肉。鸡鸭则主要食用鸡鸭蛋，也出售给当地小
卖部或流动商贩交换烟、酒、盐、茶、糖等生活所需品。当地农牧民很少
吃家养鸭鹅肉，多食鸡肉，一般遇到节假日或宴请客人都会用到鸡肉。

　　自 20 世纪 90 年代中后期，当地开始圈养猪，开始使用商品性猪饲
料，很多养猪户都建起了砖石结构的猪圈。虽然当地农牧民的牛羊肉消费
量逐年增加，但猪肉、鸡肉仍然是最主要的肉食。但也有些家庭已经不再
饲养猪，或者不再常年性养猪，只是夏末秋初买猪仔并育肥，以备入冬后
宰杀。有些农牧户则专业养猪，常年向市场提供新鲜猪肉，农牧户有需要
时直接可以从市场上购买。而且，随着当地老百姓生活水平的提高，每家
每户都拥有了冰箱冰柜等家用电器，可以随买随吃，一年四季都能吃上冷
鲜肉。同样，也有些家庭不再饲养鸡鸭鹅等家禽，更多的则走向专业养
殖，使得鸡肉及鸡鸭蛋走入市场。可见，如今当地农牧民对猪及家禽的饲
养管理从原有的自给自足逐步走向市场化发展，人们更多地从市场上购买
所需的猪肉、鸡肉以及鸡鸭蛋。

第二节　农业生产的发展变化

一　农业生产经营体制机制变迁

　　新中国成立之前，占有大量土地的札萨克官吏、贵族、牧主和寺庙上

---

① 科左后旗阿古拉公社，《阿古拉公社总结经验吸取教训　大办牧业多做贡献》，1973 年，
科左后旗档案馆。

层喇嘛雇用外来汉族佃户和失去牲畜的农牧民为其耕种土地，出现了众多榜青扛活的长工户，农村牧区贫富两极分化。据 1947 年统计，占全旗总户数的 61% 的雇农、贫农所占有的土地仅为总耕地面积的 7.1%，而占总户数 14.6% 的地主、富农却占有 61.8% 的耕地。① 据资料记载，1947 年冬天进行土地改革调查时，阿古拉双福寺有寺庙耕地 7560 亩，其中在东大荒有上等好地 6500 亩（今金宝屯一带）；乌兰那仁嘎查乌力吉图老人也回忆称，新中国成立前夕，乌兰那仁嘎查敖格力皋艾勒仅居住 10 来户农牧民，其中只有包尼雅巴斯尔②、孟和（伊合达，又称区长，时任巴音宝吐努图克达，九区区长）为大户人家，其余均为长工。包、孟两家在当地沙坨地少量种植糜子、荞麦等杂粮，而在东大荒拥有大面积土地，均雇用劳力耕种。

1947 年 10 月至 1948 年 5 月，科左后旗全旗开展土地改革运动，彻底摧毁了封建地主阶级的经济基础，阿古拉地区农牧民分得了土地和牲畜，农业生产得到恢复和发展。根据农牧民生产生活情况，将阿古拉地区农牧民分为地主、富农、中农、贫农和雇农等，对全艾勒（嘎查）土地进行

---

① 《科尔沁左翼后旗志》编纂委员会编：《科尔沁左翼后旗志》，内蒙古人民出版社 1993 年版，第 209 页。

② 包尼雅巴斯尔（1897—1969 年），蒙古族，汉名包世贤，出生在科左后旗阿古拉苏木乌兰那仁嘎查敖古力皋屯（今敖格力皋艾勒）。包尼雅巴斯尔 1923 年冬毕业于奉天省立第三中学。1925 年，白云梯、郭道甫、包悦卿等在李大钊的指导下酝酿成立内蒙古人民革命党（以下简称内人党）。在李大钊、白云梯等人影响下包尼雅巴斯尔等填写入党志愿书，后赴蒙古人民共和国首都乌兰巴托学习。1927 年，在蒙古人民共和国乌兰巴托召开的内蒙古人民革命党第二次代表大会上被选为中央执行委员。1929 年，包尼雅巴斯尔、朋斯克、特木尔巴根三人被内人党中央派遣到哲里木盟一带开展地下工作，包尼雅巴斯尔回到家乡科左后旗。后为逃避通缉，到科左中旗大林当小学教员。1931 年九一八事变后，任"内蒙古自治军"军法处长。1935 年，被委任为东科后旗旗长至 1941 年。1941 年，被调至兴安南省任民生厅长，1943 年，机构改组时又被派回东科后旗当旗长，1944 年 3 月被免职回家。1945 年 10 月，内人党东蒙党部委任包尼雅巴斯尔为内人党东科后旗党部书记。1946 年夏季，哲里木盟地委曾派清算队到包尼雅巴斯尔的家乡敖古力皋村搞减租减息试点，他家被清算，他本人主动向清算队和群众交代了自己的历史，得到了谅解。1950 年，他出席哲里木盟首届人民代表大会，1954 年 6 月被选为哲里木盟政协副主席，8 月被内蒙古自治区文史研究馆任命为外勤馆员。1959 年 8 月，科左后旗成立政协小组，包尼雅巴斯尔被推选为副组长。"文化大革命"期间，包尼雅巴斯尔受到迫害，1969 年在包忙牛村含冤逝世。详见《科尔沁左翼后旗志》编纂委员会编《科尔沁左翼后旗志》，内蒙古人民出版社 1993 年版，第 938—939 页。

平均分配，实现了耕者有其田。

到 1954 年，当地开始建立互助组、互助合作社。到 1958 年秋季，在"大办人民公社"的号召下，阿古拉实现人民公社化，土地、牲畜由人民公社或管理区统一管理，人民公社、生产队将农牧民的小农具、锅碗瓢盆等生活资料也集中起来，办全民食堂。其间推进生产"大跃进"，大搞"基本田""卫星田"建设，开辟大面积甸子地，到 1960 年阿古拉公社已开荒 10400 亩[①]，不断扩大粮食作物播种面积。特别是 1960 年以后，根据中共中央《关于全党动手，大办农业，大办粮食》《关于农村人民公社但当前政策问题的紧急指示信》、人民公社《六十条》和《关于改变农村人民公社基本核算单位问题的指示》等文件，认真贯彻党的大办农业、大办粮食、大办畜牧业的方针，进一步调动了广大社员与干部的积极性，农业生产连获丰收（见表 2-5)[②]。

表 2-5　　　　　　阿古拉人民公社 1956—1962 年粮豆产量统计表　　　　单位：市斤

项目 年份	粮食大豆								油料	
	粮食大豆实际总产	其中		总农业人口平均占有粮	比上年增减		比任务增减		实际总产	完成每年计划%
		大豆	社员自留地产		增%	减%	增%	减%		
1956	6602264	89321		942					147198	62.5
1957	5626859	85230		800		14.7		17.6	148530	58.1
1958	5749612	95410		821	2.2			14.5	175745	92.3
1959	4494520	82520		642		21.8		35.8	208438	104.5
1960	3048588	130819		435		38.3		56.5	72406	36.5
1961	6696671	130432	704500	956	119			27.8	90573	49.5
1962	7900000	241093	852500	1128.5	18			27.3	109912	54.9

数据来源：关于阿古拉乡人民公社的连续两年增产增畜的调查报告，1962 年 12 月 5 日。

然而，1964 年阿古拉地区遭受罕见干旱天气，粮豆产量大幅度减产。

————————

① 《阿古拉人民公社两年来工作总结》，科左后旗阿古拉人民公社，1960 年 12 月 5 日，科左后旗档案馆。

② 《关于阿古拉乡人民公社的连续两年增产增畜的调查报告》，1962 年 12 月 5 日，科左后旗档案馆。

自 1966 年秋冬，受"文化大革命"的影响，当地政府贯彻执行了"以粮为纲，全面发展"的方针，坚持自力更生，艰苦奋斗，克服种种自然灾害，因地制宜地贯彻执行"农业八字宪法"和科学种田，大抓水肥土林为主攻方向的农田基本建设。① 然而，评工记分、按劳分配制度被大寨记分法——"政治分""思想分"所替代，平均主义吃"大锅饭"挫伤了农牧民积极性，农业生产急剧下降，到 1976 年粮豆总产量仅为 8075916 斤，单产为 117.4 斤，油料总产 191741 斤。②

党的十一届三中全会把全党工作着眼点和全国人民的注意力转移到现代化建设上来，实行以家庭联产承包责任制为中心的农村经济体制改革。如 1983 年阿古拉公社着重抓了"四个稳定""一个加强"和"一个提高"的工作。"四个稳定"即：一人五亩地要稳定；一人一亩地油料种植面积要稳定；一人一亩基本田要稳定；农业大包干责任制要稳定；"一个加强"即：田间建设要加强；"一个提高"即：提高农业单产，从而强调人口限种五亩地采取了相应的措施，基本上扭转了社员口粮靠救济粮的状况，摘掉了吃返销粮的帽子③。到 1987 年阿古拉苏木提出将人均种植面积控制在五亩地，对种植内部结构进行调整。特别是狠抓一人一亩攻关田，采取种优良种子、多施肥、早种晚收、施用化肥、防涝等增产措施，力争达到亩产 600—1000 斤，使全苏木粮食总产量达到 800 万斤，实现粮食自足。④ 特别是到了 20 世纪 80 年代末，为了增加对农业生产的科技和物资投入，当地聘请农业科技人员，举办农业技术训练班。通过训练使农牧民进一步提高了学科学、用科学的认识，激发了投劳、投资、投技术的积极性。同时加强了土地保护管理，妥善安排了机动地和轮耕地的合理利用，在限种五亩地的同时严禁乱开草牧场和乱拱坨子的现象，提高了土地保护率和利用率。⑤

进入 20 世纪 90 年代之后，阿古拉苏木根据本地自然特点、自然优势

---

① 《阿古拉公社七届人民代表大会上作的工作报告》，1978 年 1 月 19 日，科左后旗档案馆。

② 《阿古拉公社一九七七年畜牧业工作总结报告》，1977 年 7 月 23 日，科左后旗档案馆。

③ 《阿古拉公社一九八三年工作总结报告》，1983 年 10 月 28 日，科左后旗档案馆。

④ 叶喜：《阿古拉苏木第九届人民代表大会上作的工作报告》，1987 年 3 月 12 日，科左后旗档案馆。

⑤ 《阿古拉苏木一九八九年工作总结》，科左后旗档案馆。

和经济结构，采取全面经营、分类指导，宜农则农、宜牧则牧、宜林则林，防止单打一和"一刀切"的工作方针。具体实施近农远牧、南农北牧新的农牧林发展格局。阿古拉嘎查以南要实行以农为主，林牧结合、多种经营、全面发展的生产经营模式，要求这几个嘎查充分发挥农牧林结合的优势，理顺三者关系，利用发展的林业来保护农业，利用农作物的秸秆大力发展农区牧业，农牧林生产形成一个相互利用、相互转化、相互促进、共同发展的生物圈。要树立大农业的战略思想，搞好农田基本建设，努力转变靠天吃饭的原始种植模式和农牧业生产脆弱的现象，废弃广种薄收的传统习惯，使农业向生态农业、效益农业、有机农业方向发展，要在现有耕种面积的基础上，科学种植，提高粮食单产。走少种、精种细作、高产多收的路子。同时，抓好旱作农业，发挥本地资源优势，狠抓"四田"建设和开发，努力把粮食生产由粗粮转化为细粮，加大和稳定水稻、小麦种植面积和园田、基本田种植面积。[①]

自 1997 年，阿古拉苏木根据上级工作部署，实行以家庭联产承包为主的责任制、统分结合的双层经营体制，对农牧民已承包土地进行适当调整，签订 1996 年 10 月 1 日至 2026 年 9 月 30 日 30 年不变的承包合同，当地称之为二轮承包。在具体承包工作中提出，稳定耕地面积长期不变，并遵循不与草牧场冲突的原则。各嘎查根据其土地情况将全部耕地分为甸子地、坨子地等二到三个类型，并保证每户分得不同类型的农田。将原来的口粮田、承包田等统称为承包地，每人承包地面积为 5—7 亩，即阿古拉嘎查以南 13 嘎查每人承包 5 亩，以北嘎查每人承包 7 亩。除此之外，每人可承包 3—5 亩集体土地，即阿古拉以南嘎查人均 5 亩，以北嘎查人均 3 亩。无能力承包耕地的贫困农牧户，嘎查可暂提供 5 亩地供其种植，当贫困户脱贫后与其他农牧户一样承包耕地，并缴纳各种税费。承包过程中，允许各嘎查根据嘎查具体情况预留一定面积的机动地，机动地面积不能超过其总耕地面积的 5%，用于今后新增人口或户口承包使用，遵循"增人不增地，减人不减地"原则。选择优质农田，建立嘎查集体农场，并将其有偿承包给自愿承包的农牧户，承包收入纳入嘎查集体经济收入。盐碱地或其他可开发利用土地可承包给农牧户经营。各嘎查甸子地不足既

---

① 《阿古拉苏木一九九一年工作计划》，1991 年 1 月 10 日，科左后旗档案馆。

定承包面积时，可适当安排坨子地进行承包，但必须按园田标准建设经营。此外，还提出要建立农田土地有偿流转使用机制，培育土地流转市场等要求。[①] 同时，自 1998 年起对新开发的水稻、小麦地采取不收农业税、不收承包费、不计入播种面积等优惠政策。以市场为导向，巩固玉米播种面积，适当增加水稻和小麦播种面积，扩大经济作物比重，限种引起土地沙化的作物。努力将粮食作物和经济作物播种比例调整到 7：3，粗粮与细粮比重比例调整到 8：2，水稻、小麦、葵花籽和大麻籽播种面积分别达到 3000 亩、2000 亩、5000 亩和 1000 亩。鼓励和引导农牧民选用优良玉米种子等科学种植、提高亩产的方式方法。[②]

进入 21 世纪后，阿古拉镇积极响应国家和自治区有关生态保护与建设要求，实施退牧还林还草、收缩转移、围封禁牧、草畜平衡等生态工程。同时，立足阿古拉镇实际，坚持以水利为中心的农田基本建设，继续坚持为牧而农、为养而种的种植观念，不断加大引草入田力度和青贮种植面积（详见表 2-6）。

表 2-6　　　　阿古拉镇 2008—2013 年退耕还林及农田基本建设情况

年份	退耕还林还草面积（亩）	节水增粮面积（亩）	中低产田改造面积（亩）	新增灌溉面积（亩）	排干清淤量（万 m³）
2008 年	89000	—	5000	2000	—
2009 年	—	—	12000	—	2.5
2010 年	20000	2000	10000	5000	8.7
2011 年	16000	15000	10000	24000	12.48
2012 年	39000	10000	—	16000	—
2013 年	50000	8200	7500	—	—

数据来源：《阿古拉镇各年度工作实绩考核述职报告》；"—"表示该数据缺失。

二　播种面积及耕作条件的变化

阿古拉地区属于半干旱气候，雨量少、风沙灾害多，甸子地比较平坦

---

① 《阿古拉苏木关于土地规范化管理的实施规章》，科左后旗阿古拉苏木人民政府，1997年 3 月 15 日，科左后旗档案馆。

② 巴音朝格图：《政府工作报告》，阿古拉苏木第十三届人民代表大会第二次会议，1999年 3 月 7 日，科左后旗档案馆。

肥沃，但面积较少；坨子地以固定沙丘为多，水源丰富、光照充足。拥有耕地面积约 19 万亩，占土地总面积的 16% 左右。

（一）播种面积的变化①

新中国成立初期，当地农牧民多在沙坨地耕种、甸子地放牧，属于典型的广种薄收的旱地农业。据当地老人回忆，新中国成立之前当地地主、富农只在沙坨地种植一些糜子、荞麦、黍子等作物，少量种植玉米、高粱等，更多的土地则作为放牧场来利用。少数地主、富农则在东大荒拥有大面积优质农田，种植玉米等高产作物。从历年统计数据看，直至 20 世纪 50 年代中后期，当地播种面积基本处在 10 万—13 万亩。在大跃进期间，在"以粮为纲"等政策背景下，当地大面积开垦坨间甸子，农业耕作逐渐从沙坨地转向坨间甸子，并大量引种玉米。之后，受"文化大革命"的影响，当地农业播种面积徘徊在 6 万—9 万亩（见图 2-14）。

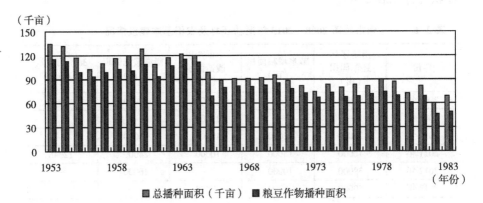

（千亩）

■总播种面积（千亩）　■粮豆作物播种面积

图 2-14　1953—1984 年播种面积变化趋势

实行家庭联产承包责任制后，当地农作物播种面积基本稳定在 5.8 万亩左右。进入 21 世纪后（原阿古拉苏木、哈日额日格苏木合并为阿古拉镇），随着国家退耕还林还草等生态项目的实施，当地部分沙坨地被划入退耕还林还草区，现已成为沙地草场或有林地，其农作物播种面积约 19 万亩（详见表 2-7）。

---

① 历年旗县统计资料中缺乏各苏木镇耕地面积的数据，此处暂以播种面积作为指标进行分析。同时，由于嘎查隶属关系的变更，各年代之间播种面积难以进行对比分析。

表 2-7　　　　1984—2012 年阿古拉苏木（镇）农作物播种面积变化*

年份	1984	1989	1994	1999	2000
总播种面积（亩）	54488	58372	51180	58155	58125
年份	2004	2009	2010	2012	
总播种面积（亩）	159240	181350	164799	175695	

数据来源：各年科左后旗统计资料。

*1984—2000 年为原阿古拉苏木播种面积；2004—2012 年为现阿古拉镇播种面积。

（二）农田水利设施的改善

新中国成立至 20 世纪 90 年代中期，阿古拉地区农业耕种基本属于靠天种地型。虽然部分嘎查村有水稻田，但种植技术不娴熟，管理不善，水稻收成甚微。进入 20 世纪 90 年代中后期，当地农牧民开始重视农田建设，有条件的嘎查开始整理土地，修建渠道、排水渠等，用柴油机作为动力，开始以漫灌形式浇地。进入 21 世纪后，国家加大对基本农田投资力度，特别是 2009 年国家财政部和农业部在全国范围内展开小型农田水利重点县建设等重点农田水利建设工程的实施，对该镇基本农田进行农田水利工程配套改革，建设较为完善的灌排工程体系，基本实现了"旱能灌、涝能排"。2014 年、2015 年阿古拉镇乌兰那仁、阿林艾勒、道日苏、吉力吐、特格希巴雅尔、桐其格等嘎查先后被纳入国家高标准基本农田建设项目区，国家施工建设灌溉与排水、田间道路，以及配套设备等，使得当地农业水利条件大幅提高，农业生产条件明显改善。

图 2-15　国家实施的节水增粮工程极大改善了当地农田水利设施

课题组 2015 年 11 月摄于阿古拉镇达林艾勒嘎查。

(三) 化肥与农药施用

早期，当地农牧民所经营农业属于"漫撒子农业"。随着清朝蒙旗放垦政策的实施，当地农牧民受到内地农耕文化的影响，在其农业耕作中采用了浇水、施肥等农耕技术。据有关研究，直到20世纪30年代，阿古拉地区农牧民农业生产中几乎没有施肥这一环节[①]，是大量的外地迁入人口将这一农耕技术带入了阿古拉。

新中国成立后，尤其公社化时期，为了提高农作物单产能力和保护土壤肥力，当地公社和生产大队十分重视农田施肥问题，每年向各生产队下达攒肥、积肥和施肥任务。如1960年《科左后旗阿古拉人民公社今冬明春工作安排意见（草稿）》中对该年度各嘎查积肥和送粪任务进行安排（见表2-8），而类似的安排几乎每年的农业生产计划中都会涉及。到实行家庭承包经营时，当地农田施肥情况已较普遍，其肥料多为农家肥。

表2-8　　　　　阿古拉人民公社1960年积肥和送粪任务安排

阿古拉人民公社　　　　　　　1960年12月3日　　　　　单位：万斤

队别	积肥任务（万斤）	春节前送粪任务				应参加劳动和工作		备考
		春节前送粪任务（万斤）	%	其中：阳历年前完成任务		参加劳动数	大车数	
				完成（万斤）	%			
阿古拉	9200	7360	80	2760	30	55	9	
吉力图	2100	1680	80	630	30	30	4	
特格㐌巴乙	8900	7120	80	2670	30	55	9	
阿林	8800	7040	80	2640	30	50	7	
道尔苏	5900	4720	80	1770	30	45	5	
乌兰那仁	6400	5120	80	1920	30	45	8	
哈日额日格	6500	5200	80	1950	30	50	8	
勿日他拉	5640	4512	80	1692	30	40	6	
花灯	5000	4000	80	1500	30	35	5	
牧场	1000	800	80	300	30	15	2	
砖厂	520	416	80	156	30	8	1	
林场	40	32	80	12	30	4	1	
合计	60000	48000	80	18000	30	432	65	

来源：科左后旗档案馆

[①] 白志强：《蒙古贞人与科尔沁文化的多样性——以内蒙古通辽市科尔沁左翼后旗阿古拉镇例》，内蒙古师范大学，2013年4月。

当时，当地很多农牧户都以牛羊粪便、格莶、青草和河淤泥等沤制农家肥，春耕时开始施肥。而磷酸二铵、尿素等化学肥料的施用则要推迟到20世纪80年代中后期，但普及速度较快。进入20世纪90年代后，当地农牧民在农业耕作中已普遍施用磷酸二铵、尿素等化学肥料，后期其施用总量、施用面积及亩施用量均逐年增加。据统计，1998年阿古拉苏木化肥施用量已达到1016吨，是1989年施用量的18倍之多①，期间当地农作物播种面积无明显增加。化肥的过度施用一度使农田土壤板结导致养分失调，缺素性生理病害呈上升趋势。为此，农牧民在当地农业科技人员的培训与示范指导下，坚持施用农家肥的习惯，注重种地和养地相结合、化肥和农家肥并重，逐步改良农田土壤板结。尤其进入21世纪后，当地针对农田土壤养分余缺情况进行测土配方施肥。

同样，在改革开放初期，当地农牧民在农业生产中很少施用农药。到20世纪80年代末，为了防治虫害开始施用敌敌畏、乐果、六六粉等农药，但施用量并不大，施用面积也较小，而且多为地上害虫的防治，对耕地没有产生过多的副作用。进入20世纪90年代后，特别是20世纪90年代中后期，农牧民在农药化肥的使用上不单是为了防止虫害，而是为省时省力、除草更彻底，在适时少量人工除草的同时，大面积推广使用化学药剂防除农田杂草，使农药施用量大幅增加。

（四）农田防护林带建设

阿古拉地区农田防护林带建设较早，20世纪70年代，在坨间甸子地就建有纵横交错构成格状的防护林网。因当地多刮西北或西南风，其主林带多为南北或偏南北方向，副林带多为东西方向。树种以本地杨树为主，有柳树、榆树、洋槐等。特别是20世纪70年代末，加强以水、肥、土、林为主攻方向的农田基本建设，计划到1983年时基本实现农田林网化。② 进入20世纪80年代后，在国家"三北"防护林体系规划设计，以及以家庭经营为主的林业生产方针的影响下，加强防护林带建设，大面积植树造林。如今，阿古拉地区农田防护林带相对完好，对气流、温度、水

---

① 额尔敦仓：《中共阿古拉苏木党委第十二届代表大会工作报告》，1998年12月24日；《阿古拉苏木一九八九年工作总结》，科左后旗档案馆。

② 《阿古拉公社七届人民代表大会上作的工作报告》，科左后旗档案馆，1979年1月19日。

分、土壤等环境因子产生了影响，以改善农田小气候，减轻和防御各种农业自然灾害，创造有利于农作物生长发育的环境，以保证农业生产稳产、高产，并能为当地农牧民生产生活提供多种有利效益。

三　农作物种类及产量变化

新中国成立之初，当地农业耕作缺乏田间管理，更没有精耕细作之说，多在沙坨地种植一些糜子、荞麦等等短日期小杂粮，坨间甸子多为牧场。新中国成立后，特别是 20 世纪五六十年代，在"以粮为纲""牧民不吃亏心粮"等方针政策及口号影响下，大面积开垦坨间甸子。据了解，在 20 世纪 70 年代之前，当地粮豆播种面积一直稳定在 8 万亩以上，其产量基本处在 70—80 斤/亩，而油料作物播种面积在 5000 亩左右，产量则不足 50 斤/亩，甚至更低。

自 1982 年阿古拉公社实行家庭联产承包责任制以后，耕地面积基本稳定，一段时间内减少了玉米种植面积，适度增加蓖麻、大豆等豆类、油料种植面积。除此之外，当地还大面积种植黑籽瓜，直到 20 世纪 80 年代末其种植面积逐年缩小，到 20 世纪 90 年代中期基本无人种植。2001 年科左后旗提出"稳玉米、增稻麦、扩经作"的结构调整思路之后，阿古拉镇农作物种类逐年转向以玉米为主，以零星种植大豆、杂豆、糜子等为辅的结构。据统计，1984 年阿古拉苏木总播种面积约 3632.5 公顷，其中粮食作物播种面积约 2313.3 公顷，油料作物播种面积 643.1 公顷，其他作物约 676 公顷。在粮食作物中，玉米、糜子、荞麦播种面积排前三位，各占粮食播种面积之 38.14%、25.38% 和 14.82%。当年，阿古拉苏木玉米亩产仅为 370 斤左右，粮食作物综合产量仅为 320 斤左右。而到 2013 年，阿古拉镇总播种面积 17300 余公顷，其中粮食作物播种面积达 11763 公顷，油料作物播种面积 1500 公顷，其他作物约 4070 公顷。在粮食作物中，玉米、糜子和大豆播种面积排前三，各占粮食播种面积之 89.22%、5.68% 和 5.10%。当年玉米产量可达 600—900 斤/亩，粮食作物综合产量达 490 斤/亩左右。

近几年，为了满足该地区畜牧业发展需求，农牧民青贮种植面积呈现快速增加趋势。据统计，1984 年阿古拉地区青贮种植面积仅为 640 公顷左右，到 2013 年时已经扩大至 4000 公顷左右，占总播种面积比重已从

1984 年 17.6%扩大至 23.7%左右。

（一）玉米

玉米是当地种植结构中占优势地位的农作物。据统计，2013 年阿古拉地区总播种面积中玉米种植面积达 10494 余公顷，占其总播种面积的60.66%，占其粮食作物播种面的 89.22%。然而，在改革开放初期，玉米在当地农作物种植结构中所占比重并不显著。据统计，1984 年原阿古拉苏木总播种面积中玉米播种面积仅占 24.29%，在粮食作物播种面积中仅占 38.14%。在品种上，早期当地农牧民多种植白粒玉米，自家从上年收割的玉米中选择棒子大、穗大粒多、粒子饱满的玉米作为种子，故此发芽率较低、产量无保障。当时，农牧民玉米多为自产自食，很少外销。而进入 20 世纪 80 年代末 90 年代初，当地玉米播种面积比例逐年提高。1994年时，玉米在总播种面积和粮食播种面积中的比重已从 1989 年的 30.14%和 47.08%提高到 40.24%和 53.36%，在品种上转为黄粒玉米为主，一般都会从种子公司购买高产玉米种子。特别是进入 20 世纪 90 年代中后期后，当地玉米播种面积占粮食物播种面的比重已经超过 60%以上（2004年为 67.5%），全部转入商品粮生产阶段，除留少部分作为牲畜饲料外，全部卖给当地粮库或二道贩子，几乎没有人种植产量较低的白粒玉米。

（二）糜子和荞麦

作为传统种植作物，糜子和荞麦在当地一直深受欢迎。据统计，2013年阿古拉地区糜子种植面积达 668.14 公顷，亩产达到 100 千克左右，占当年总播种面积之 3.86%，占粮食作物播种面积的 5.68%。在改革开放初期，当地糜子和荞麦种植面积较广，占当地总播种面积和粮食播种面积的 25.59%和 40.19%，亩产分别为 60 千克和 30 千克左右，两者种植面积略多于玉米种植面积。当时，糜子和荞麦多为自产自食，几乎不向市场出售，即使到了 20 世纪 90 年代其商品率也较低。进入 20 世纪 90 年代中后期，特别是随着玉米播种面积的不断扩大，糜子和荞麦的播种比例逐年下降。据统计，到 1999 年当地糜子播种面积比 1994 年下降近 94%，在总播种面积和粮食作物播种面积中的比重分别从 1994 年的 10.89%、14.44%下降到 8.54%、8.88%，而荞麦播种面积则比 1994 年下降近96%，其在当地总播种面积和粮食作物播种面积中所占的比重分别从1994 年的 8.07%和 10.70%下降为 4.49%和 4.67%。进入 21 世纪后，糜子和荞麦种植面积进一步缩小，特别是荞麦种植极度缩减。只有少数农牧户专业化种植，以炒米、半熟米、荞面、荞面皮等形式加工出售。

（三）豆类

当地广种各种豆类，包括大豆（当地称黄豆）、绿豆、豇豆等。当地农牧民会适量选择肥沃的土地种植豆类，以提高豆类产量。从种植面积上，种植各种豆类的面积一直稳定在总播种面积的 10% 到 15%，其中大豆和其他杂豆种植大体比例稳定在 5：5 左右。改革开放初期，当地农牧民几乎每家每户都会种植豆类，而且以自产自食为主，少量出售大豆、绿豆等，而豇豆一般为自食。20 世纪 90 年代，豆类种植也逐年走向专业化，专业大户向市场提供大豆及杂豆，其产量基本稳定在 70 千克/亩到 130 千克/亩之间。进入 21 世纪后，随着杂粮杂豆市场需求的增加，当地农牧民有意增加杂豆种植比例，到 2010 年时大豆与杂豆种植比例已经达到 1：3 左右，豆类总体播种面积在总播种面积和粮食作物播种面积中仍占据较大比例（2013 年为 5.10%）。

（四）高粱、谷子及其他粮食作物

当地也有种植高粱、谷子、黍子、水稻和小麦等粮食作物的习惯。然而，随着种植结构单一化、专业化以及粮食商品率的提高，这些农作物播种面积逐年缩减。其中，高粱是早期播种较为广泛的农作物。据统计，1984 年当地高粱播种面积能占到总播种面积和粮食作物播种面积的 5.85% 和 9.19%，亩产能到 300 斤/亩左右。然而，随着人们生活水平的提高及玉米等其他农作物市场价格的提高，高粱播种面积快速缩减，到 2000 年当地高粱种植面积已经不足总播种面积的 1.5%。谷子、黍子和小麦在当地曾经有一定规模的种植，但其单产较低，很多农牧户慢慢放弃种植，多从市场上购买小米、黍子面和白面。相比之下，水稻是当地一直坚持种植的小宗农作物，播种面积基本稳定在 1000 亩左右，其平均产量约 700 斤/亩—800 斤/亩。

（五）蓖麻籽及其他油料作物

早期，有些农牧户在田间地头会种植一些花生、芝麻、葵花籽等，但均不成规模，农牧户更多是出于自产自食目的而种植。目前，当地基本无人大面积种植。蓖麻籽种植则具有普遍性，特别是改革开放初期至 21 世纪之初，其种植较为广泛。据统计，20 世纪 80 年代末期，当地蓖麻籽种植面积能占到其总播种面积的 17.70% 左右（1989 年），亩产能达到 35 千克左右，到 20 世纪 90 年代中期也能占到 16.5% 左右（1994 年），平均产量稳定在 35—40 千克/亩。但目前也基本无人种植蓖麻籽。

四　农业生产工具（设备）及基础设施的变化

（一）农业生产工具

犁是阿古拉地区早期农业耕作中不可或缺的重要工具。在阿古拉地区农业生产中，直到 20 世纪 80 年代末 90 年代初，仍在沿用粗笨的木犁，其后期部分农牧户以铁犁代替了木犁。当地农牧民一般都会自己或请当地木匠用榆木制作木犁，并装上铁质犁铲。在农业生产中，犁的应用最为广泛，从春天翻地、播种，到夏季施肥、培土都会用到犁。改革开放初期，当地一般都会用牛或驴去拉犁，到 20 世纪 80 年代末至 20 世纪 90 年代初逐渐用马、骡子等。到 20 世纪 90 年代中期，部分农牧民开始使用四轮拖拉机挂小型铧犁，当夏季施肥、松土、培土时依然使用传统木犁或铁犁。进入 21 世纪后，旋耕机、大小型播种机快速普及，当地农牧民普遍使用上述机械，即使雇用他人机械，也不再使用畜力牵拉的木质或铁质犁，传统木犁、铁犁已被淘汰。

图 2-16　当地农牧民用过的木质铁犁

课题组 2014 年 8 月摄于达林艾勒嘎查。

锄头，当地分两种。一种专门用于锄地，当地称为洋锄儿（方言），是当地农业生产中常用的一种工具，为较扁平的半月式带"?"型把柄的铁质工具，把柄末端配上适度长短的、轻便的杨树或柳树干枝制作而成，以便人们站立操作。直至21世纪初，当地农牧民都保留锄地习惯。一般早田要锄2—3遍，晚田则锄1—2遍。锄地具有减苗、除掉杂草、松土等作用。而到20世纪90年代末至21世纪初，当地开始使用农药除草，很少使用锄头。当然，细心的农牧民也会在打完农药的农田里用锄头除掉一些没有除掉的杂草，也适当进行松土。另一种是专门用于刨根翻地或打柴，当地叫做刨头，梯形铁质工具，窄处有较粗的安装把柄的口子，通常用木棍做把手。

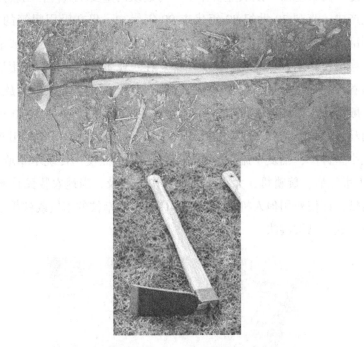

图 2-17　锄头（上图为除草、松土的锄头，下图为翻地的锄头）
课题组 2014 年 8 月 摄于阿古拉镇达林艾勒嘎查。

镰刀是农业生产中常用的一种工具。当地农牧民一般在收割时使用窄扇月牙镰刀，玉米、豆类、糜子、荞麦、谷子、高粱等几乎所有的庄稼及秸秆都用镰刀收割。而在日常生活中，用于割草、割柳条、扒树皮等。如今，在当地农田收割和锄草、打草过程中普遍使用收割机、割草机等机械，镰刀适用范围有所缩减。但在人工作业中使用镰刀的情况仍然普遍。

胶轮车是阿古拉地区农牧民在农业生产中普遍使用的重要运输工具。

在集体时期，车辆是集体管理和使用的，每个生产队小队、大队有自己的车队和专门的赶车人。实施家庭联产承包经营制度之后，多数农牧户没有自己的车辆。到了 20 世纪 80 年代初期，小轮胶轮车在当地普通农牧户家庭开始普及。20 世纪 80 年代后期，人们开始使用二轮胶轮车，有些农牧户还使用大轮胶轮车。当地农牧户一般自己或请当地木匠制作胶轮车，根据胶皮轮子尺码大小制作不同尺寸的车架，只有车板没有车厢。二轮胶轮车的普及极大地提升了运输能力，人们可以套用牛或马。进入 20 世纪 90 年代中期，当地农牧民开始使用小型三轮拖拉机、四轮拖拉机，逐步淘汰以畜力作动力的胶轮车。如今，当地很多农牧户已经拥有小型甚至中型拖拉机，在农业生产中告别了以畜力为动力的运输时代。

图 2-18　套马胶轮车以及用柳条编制的圈席

图片由阿古拉镇达林艾勒嘎查玉宝提供。

除此之外，在机械化程度较低时期，当地农业生产工具中还包括手动播撒器、木锹、柳条筐、架木、圈席等生产工具。在使用机械播种机之前，当地农牧民一般都会跟着犁，手动撒播种子。其中糜子、黍子、谷子等小粒儿种子则用一种特殊的播撒器，当地叫做丁葫芦。用葫芦或破旧的烧水壶制作，并配有敲打的小木棍，播撒器末梢段系上细微的木草、马莲根等，起到分散作物种子的作用。木锹则多在秋冬季粮豆脱粒作业中使用。改革开放初期，当地农牧民一般用木棍敲打、牲畜踩踏、手动脱粒方式脱粒。脱粒环节结束后，用木锹迎风向上高撒，相对较沉的粮豆米粒一般垂直下落，而相对较轻的外皮、秸秆等则随风飘到下风处。目前，在很多农作物脱粒过程中使用脱粒机，节省了很大的人力。柳条筐是当地农牧民利用该地区丰产的柳条、槐树条、树枝等制作的半球圆形、带半月形把手的农用工具，多用于人力运输粮豆、黄草、黄贮、青贮、牛粪等，甚至有时候还能充当一般的称量工具，如一车能装多少筐玉米、多少筐牛粪等。进入 20 世纪 90 年代末，市场上也卖一些铁丝制作的筐，以便延长其使用寿命。编柳条筐是一种技术活儿，有些农牧民因不会编制柳条筐，还请别人编制。但由于其使用寿命短、编制材料偏重使其逐渐换成铁丝筐。架木和圈席则是为了增加车辆运输能力而设计的附带工具。架木是长短不同的两双木棍，架在车板上，用麻绳、铁丝等固定，主要增加车辆的横向承载能力，多用于运输秸秆、牧草等作业中。圈席则是安装在车板上的四面围住，上方无盖子的箱状工具，主要增加车辆的立体承载能力，多用于搬运玉米棒、牛粪等作业中。20 世纪 80 年代初期，当地农牧民多用高粱秸秆皮编制的席子，卷放在车板上当做圈席，但席子不耐用，而且承重能力小容易走形。后来用柳条、槐树条等编制，耐用度、承重力大大提高，但一般搬运不方便。到 20 世纪 80 年代中后期，则普遍用木板制作圈席，其结构接近于小型三轮、四轮车车厢，其耐用性、承重力、便捷性大大提高。

图 2-19　用四轮拖拉机搬沙土铺盖畜圈暖棚顶

课题组 2014 年 4 月摄于阿古拉镇。

图 2-20　用四轮拖拉机在沙坨地播种

课题组 2014 年 4 月摄于阿古拉镇。

（二）农业基础设施建设

谈及农业基础设施建设，最主要的有乌图日模和粮仓。乌图日模，蒙古语，通常是用土木围成的四方形或圆形院子，位于农户庭院周围。院中地皮较为坚硬，便于糜黍、玉米、高粱、豆类等脱粒。早期，为储藏农作物及秸秆而专用，后来农牧户在春夏季种植蔬菜或其他作物，秋冬季则储藏农作物及其秸秆。到了秋季，农牧户铲除乌图日模里长的杂草，清理往年的秸秆、碎末等，并用石磨等硬化地面，修缮栅栏、门、外墙等，并计划好收割好的种植物堆放的位置。改革开放初期，乌图日模中不仅放置秸秆、粮豆等，也要储存晾干拉回的牧草，因此必须在打草之前收拾完成。如今随着综合收割机等机械的出现以及种植结构的单一化，以及土地价值的提高，很少农牧户留有乌图日模，而是把农作物或秸秆直接堆放于庭院或菜园中。

仓库（当地除储存粮豆肉面等，还放置木犁、缰绳等各类生产工具）建设离不开乌图日模的使用变化。据当地老人回忆，新中国成立之初，阿古拉地区农牧民基本没有乌图日模、仓库等建筑，庄稼成熟后在沙窝地找个平整的地方直接在野外大量收粮，并挖地窖储藏粮食（尤其糜子）。为了防止粮食受潮发霉发芽，通常在地窖四周用秸秆做隔离层。装完粮食后同样把作物秸秆覆在地窖口，再用沙土覆盖。如，作为清朝时期旗粮仓，早期仓恩巴达嘎查窖仁华（现乌兰那仁嘎查一处丘陵地名，作者注）周围有大量以十石为单位的地窖，遇到灾年时开仓放粮，仓恩巴达嘎查也因此而得名。新中国成立后野外打粮贮粮者减少，各家

图 2-21　现在的乌图日莫

课题组 2015 年 11 月摄于阿古拉镇桐希格达林艾勒等嘎查。

各户打粮不多，特别是人民公社时期，各生产队建大队乌图日模，统一打粮统一贮存。真正意义上的仓库建设则推迟到改革开放后。随着实行家庭承包经营制度，以及改善农田水利、引进科学种地等，使农业生产连年丰收，当地农牧民为储存一年的口粮和未能出售的粮豆而盖建仓库。从一间土木结构矮小的房屋到两间土木结构房，再到 20 世纪 90 年代中后期的砖瓦结构仓库。甚至有些农牧户自己住着土木结构房屋，却先盖起了砖瓦结构的仓库。如今，随着农产品商品率的提高和粮油自食程度的降低，以及农牧户住房条件的改善，新建仓库逐渐转向多功能库房（如车库、储物、贮粮为一体或分体连排房屋），或并入住房内部结构中。

五　农业耕作方式的改变

新中国成立至今，阿古拉地区农牧民农业耕作方式基本经历了从人工畜力耕作为主发展到机械化或半机械化耕作为主的过程。在农业耕作中,机械化程度的不断提高和化肥农药等现代农业生产要素的加入,不仅带来了当地农业产量和效率的提高,也使得当地农牧民农业耕作方式发生了改变。

(一)农业生产周期

与其他地方的农业耕作相同,当地农牧民也十分重视农业耕作中的气候、节气变化,根据不同的季节、节气,以及气候条件下进行不同的农业耕作,积累了相当丰富的生产经验和严格的操作方法。

对于农业耕作而言,特别是以旱地农业为主的大田农业耕作而言,气候条件是至关重要的。科左后旗地处中温带边缘地区,属于温带大陆性季风气候区,四季分明,春季回暖快,干旱多风沙;夏季炎热,因受季风影响,雨热同期;秋季短暂温凉,易秋旱;冬季漫长寒冷少雪。从农业生产角度看,科左后旗地区习惯上把3—5月作为春季,6—8月作为夏季,9—10月作为秋季,11月到次年2月作为冬季。年平均气温在5.3℃—5.9℃之间。无霜期为138—148天,初霜在9月下旬出现,终霜出现在5月上旬。年平均降水在358—483毫米之间,全年降水量主要集中在6—8月份,1月最少,雨量相对集中,强度较大,利用率和保证率较低。全年平均日照时数为2836.12—2891.6小时,5月份日照时数最多,为274.8—285.7小时.而科左后旗地处大风沙暴地区,6级以上大风年平均天数东部38.7天、中部32.1天、西部29.7天,大风主要集中在春季3—5月份。

从农作物成长周期来看,当地一般每年3月下旬气温开始回暖,地面冰雪逐渐融化,草木本植物冬芽萌动。4月,多数植物开始萌动,谷雨至立夏之间农区开始播种大田。5月,多数草本植物进入生长盛期,小满前后种植夏菜。6月农作物进入生长盛期,农村进入夏锄大忙季节,下旬禾谷类作物开始抽穗。7—8月气候炎热,雨水偏多,农作物生长发育旺盛,9月秋风起,天气渐凉,农作物进入成熟期。10月天气渐冷,进入一年中最繁忙的秋收阶段。11月中下旬地表植物停止生长,进入漫长的冬季。

当地农牧民会根据气温、降水及节气,安排农业耕作时间。通常,农业耕作始于3月中下旬。农牧民开始翻动已经发酵好的农家肥。4月上旬将发酵好的农家肥搬运至农田里。一年之计在于春,选择适当的播种时间决定一年收成的好坏。当地农牧民把清明节当作一年农活的开端，从清明开始进入农忙季节。一般在清明过后 15—20 天，即谷雨至立夏期间（4月 20 日—5 月 10 日）开始播种玉米、高粱、大豆、蓖麻、谷子等春播农作物。晚田则推迟到清明过后的 60 天左右，即 7 月上旬播种荞麦、糜子、黍子等夏播农作物。具体哪种作物什么时间播种还要考虑当年的气温、降水情况。6—8 月份进入农田夏季管理季节，其中包括间苗、定苗、中耕、锄地、追肥、培土等农耕作业都在这一时段进行。进入 9 月，当地农牧民又进入一年中最繁忙的季节——打草，紧接着就是秋收，一直忙碌到 10月底至 11 月上旬。如今，虽在生产工具上大大改进，基本实现了机械化或半机械化，但农业耕作周期依然遵循以往的规律和经验，适应当地气候、降水及地理条件。

（二）休耕轮作、间种与复种

如前文所述，早期当地农牧民农业耕作基本属于传统"漫撒子"式播种，主要在沙坨地耕种糜子、荞麦等作物，在耕作过程中出于保护土地肥力、提高农作物产量的目的，弃耕、休耕现象比较普遍。休耕是指同一块地种植一年，休养生息一年，甚至两年，以积累一定的肥力；轮作是指同一块地一年种植一种农作物，第二年则种植其他种类的作物，以保护土地肥力。当地，一般对种植荞麦的农田进行休耕。因为，秋天荞麦收割后其根部稀疏，没有固定土壤表层土的作用，而且荞麦本身就种植在沙坨地，如果不及时保护，连续种植很可能导致该块农田快速沙化。另外，当地农牧民一般会把大豆和玉米进行轮作，来提高农田土壤肥力。当时也存在间种和复种现象。所谓间种是指在一块地上，同时期按一定行数的比例间隔种植两种以上的作物。间种的两种生物共同生长期长。间种往往是高棵作物与矮棵作物间种，如玉米间种大豆。实行间种对高作物可以密植，充分利用边际效应获得高产，矮作物受影响较小，就总体来说由于通风透光好，可充分利用光能和二氧化碳，能提高 20% 左右的产量。其中高棵作物行数越少，矮作物的行数越多，间种效果越好。复种则是一年内于同一地块上连续种植两季农作物的种植方式，意在提高土地资源和光能资源利用率。当地一般在春小麦收后复种荞麦、秋菜和短日期的糜、黍、谷子之类。当然，有一段时间也存在过套种、混种等形式的种植方式，但因成效不显著，很快被淘汰。

进入 20 世纪 90 年代中期，随着当地种植结构逐年单一化，除极少数农牧民采用间种等方式小面积种植糜子、大豆外，上述其他种植方式基本被淘汰，机械和科技力量正在逐渐替代过去用人工调节方式保存土壤肥力、提高农作物产量的传统做法。

（三）农作物生产环节

春播、夏锄、秋收，看似简单的农业生产环节，蕴含着各地农牧民不同的生产智慧、实践经验及传统技艺。纵览阿古拉地区农牧民农业耕作过程，随着农作物种植结构的单一化，生产环节简单化、生产过程机械化、生产技艺科技化程度越发明显，很多传统智慧和传统技艺逐渐被失传和遗忘。

农田类型：当地农牧民根据不同的农作物选择不同的土地类型。当地耕地大体可分为两类，即沙坨地和甸子地。改革开放初期，农牧民一般会选择甸子地种植玉米、高粱、大豆、蓖麻等作物，选择沙坨地种植糜、黍、谷子、荞麦等作物。这与当地农牧民早期形成的在沙坨地种植一些糜子、荞麦、黍子等作物，甸子地和低洼地放牧的土地利用方式有关。

进入 20 世纪 80 年代末 90 年代初，随着粮豆作物商品率的提高，当地农牧民开始在甸子地普遍种植玉米、大豆等作物，而在沙坨地种植糜子、荞麦、谷子等作物，甚至到后期一些土壤肥力好点的沙坨地也开始种植玉米、大豆等作物。当然，大量开发沙坨地使得当地生态环境一度快速退化，沙地生态恶化、土地沙化现象严重影响到当地农牧业生产及农牧民生活。于是，自 20 世纪 90 年代中期，尤其是进入 21 世纪后，当地政府及农牧户高度重视草牧场退化、土地沙化问题，多数新增沙坨地逐年退耕还林还草，耕地面积基本固定在已承包到户的甸子地和土壤肥力较好的沙坨地。目前，这些农田基本都在种植玉米和青贮，而种植其他作物的农牧户依然原有种植习惯，在沙坨地种植糜子、荞麦、谷子等作物，而在甸子地种植大豆、绿豆等作物。

农作物种子：种子是农业生产的关键因素，种子的好坏直接决定了一年农业收成的好坏。早期，当地农牧民一般都会自己留各种农作物种子。就以玉米为例。改革开放初期，当地农牧民普遍种植白粒玉米。到秋收时，农牧民会选择那些粒儿饱、棒子长、穗大粒多的玉米作为种子单独收割、单独管理。玉米种子可以从同一块地中选择，也可能从不同的块地中选取。为了保证种子质量，农牧民会把选好的种子单独放置，有些农户连棒带穗晾干于房顶屋前，有的则脱粒后单独晒干，高处储存。储存时必须做到防潮、防虫、防鼠，特别是要做好防潮工作，杜绝出现发霉、发芽等情况。其他农作作物的选种作业也类似。

进入20世纪90年代初，为了提高粮豆作物产量，当地农牧民普遍选购玉米、大豆等粮豆作物优质高产种子，很少选用自己培育的种子。但糜子、荞麦、黍子等其他一些小宗作物仍然选用自己留的作物种子，很少从市场上购买。当然，随着杂粮杂豆商品率的逐年提高，进入21世纪，优质高产种子几乎全部代替了原来农牧民自己培育的种子。

整理土地与翻地：为了松土、保湿、除草，整理土地和翻地是当地农业耕作中必不可少的环节。改革开放初期，当地农牧民在春耕之前都会进行整理农地、翻地等作业。通常，由于冬春季刮风较多，当地农牧民不会在秋季进行翻地作业。在地面留有农作物根部，在冬春季刮风过程中，会在农作物根部堆积很多有机土，改善农田土壤肥力。特别是糜子、谷子等根茎部细小且周密的农作物有机土壤堆积作用更明显。对于玉米、高粱等根茎部粗硬的农作物而言，如果不刨除作物颈部，会对翻地或播撒种子产生影响，而根茎部也不会快速腐烂，因此农牧民对前一年种植玉米、高粱等根部较粗硬农作物的农田，先用锄头人工刨除秸秆根部，集中处理（烧毁或拉回家当柴火），后用犁进行翻地。种植糜子、谷子、黍子等根部细小农作物的农田，因根茎部不会对翻地产生影响，而且会较快腐烂，一般不会进行刨除根部等作业，直接翻地，甚至有些农牧户直接种植。

20世纪90年代后期，旋耕机开始进入阿古拉地区，一些耕地面积较大的农牧民，开始使用旋耕机。而普通农牧户则仍然沿用传统方式整理土地和翻地，或不再提前刨除秸秆根茎，直接翻地，再用耙子将根茎集中起来处理，几乎很少有农牧民再将根茎部作为柴火使用。进入21世纪后，特别是近几年旋耕机更加普及，几乎每一个嘎查（村）都有一到几台旋耕机，几天时间就会完成全嘎查的翻地作业。

施肥：如前文所述，当地农牧民施用农家肥以及化学肥料的时间不长，但已形成了自己特有的积造和施用方式。当地所施用的农家肥大体包括厩肥和沤肥两种，其中厩肥是最常用的肥料。农牧户从积肥到施肥大体经历积肥、造肥、倒肥、搬运和施肥等几个过程。其中就以厩肥为例。厩肥是指家畜粪尿和垫圈材料、饲草料残茬混合堆积并经微生物作用而成的肥料。各种家畜粪尿包括羊、猪、马、牛粪便；垫圈材料有秸秆、杂草、落叶、泥炭和干土等，当地农牧民通常采用圈内积制方法。厩肥一年的积造工作从晚秋倒出上一年厩肥开始，入冬前农牧户把上年积造的肥料倒到特定地点，并将其堆成梯形肥堆。同时向牲畜圈舍内直接撒入垫圈材料，如泥炭、干土等，使其吸收粪尿、饲草料残渣、雨水等。通过一整年的堆积、发酵，下层材料基本分解腐熟。晚秋入冬前，将厩肥倒到他处，使下层已腐熟的肥料与上层尚未腐熟的材料搅拌堆积，使其完全腐熟。等到第二年开春解冻后，农牧民用镐头将肥堆从一处翻倒到另一处，这样做一方面使厩肥进一步发酵，另一方面使肥块粉碎，便于搬运和施用，并挑拣出一些没有发酵的材料，如树枝、粗秸秆等。沤肥则是指将农作物茎秆、绿肥、杂草等植物性物质与泥炭土、塘泥及粪便（通常为鹅鸭粪便）同置于积水坑中，经微生物发酵而成的肥料，其造肥、倒肥等过程与厩肥相同。春天整理完农田，当地农牧民把农家肥搬运到农田中，并按一定距离堆成锥形小肥堆。通常按6、8、10垄为横向距离，一排堆起，两个肥堆之间的纵向距离则3—5米。肥堆之间的距离由肥堆的大小以及施肥人的力气而定。一般播种前或播种过程中施肥，有些农牧户播种前将农家肥用铁锹均匀分撒在农田里，再进行播种；有些农牧户播种过程中用铁锹、柳条簸箕（后来使用铁皮的）、柳条筐等施肥容器均匀撒在田垄里。由于播种过程中施肥效果更佳，多数农牧户采用第二种施肥方式。

改革开放初期，当地农牧民很少施用化肥当基肥，全部施用农家肥。进入20世纪80年代中后期，农牧民开始施用磷酸二铵等化学肥料作为基肥，并快速推广。到20世纪90年代中期时，基本上化肥与农家肥并作为基肥施用。施用尿素等追加肥时段与磷酸二铵等基肥的施用时段基本相同。一般追一次肥，即农作物生长进入旺盛期（大概每年7月末至8月初，玉米抽雄之前）。当地一般都会根据降水情况而定具体追肥时间，与松土、培土同时进行。追肥的劳动力一般穿长袖长裤，徒手或拿勺子之类的小型容器，将尿素撒在离玉米根部一定距离的土上，如果墒情不好则用木棍等凿小洞将尿素倒进去，后用犁进行松土培土作业，覆盖尿素等追加肥。追肥作业是相对辛苦的劳动，因为7月末至8月初属当地一年中最热的时间，玉米已长成近1米多高，使得玉米地里更加闷热，而且玉米叶子已变硬，很容易割伤皮肤。随着时间的推移，20 世纪 90 年代中后期开始化肥种类越来越多，特别是进入 21 世纪后开始实施测土配方，在科技人员的指导和服务下，根据农田土壤肥力施用各种复合肥。

播种：农业对耕作时间的要求相对较高，特别是对于科左后旗这样无霜期较短的地区而言，如果不按既定时间去播种，会严重影响农业收成。当地农牧民根据气候、土壤及农作物特征基本形成了较为合理的播种时节，每种作物的具体播种时间上文已介绍，在此不再赘述。总体而言，每年的播种时间大概始于清明节之后 20 天左右，晚田则于清明节后 50—60 天。

在用畜力耕作时代，播种时一般需要两到三个劳动力。一个劳动力需要扶犁，扶犁者通常为家里年轻力壮且一定经验的男劳动力。扶犁看似简单，扶好犁把即可，实际上是一种技术活儿，扶犁者必须通过犁把上的大小扶手掌握开沟深浅、宽窄，而且要保证开沟始终保持在一条线上；同时也是一种体力活儿，扶犁者每到地头需要甩犁，致使快速实现 180 度的转弯调头，而且碰到灌木丛等也要及时甩犁躲开，以免损坏犁铲。一般情况下，种植玉米、高粱、大豆等时，开沟要深，要宽，要用整犁铲，而且其土壤湿度较高，也相对较硬；而种植荞麦、糜子等时，开沟要浅，要窄，要用剁掉两边耳朵的犁铲，而且其土壤相对干旱，也相对松软。另一个劳动力需要播撒种子，并拖走木制覆盖器。播种者通常为家里女劳动力。播撒种子同样需要技术和力气，一方面播种者必须跟得上犁的开垦速度，而且播种必须均匀；另一方面，用肩膀拖拉木制翻盖器，保证其能够较好地把种子覆盖住。通常玉米种子、豆类种子通过手指间的空隙播种；小米、黍子等用丁葫芦播种；荞麦、糜子则一把把分散播种；土豆切块并将带胚芽部分与火灰搅拌在一起，扔进地里。第三个劳动力则负责施肥，施肥者通常为年轻力壮的男劳动力。播种时施肥，施肥者必须在犁与播种者中间，用铁锹等将堆好的农家肥装进施肥容器，并均匀撒在开沟中间，所以施肥需要速度和力气，也要把握好施肥量。如果家里劳动力不足，播种速度相对比别人慢几天。

机械化的普及，不仅使农业耕种告别了畜力时代，施肥播种机等综合性机械的运用极大地解放了人力劳动，代替了播种、施肥等繁杂的人力劳动，也减轻了扶犁人的体力劳动强度。在一块农田里，通过 10—20 米的试播，农牧民可调整开沟器高低决定播种深浅，而且排种器、施肥器都能够通过调整达到均匀播种、合理施肥的效果。同时，施肥播种机自带覆盖器，能够有效覆盖种子。即一台施肥播种机能够代替过去 3 个劳动力的所有农业播种作业。

夏季管理：播完种子，农业生产进入了照料、管理阶段，农牧民关注种子发芽、出苗情况。农作物种子一般三天（荞麦）到一周（玉米、大豆等）左右基本能出苗。如果不能按时出苗完整，当地农牧民习惯上则会选择补种或翻种。缺苗率不严重时，则人工手动去补种，补苗一般选择傍晚或阴天；如果严重，则重新翻地播种。如果出苗完整，长势良好，等玉米苗长到 10—30 厘米时开始第一遍锄地（约 5 月下旬）。第一遍锄地不仅除草、松土、保墒，更重要是间苗、定苗。此次锄地一般都会把垅子锄平，使土壤很好地盖住作物苗根。第二遍锄地则要推迟到 6 月份，等玉米等长到一米左右。此次锄地不仅要顺着垅子纵向锄，也要在两个株子之间横向锄，完全除掉杂草，松软土地，保持墒情。当然大豆、荞麦、糜子等留苗比较周密的作物就不能横锄。当地农牧民通常锄两遍地。玉米、高粱等早田一般锄两遍，荞麦、糜子等晚田则锄一遍。其中由于大豆等作物农田杂草种类较多，生长旺盛，而且大豆等作物小苗根部不发达，其锄地作业难度最大；而糜子、谷子等晚田作物虽然杂草较少，但锄地时间正逢高温干旱季节，也给锄地作业带来一定的难度。农作物锄地工作结束（当地老百姓叫做挂锄）后，会进入近 1 个月的休整时间。

随着农药使用率的提高，当地农牧民自 20 世纪 90 年代中后期开始大面积推广使用化学除草剂，改变了以往锄铲的传统除草方式。玉米、大豆等农田化学除草剂一般分播后苗前、出苗后两次施用，基本能够除掉农田各类杂草。当除草剂不能除掉时，农牧民也会手动锄铲，但其劳动强度、劳动时间大大降低和缩减。进入 2010 年后，农牧民基本从夏季繁重的锄地环节中解放出来，可有大量的时间去照看牲畜、外出打工或从事其他劳动。

进入 6 月底 7 月初，当地农牧民开始松土培土。培土是栽培技术中一个不可忽视的环节。培土能增加表土受光面积，减轻草害，提高肥效，防风抗倒。原则上，培土不宜过早、过高，以免损伤基部的叶片；培土的时间，一般在孕穗至抽雄前分两次进行。谷子、糜子、大豆等低株作物一般培土一次，而玉米、高粱、蓖麻等高株作物一般培土两次。第一次培土，有专门的培土犁，通常用在低株作物；也可以把播种时用的犁装上培土犁铲进行作业。第一次培土开沟较浅，培土低些。第二次培土则在第一次培土后的10天左右进行。第二次培土开沟较深，培土高些。第二次培土的同时施用追加肥。培土过程中特别注意对农作物的保护，以免伤根、折断等。到21世纪初，机械耕作基本普及，也有农牧户考虑到机械会对作物造成损伤，依然使用畜力拉犁方式进行培土和人工追肥作业。但2014年再到当地时我们已经看不到赶着马拉犁在玉米地里挥洒着汗水培土、追肥的庄稼人，换而代之的是驾驶着现代机械穿梭在地头行间的农机人员。

秋收：自每年的9月中旬，当地农牧民进入长达一个多月的秋收季节，谷子、大豆、高粱、玉米、荞麦……一个接着一个，收获的季节不能提前，也不能滞后。秋收时节，当地农牧民不管男、女、老、少，全家动员，起早贪黑，与时间赛跑，把庄稼拉回乌图日模，并把带籽秸秆、玉米棒、秸秆等分类、分区放置，以便分门别类脱粒储藏。农牧民通常把谷子、大豆（豆类）、糜子、黍子、荞麦、高粱（通常在农田里，高粱头部与秸秆分开，单独打捆）等带籽收割，打好捆（豆类、荞麦不打捆），拉回乌图日模再做脱粒，玉米则带皮玉米棒和秸秆（打捆）分解收割（有些嘎查农牧民直接在地里扒玉米，外皮留在秸秆上），分别放置；蓖麻先采摘蓖麻籽后割秸秆（可打捆）。豆类收割宜在早晚作业，以免午间高温籽实随割断秸秆而自动脱落。此阶段，胶轮车、架木、圈席等生产工具发挥作用，将农牧民一年的收获拉回乌图日模，乌图日模中央一般留一大块圆形空间，以备日后集中脱粒。由于蓖麻籽不能食用，与粮豆分开脱粒，通常拉回庭院内阴凉、光秃的地方进一步晒干。

把庄稼从农田运回乌图日模，就进入脱粒阶段。玉米连皮搬进乌图日模后堆放在一处。秋收结束后玉米要进行扒皮作业，不管白天昼夜，全家老少都要参加扒皮劳动。如果不及时扒皮晾干，被压在下面的玉米容易出现发霉现象。扒完玉米将其连棒倒入用席子卷成或秸秆围成的圈席（20世纪90年代初，开始出现用铁丝做成的圈席）中，并下面镂空，放置于乌图日模通风处。玉米秸秆则打好捆，靠放干草堆或羊草堆、墙壁立置。高粱、谷子、糜子、黍子、荞麦等农作物则需要集中脱粒。集中脱粒时，首先收拾好乌图日模中央坚硬的场地（如果乌图日模面积小，可选择其他近处），准备好木锹、四杈、木棍、石磨、牛、马等工具。其次，要选好日期，集中脱粒的日子必须是晴朗的，并带有微风的天气，而且一般都会一天内完成。所以自家劳动力不够时，张罗左邻右舍来帮忙；如果自己牛、马不够，还要借用他人的。集中脱粒时，一大早就把晾干的带籽秸秆放置于选好的场地内，从内圈到外圈，解捆将穗头朝圆形中心，以此铺开，并掌控好铺展的厚度。如果庄稼少，一般拿木棍、铁锹等敲打；如果庄稼多，则用牛、马踩踏。牛、马踩踏通常用2—4头（匹），用绳子将牛、马的脖子互相拴住，用缰绳套住最里侧的一头牛的角或一匹马的头，控制绳子的人站在中间，不断地绕圈踩踏。也可以用牲畜拖拉石磨绕圈。外围的人不断地翻动带籽秸秆，使没被踩到的秸秆倒到上面。绕几圈，停顿一段时间，其他劳动力则翻动秸秆，反复几次，籽实基本脱离后将牛马牵出场外。通过踩踏，籽实一般都会落到下层，秸秆在上层。这时人们开始抖动秸秆，使籽实完全脱落，并把秸秆放置场地外围。

　　通过踩踏脱粒中仍然带有一些细碎秸秆和皮，需要进一步分解。当地农牧民则利用风力使籽实与碎皮完全分解。年轻力壮的男劳动力用木锹将籽实顶风高抛。此时，风力不能太大，也不能太小。风力过小或过大都无法有效分离籽实和细碎秸秆及皮。高抛的物体在落地过程中，粒满熟熟的籽实落在上风处，细碎秸秆和皮，以及没有熟透的籽实则落到下风处。此时，其他劳动力则用竹条扫帚把碎皮扫除。在这一过程中，籽实分解出熟好的籽实、没熟透的籽实和碎皮等。

　　20世纪80年代初，农牧民把熟好的籽实装进提前准备好的用秸秆围成的储藏圈内，并用高粱秸秆盖实；进入20世纪80年代中期后则装进麻袋并放置于乌图日模中或搬进仓库中；而到20世纪90年代中期，随着大量化肥农药的使用，塑料袋的使用更加普遍。装好袋子通常都放在乌图日模里，并盖好高粱秸秆。而没熟透的籽实则单独装在麻袋中，或与一些碎皮一同放在乌图日模角落，用高粱等秸秆盖实，以备日后当作牲畜或猪饲料。玉米一般带棒储存在乌图日模中，等晾干才可以脱粒。

　　玉米和蓖麻的脱粒过程与其他作物有所不同。玉米因棒子硬、粒大、不易脱落，容易伤到牲畜蹄子，不宜采取牛、马踩踏方式。20世纪80年代初，当地农牧民主要采取两种方式：如果总量不多，则把晾干的玉米棒适量搬进家里，一家人围坐在炕上，手工脱粒；如果多，则放置于乌图日模中央，大家围在一起用木棍、铁棍敲打。20 世纪 80 年代末 90 年代初，玉米脱粒机进入阿古拉地区，农牧民玉米种植面积也逐渐增加，人们开始雇用脱粒机脱粒。每到收粮季节，一台台脱粒机在各户之间不停地运转，各家劳动力互相帮忙（一般需要三四个壮劳动力），互相比较谁家收粮收得多。蓖麻因不能食用，则单独晾干于庭院中，并用人工踩踏、敲打方式脱粒，相对费时费力，同时要防止牲畜进院采食而中毒。

自 20 世纪 90 年代中后期，随着商品粮种植面积的扩大及农牧民种植结构的单一化，人们收割的农作物种类不再那么多，收割时间也比较集中。各种收割机开始进入阿古拉地区，农牧户开始用收割机，机械化逐步代替人力畜力。当然，进入 2010 年后，一些无畜户可以雇用联合收割机直接从农田里将玉米脱粒，装进收粮车，秋收不再是连续一个月的没日没夜的劳作，而是几天、几个小时的机械化操作。当然，部分农牧户，在玉米之外的农作物收割中仍在沿用传统方式。大多数养畜户，为了得到秸秆仍在沿用传统方式扒玉米、割秸秆，用拖拉机往家拉玉米、拉秸秆。同时，乌图日模作为仓储圈，逐步失去作用，人们没有那么多分门别类的作物，不再利用光秃坚硬的地面脱粒，也不再在乌图日模中储藏粮豆，它只是放置秸秆和干草堆的院子。特别是近几年，为了防范火灾，当地政府不允许农牧民将大量秸秆搬进离家较近的庭院中，要堆放在农田中，只在使用时少量搬进。结果，乌图日模失去了其传统价值，很多农牧户把它变成了菜地或农田。

图 2-22　农牧民从乌图日莫向外卖玉米

课题组 2015 年 11 月摄于阿古拉镇。

（五）农产品食用与出售

20世纪90年代之前，因种植种类多，种植面积较少，当地高粱、糜子、谷子、荞麦、黍子等杂粮基本不会外售，只供自食。蓖麻籽一般都会出售给当地供销社，有些户则留少量蓖麻籽，出售给流动商贩，换取日用品或副食品。改革开放初期，玉米、大豆等出售比例也相对较低，大多数农牧户留作自食。黄粒玉米的出售比例相对较高。进入20世纪90年代中期，当地农牧民几乎不再种植白粒玉米，留一部分黄粒玉米作为牲畜饲料外，视行情全部出售。大豆、绿豆等豆类作物的出售比例也逐渐提高，当然前提是留够自食。目前，不管何种农作物的种植，当地农牧民基本都是以出售为目的，甚至包括秸秆。

在过去，秸秆不存在买卖一说，更多的是自用，或丢弃。农作物秸秆（蓖麻秸秆外）大多数可作为牲畜饲草使用。高粱秸秆可做成篱笆、圈席，可铺在棚舍顶部、储存玉米等粮豆的圈席的底部，也可以通过进一步加工可做成席子、房屋吊顶龙骨、笼屉，等等。玉米及其他作物秸秆一般都喂牲畜，而且可以粗细搭配喂养。牲畜啃吃完的玉米秸秆可烧火，碎皮可做农家肥材料。蓖麻秸秆可以直接烧火。如今，随着泡沫、铁皮、塑料及铁丝等新型材料，以及煤炭、液化气等能源的使用，农作物秸秆几乎不再用作建筑材料和柴火，只做饲草使用。而一些无畜户可以把玉米秸秆等出售给那些有需求的养畜大户。

庄稼收割完毕，牲畜开始进入农田，这使畜群获得足够多的饲草资源，也通过牲畜粪便为农田加入了一定肥料。当然，有些嘎查农牧户也有秋季施肥做法，但由于阿古拉地区冬春季大风天气较多，肥料对改善农田土壤的效果不显著，没有被大面积推广。在漫长的冬季，当地农牧民盼望有几场大雪，特别是春耕前的有效降水，能使农田保持较好的墒情，可谓春雨如油。

六　菜园子

菜园子是阿古拉地区农牧民自给自足农业生产的一部分。阿古拉地区农牧民几乎每家每户屋前房后总会有一块地方用作菜园子，到了夏天各种蔬菜满院开花结果，其采集的蔬菜能够满足全家人的大半年，甚至一年的蔬菜需求。当然，与其他农业生产方式一样，种菜园子也是从外地传入阿古拉地区的一种农业文化形态，其传入时长不超过百余年的时间。[①]

在人民公社时期，很多嘎查特地留一定面积的土地，办集体菜园子，由专人负责菜园管理。改革开放之后，一直到 20 世纪 80 年代末，有些嘎查还留有集体菜园，嘎查委托社员经营管理，并向全体社员有偿提供白菜、圆白菜、胡萝卜、青菜、黄瓜、香瓜、豆角、西红柿、葱等蔬菜。

农牧户自家种植的菜园子面积则相对小一些。由于自给自足型生产，即使在早期当地农牧民也不会占据很大空间去种植菜园子。改革开放初期，多数农牧民在自家菜园子中种植土豆、胡萝卜、西红柿、豆角、小白菜、白菜、葱、蒜、茄子、辣椒、黄瓜、香瓜、向日葵、甜秆（即甜高粱）、扫帚糜子等日常食用的蔬菜；而到 20 世纪 80 年代中后期，人们开始在农田里专门腾出一两亩地种植土豆、白菜、大萝卜等过冬蔬菜。如今，当地老百姓仍在种植菜园子，种植种类也基本包括豆角、西红柿、胡萝卜、黄瓜、香瓜、辣椒、茄子、向日葵、甜秆、葱等基本种类，来满足整个夏秋季蔬菜需求。但白菜、土豆、大萝卜等过冬蔬菜，以及青菜、香菜、大蒜、生菜等非日常食用或精细管理的蔬菜，农牧民一般都会到当地蔬菜超市购买。

种植菜园子是个细致的活儿。在春季，当地农牧民通常从肥力较好的农田中搬来肥沃的土壤，并与牛粪、羊粪等基肥配好土，撒在菜园子里。在播种或插秧之前，对菜园子进行多次浇水养土。等到种植季节，根据蔬菜种类开槽或开沟种植，如土豆、胡萝卜、甜秆、扫帚糜子、葱等可开沟种植，黄瓜、香瓜、豆角等则开槽种植，也叫作点播；有些蔬菜则先在小池子中发芽出苗后移植栽秧，如西红柿、辣椒、茄子等，如果自己不会发芽出苗，可从邻里朋友家借苗。当然，菜园子中很少用犁，而是用锄头开槽点播，用刨头开沟播种，并用脚覆盖很薄的土层。大面积种植土豆则用犁开沟，但沟较浅；白菜、大萝卜等也是采取点播方式，用锄头一头开小槽，播种子后用脚覆盖薄土并轻踩。白菜、土豆、萝卜等大田种植时，一般不会人工浇水。而其他菜园子种植的蔬菜必须浇水，浇水时间一般选择

① 白志强：《蒙古贞人与科尔沁文化的多样性——以内蒙古通辽市科尔沁左翼后旗阿古拉镇为例》，内蒙古师范大学，2013 年 4 月。

傍晚时分。等蔬菜长高结果实后逐渐减少浇水量，或停止浇水。

图 2-23　丰收的菜园子，有些细心的农牧民还会在
菜园子周围种些花草，美化环境

课题组 2014 年 8 月摄于阿古拉镇阿古拉嘎查。

进入秋季，9 月下旬当地出现初霜。此时菜园子蔬菜果实基本成熟，一些时令蔬菜基本进入枯竭期。当地农牧民则会专门腾出手来，收获菜园子中所有的蔬菜果实，如起挖胡萝卜、葱等，收割扫帚糜子、向日葵、甜秆等，并把那些所剩无几、半生不熟以及留做种子的豆角、西红柿、茄子、辣椒、黄瓜等采集下来，能吃则吃，或腌咸菜，如果有些不能食用则喂牲畜。西红柿、茄子、辣椒、向日葵等的藤子、秸秆收割或拔除，把整个菜园子收拾干净利索。这一过程当地人叫作拔院子。同时，收获大田种植的白菜、土豆、萝卜等，开始腌制酸菜，并收拾好地窖等储存冬季所吃的白菜、土豆和萝卜。

第三节　林业及其他生计方式的变化

阿古拉地区松软肥沃的沙坨子地、四季分明的自然气候以及充沛的降水，为当地野生动植物的生息提供了较适宜的环境，使该区域具有丰富的森林资源、植物资源和动物资源，同时也给当地农牧民生产生活提供了更加多元化的生计选择和生活物资。

一　林业生产

阿古拉地区拥有丰富的林木资源。据当地老人们回忆，新中国成立之初，阿古拉周围很多沙丘、坨甸相间地都被榆树、柳树、洋槐、桑树、山杏、黄柳、紫穗槐、金鸡儿等乔木灌木覆盖，树草灌木纵横成片，成年人进去了无法迈开腿，骆驼进去了都看不到头，当地人称之为巴拉尔。特别是双合尔山以北各嘎查的沙坨子地，几乎每个嘎查都有这样的巴拉尔。然而，在"文化大革命"中，阿古拉公社大片乔木、灌木丛被毁。据《科左后旗志》记载，1949 年，全旗约有自然残次生林 180 万亩，人工造林 3 万亩。1950 年以后，各级人民政府带领群众开展植树造林，有计划地封山育林，加强护林防火，至 1966 年，全旗有林面积达 245 万亩，森林覆盖率达到 14%。"文化大革命"中林木被滥砍盗伐，加之几次"割资本主义尾巴"，森林资源遭到严重破坏。至 1978 年，全旗有林面积仅存 105 万亩，森林覆盖率 5.1%，下降到历史最低点。[①]

据记载，当地农牧民自 20 世纪 30 年代就开始在庭院、田间种植杨树。进入 20 世纪 50 年代后全旗上下开展造林运动，至 1966 年全旗累计造林 59 万亩。同时，科左后旗重视封山育林工作，从 1954 年起对全旗较大的 17 处流动和半流动沙丘进行封育。1958 年对旗内闻名的阿古拉公社 4500 亩"红迪查干"（明沙）采取封、造、种的措施进行封育。到 1962 年已部分恢复植被，到 20 世纪 70 年代四周的杨柳防护林带形成强大的防风屏障。[②]

改革开放后，当地实行林业生产责任制，鼓励农牧民承包荒山荒坡荒地种树种草，嘎查（村）普遍恢复了封山育林的传统措施，促进沙丘地区的植被恢复。进入 21 世纪后，借助"三北"防护林、全国生态建设重点县、沙源治理、退耕还林等国家重大工程，科左后旗植树造林、封山育林面积突飞猛进，到 2012 年林地面积达到 269 万亩以上，森林覆盖率从

---

① 《科尔沁左翼后旗志》编纂委员会编：《科尔沁左翼后旗志》，内蒙古人民出版社 1993 年版，第 263 页。

② 《科尔沁左翼后旗志》编纂委员会编：《科尔沁左翼后旗志》，内蒙古人民出版社 1993 年版，第 267 页。

1978 年的 5.1%提高到 2012 年的 15.6%。

据统计，2012 年阿古拉镇林地面积达 15386.79 公顷，森林覆盖率达16.84%。其中有林地 3408.47 公顷，灌木林地 9297.66 公顷，分别占林地面积的 22.15%和 60.43%。

纵观当地农牧民生产生活，从细小的斧头把手到房屋栋梁，从木材的自用到出售，从生活所需到生产所用，都能找到林木资源的有效开发和木材的巧妙利用。

在生产环节，森林资源的开发与利用无所不在。不管是农业生产所用的斧头、镰刀、锄头、刨头、镐头、铁锹、铡刀、播撒器等生产工具，还是畜牧业生产所用的套马杆、布鲁、马鞍、铲刀、马鞭及较大的胶轮车车架、架木、木犁、圈席、柳条筐等生产工具，都是用当地所产树干、树枝所做。就以早期所做的胶轮车为例，除了车轮和车轴，其他所有的原料都来自当地自产木材。在农牧业设施建设中，不管是菜园子中搭架子，或制作拴马桩、制作乌图日模门或栓子，还是编制篱笆，或用树枝、树干围成或架成的院墙、畜圈，再到搭棚盖圈建仓库，几乎所有的基础设施建设都是用木材所做。

在生活环节，木材的使用同样普遍。生活中所用的木材从其用途可分为三大块，一是作为燃料；二是作为建材；三是作为家装家居原材料。虽然在当地农牧民日常生活中用牛粪、沙蒿、秸秆等资源作为燃料，但用树枝树干做柴火的情况也同样普遍。每到逢年过节之前，当地农牧民都会找来很多干透的木桩、木块，用斧头劈开，以备节假日期间烧火之用。作为建材，当地农牧民早期居住的土木结构房屋大量使用木材。从房屋梁、桩、乌尼、屋檐、门、窗户、炕沿都用当地产的树木所制。如果自家承包的树林中找不到合适的可制作梁、桩等成年树木，当地人可从同嘎查，甚至从其他嘎查农牧民承包的树木中挑选、购置。而作为家装家居原材料，农牧户家里所摆放的衣柜、餐桌椅、脸盆架等都是用木头制作。当然，在日常生活中，人们防身护身、挑水挑担、小孩玩耍等都离不开木棍木棒。

作为一种生计方式，当地人早期很少通过森林获得显性的现金收入。在人民公社时期，号召全国植树造林政策，当地几乎所有适合种树的嘎查或生产大队都有自己的小型集体林场。改革开放后，有些嘎查将集体林场承包给了个人，有些则依然以集体财产形式保留。其他一些田间防护林带基本都承包给了个人，并将农牧户房前屋后所种植的树木确权给农牧户。农牧民从自己承包的树林中可采伐自用，极大地减轻了当地农牧民购买木材的开支，而且每年从修整树枝、捡搂干树枝获得的柴火也很大程度上降低了农牧民的燃料开支，减轻了另寻燃料的劳动量。同时，承包户偶尔也可以从自己承包的树林中出售成材树木。这部分收入虽然不是固定的、常年性的，但遇到紧急情况下能够解决农牧民的燃眉之急，获得一部分可观的现金收入。

目前，随着当地生态建设步伐的加快，植树造林、退耕还林、封山育林工作进一步加强，很多灌木丛被划入公益林范畴，承包林个人采伐也受到了一定的限制。同时，除了一些细小生产工具上使用少量木材外，农牧民生产生活其他环节中大量使用钢筋、铁、铝等材质材料替代木材。那些20世纪90年代主动承包一些荒山荒地、进行封山育林的农牧户，现逐显效益，每年通过林地也可以获得一部分补贴性收入和财产性收入。

二　其他野生动植物的开发利用

(一) 野生植物资源的采集和利用

为了出售，或自食自用，阿古拉地区农牧民有采集野生植物资源的习俗。如早期采挖野生麻黄草、甘草等，卖给供销社或商贩；采集野韭、野生木耳、野葱、野苦菜、哈拉盖（荨麻）、榆树皮等，作为副食；采集野生蘑菇、山杏等，既可以自食也可以出售。新中国成立至20世纪90年代初，当地允许农牧民采挖野生麻黄。每到夏天七八月份农田挂锄后，当地农牧民三两结对去砍采野生麻黄。麻黄草多生长于固定沙丘、干燥荒地、荒山荒坡处，常组成大面积的单纯群落，耐干旱，对土壤要求不高，砂质壤土、砂土、壤土均可生长。因此，当地农牧民采挖麻黄时，多在荒山荒坡、固定沙丘顶上去寻找，找到一片则够采一天甚至好几天。当地人砍采麻黄草时，只采麻黄草地上部分，不会有意去采挖其地下根部。砍采一定量后，对砍采下来的麻黄草进行筛选，打捆，并当天搬运到收购点去出售。筛选麻黄草是一种细致和麻烦的工作。由于到七八月份当地荒山荒坡、沙丘顶上的牧草基本都已枯黄，人们会把枯草铲除清理出一片光秃的地方，并把掺杂着枯黄牧草的麻黄一把一把抓起，从高处下落，同时吹着口哨，用风力将麻黄草中掺杂的干草吹散。经过两三遍，若有一定风力干草等杂物基本能分解，人们再从麻黄草堆中挑拣一些干树枝、干麻黄根等，并打捆。因采挖麻黄在荒山野岭，车辆难以通行，人们通常用背驮等方式往平地搬，或直接背到收购点。在砍采麻黄的季节，每到傍晚时分，背着大捆小捆麻黄的人们从四面八方汇聚到麻黄收购点，人们从收购商手中拿到一天砍采的麻黄钱。

在当地，甘草的分布也相当广泛，但当地人很少挖甘草（当地又称甜草）。20世纪80年代末90年代初期，有外地人大量非法采挖当地甘草，使当地甘草资源严重受损，可采挖麻黄资源逐年减少。同时，内蒙古自治区（2008年）及通辽市（2009年）也连续出台相关规定，禁止滥挖甘草和麻黄草，阿古拉农牧民不再砍采麻黄草。进入21世纪后，国务院下发关于禁止采集和销售发菜、制止滥挖甘草和麻黄草的通知，限制人们滥采滥挖行为。随着连续多年的采集也使得。

除野生麻黄草、甘草外，也有采集其他植物的习惯。如野韭、野葱、野生木耳、野生苦菜、哈拉盖等，而且在各嘎查之间存在差异，依资源分布不同而习惯不同。这些植物的采集通常都是为了自食，几乎没有出售的习惯。相对而言，人们采集山杏和蘑菇具有出售和自食双重目的。当地很多嘎查周围都有野生山杏林，每年结小果时当地人有采食的习惯，而到成熟时大量采集并出售杏核。有些年份野生蘑菇价格走俏，当地农牧民会借助农闲季节适当采集出售。

图 2-24　马莲草既是一种生产资料，也是孩子们爱不释手的玩具材料

课题组 2014 年 8 月摄于阿古拉镇达林艾勒嘎查。

　　20世纪80年代中期至90年代初，当地农牧民还收割马莲草，一方面出售给当地供销社补贴家用，另一方面将其晾干再用水浸泡后编制马莲绳用在打捆秸秆等生产中。还收割芦苇、黑榆条等用作秸秆打捆材料。目前收割的芦苇还卖给那些没有芦苇资源的嘎查农牧民用作打捆材料。

　　当地农牧民也有采集反枝苋、灰菜、榆钱等野菜做菜食用的习惯。同时，偶尔也会采食地梢瓜、雀瓢、杠柳、龙葵、酸不溜（又分蓼）、蒲公英花、野葵等野生植物。进入21世纪后，随着人们生活水平的提高和饮食结构的改善，除了偏好性采食外，很少有人食用这些野生植物。总之，阿古拉农牧民在其生产生活中合理开发、巧妙利用其身边的自然资源，既满足了自身生产生活所需，降低了生产生活成本，也促进大自然的有序循环，保证了自然资源的持续发展。

图2-25　可采食的野生植物资源（左侧为野山杏、右侧为地梢瓜）

图片由阿古拉镇达林艾勒嘎查敖道夫提供。

（二）狩猎业

　　阿古拉地区农牧民自古就有狩猎习惯。然而，随着时间的推移，生态环境遭破坏，野生动物所栖息的空间逐步缩小，野生动物资源日渐稀疏，可狩猎物种、群落及对象屈指可数。

　　据当地老人回忆，在新中国成立初期阿古拉地区可狩猎的野生动物资源相当丰富，有狼、狐狸、獾、貉、野猪、黄羊、狍子、黄鼬（黄鼠狼）、艾鼬（艾虎）、刺猬、野兔、野雉（野鸡）、鹌鹑、半翅（沙鸡）等。直到20世纪70年代，在当地有两种形式的集体狩猎活动。一种为全旗或几个公社共同进行的大型围猎活动（当地称为哈拉根阿博）。由旗或几个公社事前协商，统一组织安排，并圈定较大的狩猎区域和统一的交会地点，在同一时间内将围猎范围逐步缩小至交会地点的狩猎方式。在大型围猎活动中狩获的大型猎物，如狼、野猪、黄羊等，均归公；小型猎物，如野鸡、鹌鹑、野兔等可归狩猎者。另一种则为几个嘎查共同进行的小型围猎活动（当地称为达然阿博）。组织形式和狩猎方式与大型狩猎活动相同，但狩猎范围远远小于大型狩猎，而狩猎获得猎物可全部归狩猎者个人。当地主要围猎地点多集中在玛拉楚达、都希、宝格图、白兴吐等地势复杂、灌木丛较多的区域。当地较大型的围猎活动一般在每年的早春或晚秋季节进行。夏季则考虑到野生动物产仔高峰期，不允许安排围猎活动，而冬季则允许个人打猎。除此之外则是农牧民个人自由狩猎，一般在春秋或冬季雪后进行。其中，獾、黄羊、野猪、刺猬、野兔、野雉、鹌鹑、半翅等猎物可食用，狐狸、黄鼬等多为出售其皮毛。

改革开放后，当地围猎活动不复存在，而个人的打猎活动则延续到21世纪初。打猎过程中，快马、猎狗、猎枪、布鲁和铁夹是必不可少的工具。20世纪90年代中后期开始，我国加强了枪支管制制度，收回了民间各类枪支弹药，使当地狩猎活动大幅减少。人们开始利用放猎狗、撒网、设陷阱等方式狩猎狐狸、獾、狍子、黄鼠狼、野兔、野鸡、沙鸡、鹌鹑等猎物。然而，受到市场对野味食品需求的猛增，一些受利益驱动的当地人或外来偷猎者，无节制的打猎行为曾一度使当地野生动物资源濒临灭绝。这种狩猎行为不是农牧民季节性的农闲时期的辅助性生产活动，也不再仅仅是为了满足自食，其行为不再遵循和遵守当地传统狩猎文化的约束，只是追求经济利益最大化。

进入21世纪后，特别是近几年，当地很多野生动物被列入国家保护物种名单，地方政府严禁严惩各种狩猎行为。当地农牧民基本不再打猎，到处可见野兔、野雉、沙鸡、鹌鹑等小型动物，在野外也可偶尔见到狐狸、獾子、黄鼬等动物。

除此之外，阿古拉地区农牧民也进行季节性的打鱼活动。如上文所述，当地有较丰富的水资源，全镇范围内虽无常年性河流，但大小水泡子不少，面积较大的水泡子有巴彦查干湖、乌兰吐来乌苏、王八哈嘎、都希哈嘎、哈日额日格哈嘎、花灯泡子等。这些水泡子多产鲤鱼、鲫鱼、草鱼、花鲢、白鲢等自然淡水鱼，其中巴彦查干湖和乌兰吐来乌苏为主产水域。新中国成立前，当地很多农牧民没有食鱼的习惯。在1958年之前，全旗没有人工养鱼，只是捕捞自然生长鱼。虽然20世纪80年代之后，当地有意发展渔业，但多靠自然养鱼。随着自然资源的萎缩，其生产极其不稳定。当地农牧民也会在夏季农闲季节到巴彦查干湖或乌兰吐来乌苏捕捞一些鲫鱼、草鱼等，多为自食，基本无外售情况。进入 21 世纪后，有农牧户承包水面，常年打捞鲫鱼、鲤鱼、草鱼、白鲢、花鲢等，但产量不高，效益较低。

三　工商业及旅游业

（一）商业

在历史上，阿古拉地区农牧民几乎没有经商的习惯，农牧民所需的多数生产生活资料都到百里之外的其他省、县或周围努图克集市购买。据科左后旗旗志记载，新中国成立前夕，科左后旗全旗商户才有 69 家、饮食业 19 户、服务业 8 户，都集中在吉日嘎朗、甘旗卡、伊胡塔等地，阿古拉当地没有一家工商户。[①]

私营与个体：据当地老人回忆，新中国成立前当地仅在双合尔庙附近有几家外地人开设的私人商铺。新中国成立后，对私营商业贯彻"利用、限制、改造"的政策，人民政府保护正当的商业活动。按照"公私兼顾、劳资两利、城乡互助、内外交流"的方针，整顿登记私营商户。"文化大革命"中，个体商贩一度被取消。党的十一届三中全会后开始恢复。从1981 年开始建立个体经营商户"经济档案"，由工商行政部门统一管理。当 2014 年课题组深入当地调研时，阿古拉镇街面，以及各个嘎查私营商户随处可见，从副食到服装、理发到汽修、通讯数码到装潢、医药到农机，无所不涉及；而一些个体的农机服务、屠宰、婚庆服务机构遍布各地。其中既有外地人，也有土生土长的当地人。

供销社与集市：1947 年科左后旗在吉日嘎朗兴办"宏兴号"合作商店。1948 年在农村牧区兴办大众合作社 11 个，到 1949 年春增至 63 个，并将"宏兴号"改为科左后旗供销合作总社。当年在全旗 12 个努图克（区）都建起联合社，嘎查（村）供销社发展到 129 个，占当时嘎查

---

① 《科尔沁左翼后旗志》编纂委员会编：《科尔沁左翼后旗志》，内蒙古人民出版社1993 年版，第389 页。

（村）的 82%。1955 年，阿都沁、阿古拉等多地开设农贸市场 50 处。① 1956 年科左后旗商铺和摊贩改造为合作商店（组）、代销点等官市形式。翌年，科左后旗建有 17 个供销社、51 个分销店、3 家合作商店、28 个代销（经销）店，共计 99 处官市。② 1958 年基层供销社 30 个，零售网点增加到 245 个。1983 年供销社实行体制改革，恢复了组织上的群众性，管理上的民主性和经营上的灵活性，并明确为集体所有制性质。1988 年年底供销系统设有农业生产资料公司、土副产品日杂公司、畜产品公司、联营公司和金宝屯地区生产资料站、土产站及基层公社 23 个，购销网点 254 个，全系统职工 1673 人，充分发挥了农村牧区商品流通中的主渠道作用。自 1992 年开始，供销系统尝试经营体制改革，承包店组、柜台，放开进货、作价、用工和分配权，实行统分结合、双重经营。阿古拉供销社按照总社要求进行体制改革，将店组、柜台承包给了个人（多为原供销社职工），其经营方式进入统分结合、双重经营阶段。③

1992 年，阿古拉开放集市贸易，每月 5 日、15 日、25 日开市三次。刚开始阿古拉集市包括活畜交易、农畜产品流通、生产资料、生活用品、土副日杂等内容。20 世纪 90 年代中期，停止活畜交易（后来又逐渐恢复，但规模较小），保留了其他商品的交流和买卖，其货源和商贩主要来自旗内外流动商贩。进入 21 世纪后农牧民在集市上出售自产农畜产品，如杂粮杂豆、奶食品、自产瓜果等。集市贸易的开放开设，对刚进行改革的供销社体系带来了极大的冲击，集市所提供的产品丰富多样，其灵活性、自主性远远超过了原有供销社供给方式，导致各地供销社经营状态日渐衰退，致使 1998 年年末全旗供销社商业全部实施破产改制。

进入 21 世纪后，集市与商户互补成为阿古拉地区商业经营主要方式，而公路交通与农牧民交通设备的改善，其商品采购范围早已跨出了阿古拉，乃至科左后旗范围。同样，也有当地农牧民将商业扩展到了阿古拉、

---

① 《科尔沁左翼后旗志》编纂委员会编：《科尔沁左翼后旗志》，内蒙古人民出版社 1993 年版，第 41 页。

② 《科尔沁左翼后旗志》编纂委员会编：《科尔沁左翼后旗志》，内蒙古人民出版社 1993 年版，第 427 页。

③ 《科尔沁左翼后旗志》编纂委员会编：《科尔沁左翼后旗志》，内蒙古人民出版社 1993 年版，第 41 页。

科左后旗乃至通辽市以外的广大区域。

图 2-26　每月开设三次的阿古拉集市一角
课题组 2014 年 8 月摄于阿古拉镇集市。

(二) 工业

阿古拉几乎没有严格意义上的工业生产活动。从农畜产品加工的角度看，早在 1953 年，内蒙古自治区供销联社乳品工业公司在乌兰那仁嘎查建一座乳品厂，职工 5—7 名，用分离机、晃油桶、脱水机、加温锅、乳槽等设备生产乳制品，主产干酪素和奶油。1958 年开始用平锅生产乳粉。1961—1963 年因奶源枯竭停产。1963 改为收奶站，为吉日嘎朗、伊胡塔乳品总厂提供奶源，直至 20 世纪 80 年末，因奶源紧张，效益不佳，倒闭关门。[①] 此外，20 世纪 80 年代中期，扎拉吐等部分嘎查农牧民自建酿酒灶，酿造纯粮白酒，但属民间小灶，规模不大，销路不畅，不久纷纷关闭停产。

在工矿采掘开发方面，当地有一处采石场。采石场地处双合尔湿地西南，赛呼都嘎嘎查与阿古拉嘎查边界。初建赛音呼都嘎采石矿于 1980 年，

---

① 《科尔沁左翼后旗志》编纂委员会编：《科尔沁左翼后旗志》，内蒙古人民出版社 1993 年版，第 310 页。

2002 年正式开采（现为阿古拉镇双合尔采石有限责任公司，或称阿古拉采石场）。该采石矿地下占地约 1000 亩，多产柱状建筑石材，但开采量不大。

图 2-27　阿古拉采石场一角
课题组 2014 年 11 月摄于阿古拉镇。

　　此外，阿古拉部分嘎查产碱土，新中国成立之前当地农牧民就有熬碱习惯。据资料记载，民国 14 年（1925 年），科左后旗有碱锅 17 个，每年产碱 500 多万千克，销往辽河以南法库、辽源、营口及小库伦一带，北到长春、新城和黑龙江省各处。1931—1945 年科左后旗在协日嘎、扎拉吐（现阿古拉镇扎拉吐嘎查）、哈日额日格（现阿古拉镇哈日额日格嘎查）、巴岱套布等地仍保留碱锅继续熬碱，以地方富户豪绅为担头，招伙经营分成。新中国成立后，碱锅散伙，民间秋冬有零星熬碱者，多为自用。1979年冬，哈日额日格苏木杜西嘎查的水泡（现阿古拉镇玛林秋嘎查都希小组境内）大量产碱，到翌年 3 月，共产碱 350 万千克，收入 140 多万元。后因土碱销路不畅而停产。[①]

　　至于民间熬碱，一直延续到 20 世纪 90 年代初。熬碱者每到冬季到都希哈嘎等地采集土碱，自行熬碱自用或出售。都希哈嘎属于碱泡子，每到秋冬季水面缩小或干涸，泡子水结冰，水面、湖底及周围起碱（或泛碱）。人们拿着收集碱土的工具，如笤帚、扫帚、木锹等，到湖面、湖底（指秋冬湖水干涸后裸露的湖底）或周围采集碱土。湖面上的属于冰碱，

---

　　① 《科尔沁左翼后旗志》编纂委员会编：《科尔沁左翼后旗志》，内蒙古人民出版社 1993 年版，第 147 页。

质地最好，拿回去熬一回基本成品，但收集难度大，刮大风、下雪、强阳光都无法采取；而湖底或周围的碱土则杂物含量高，得熬上几回才能成品。等收集完，人们用牛车、马车往家搬碱土。当地熬制土碱大多在冬季农闲季节进行，人们把土碱放置大锅里溶解，淘净泥沙后，通过数次过滤、烧火加热，直到锅里能见到离析出来晶莹的结晶体，装到其他容器里，放到外边冷却后便成了碱坨。成品的碱用途广泛，从日常使用到食用，都离不开碱，如洗脸、洗头、洗衣被、洗碗、发面，当然一锅成品碱在当时也能卖上三四元钱。

（三）旅游业

阿古拉地区旅游开发较晚。21世纪初，阿古拉镇政府审时度势提出坚持"牧业大镇、生态立镇、旅游强镇、文化名镇"的战略措施，以创建阿古拉3A级旅游景区为契机，拓宽招商引资渠道，集中力量开发建设白兴图原生态旅游、阿古拉湿地草原观光、白音查干湖候鸟观赏区、双合尔山景观赏、沙漠探险旅游及阿古拉生态牧家乐等特色景点，将阿古拉镇打造成通辽市较为有影响力的旅游景区。同时，充分发挥以"双合尔·楚古兰"和"叙事民歌之乡"等传统文化资源为代表的人文资源优势，进一步丰富"双合尔·楚古兰"的文化内涵，开展赛歌、赛马活动，发展蒙古族刺绣、蒙古族服饰、四胡、马具等手工艺制作，做大做强民族风俗特色旅游经济。

图 2-28　阿古拉地区农牧民手工艺品

图片由阿古拉镇干部文明提供。

此外，投资 2.2 亿元复建的双福寺，初见规模，主体工程于 2014 年基本完工，开始了基本的佛事活动。复建后的双福寺将成为阿古拉地区，乃至科尔沁地区信徒重要的佛事活动场所，也将成为阿古拉生态文化旅游的一张名片。总而言之，阿古拉民俗旅游区刚刚开发，当地农牧民对旅游业的参与度仍不高，旅游还没有给当地农牧民生产生活带来太多的变化。

图 2-29　阿古拉草原旅游景区一角

课题组 2014 年 8 月摄于阿古拉草原旅游区。

第三章 新中国成立以来阿古拉地区农牧民生活的变化

新中国成立之前，科左后旗人民生活贫富悬殊，极少数地主、牧主占有大量的土地和牲畜。他们依靠招青、雇工以至使用家奴，采取放粮放钱及役租土地和牲畜、放苏鲁克等手段残酷剥削广大贫困农牧民，过着骄奢淫逸的生活。1947 年全旗 19738 户，其中贫苦农牧民（包括部分自耕农）占 81.8%。然而占人口绝大多数的农牧民不得温饱，他们住的是地主、牧主的低矮门房或厢房，即使自己有房屋也多是不蔽风雨的阴暗低窄的土房（马架子或挟条房），夏季窗上糊不起纸，冬季用蒲草编门或门帘御寒，平日炕上无席，家徒四壁。穿的布衣几年换不上一件，补丁连补丁，布衣百衲，褴褛不堪。吃的是"糠菜半年粮"，牧民除少数自耕农外根本吃不着牛奶。每逢灾荒，不少人吃上顿没下顿，吃今天没有明天，饥肠辘辘啼饥号寒，挣扎在贫困饥饿线上。

1947 年冬，科左后旗经过土地改革，摧毁了封建制度。农牧民当家作主人，分得土地、房屋及牲畜，大部分牧民有了奶牛。1949 年以后，随着国民经济的发展，农村牧区实行互助合作，生产进一步发展，农牧民的生活不断得到改善，达到住有房屋，食有粮食，穿有衣服，四季丰足。[①]

第一节 服 饰

一 衣着材质及款式

科尔沁蒙古族传统服饰根据性别、年龄、季节和场合的不同其款式和

---

① 《科尔沁左翼后旗志》编纂委员会编：《科尔沁左翼后旗志》，内蒙古人民出版社1993年版，第175页。

色彩也略有区别，而总体上依旧沿袭着蒙古袍的基本形制以及佩戴帽子和饰物的着装习惯。科尔沁服饰包括白茬长袍、羊皮袍、吊面皮袍、棉袍、夹棉袍、夹袍、单袍、偏开襟长坎肩（敖吉）、夹套裤、皮套裤等，服饰品有皮毛帽、毡帽、绸缎头巾、彩色飘带棉耳套、彩色飘带皮耳套、发髻式珊瑚头饰、绣花烟荷包、戒指、手镯等。脚上穿牛皮靴、抠花布靴、绣花靴、香牛皮靴、盘纹靴、布鞋、毡袜、布袜等。① 然而到民国初期着传统服饰者见少，当地蒙古族农牧民服饰由短袖广襟逐步变为窄瘦款式，上罩以短褂或坎肩，男子衣着不论长短两侧都有开衩。足蹬皮靴或布靴。妇女的衣饰比男子华美，多穿两边无开衩的长衣，有时外罩以各色丝绦子镶边的齐地坎肩。妇女很少穿靴，多穿有花卉、蝴蝶图案的棉夹鞋，极为精致。女士头饰有塔图日、哈图古日、乌恩吉拉嘎、隋戈（耳坠）、额木格（耳环）、头巾（未婚女子少带）等，而且多用玛瑙、玉、翡翠和白银制作。②

图 3-1　科尔沁蒙古传统服饰③

新中国成立初期，当地部分群众仍然穿着传统蒙古族服饰，而多数因

① 敖其、斯琴：《非物质文化遗产——蒙古族服饰之科尔沁服饰》，《民族画报》2010 年第 5 期。

② 呼日乐巴特、乌仁其木格：《科尔沁风俗》，内蒙古人民出版社 2012 年版，第 36—39 页。

③ 敖其、斯琴：《非物质文化遗产——蒙古族服饰之科尔沁服饰》，《民族画报》2010 年第 5 期。

长款袍服不适用于农业作业，开始试着接受汉式短衣，还有部分群众因买不起蒙古族服饰原料而选择穿着汉式短衣。① 进入20世纪50年代后，当地农牧民服装样式，几乎是清一色的蓝色中山服和短便服，男女无区别，妇女的发式在较长时期内变化不大，都是梳短辫或剪短发。20世纪60年代，在青年人中一度出现穿军装、戴军帽的热潮，视之为庄重、威风、正直的象征。20世纪70年代服装有中山服、前进服、工人服流行，也有模仿军、警制服的服装。

进入20世纪80年代，随着人们物质文化生活水平的不断提高，特别是1983年国务院发通告，终止了使用了几十年的布票，城镇人口衣饰风格大有改观。但在阿古拉农村牧区仍基本保持20世纪70年代的风格，变化缓慢。20世纪80年代初，当地农牧民服饰颜色均以蓝、青、灰色为主，面料多为棉布，后来慢慢时兴毛料、的确良、迪卡、腈纶、涤纶等布料。男士多为中山服、长裤。上了岁数的习惯包腿绷，即用深色绷带将裤腿包紧，有保暖、保湿、免损、利落等多种好处。冬季外出多罩羊羔皮袄，足登毡嘎达（用毡子所做的、一次成型的靴子），头戴狗皮帽，习惯拄拐杖。夏季穿单长上衣长裤。女子多为带扣子的军便装（绿、蓝、青色），短上衣长裤（女裤开口多在右侧）。老年人中有穿长袍的。冬季穿对襟棉袄外套单衣。学生短发为多，女孩子多穿花布棉袄，男孩子春秋喜戴红军帽，冬季戴雷锋帽（棉帽）；因怕磨坏袖子，中小学生一般会戴套袖。夏季穿塑料凉鞋。20世纪80年代中后期，假领子、自编毛巾毛衣、老板裤流行一时。而很多老师或机关上班的人，中山服口袋上习惯夹钢笔。

20世纪90年代，当地农牧民中基本没人穿长袍，也很少有人包腿绷。夹克衫、西装、筒裤、体型裤、裙子、衬衣、蝙蝠衫等开始出现，但也有穿仿军、警服装者，而中老年人穿中山服仍较普遍。胶皮鞋、运动鞋开始时兴，穿上一双白色的回力运动鞋是20世纪80年代末90年代初每个年轻人的梦想。年轻人开始戴礼帽，冬季戴旱獭帽，穿军大衣、呢子大衣、皮夹克等。进入20世纪90年代中期，开始普及短袖衫、垫肩衬衣、短袖T恤、长袖T恤、筒裤、牛仔衣、牛仔裤、健美裤、连衣裙等，流行模仿港台明星的艺术照。随着电视机的普及，年轻人及青年学生中追星

---

① 王豪：《科尔沁蒙古族服饰当代的变迁与文化价值探析》，内蒙古大学，2013年4月。

者越来越多，模仿其穿戴服饰、头发造型。冬季穿羽绒服（防寒服）者渐渐增多。纳底布鞋是当地农牧民最常穿的鞋，其底布多用旧布料，鞋底儿面和圈边则用白布，鞋帮面则用黑色灯芯绒布料，少数女孩子穿的鞋面可用花布或金子绒。棉鞋一般做成系带高腰的（也有高腰不系带，V字口的套脚式棉鞋，多为老年人穿），夏季则套脚低腰的，两侧有松紧带（可分为带松紧带和不带松紧带的，老年人多穿不带松紧带的），女士夏季多穿一字扣带的布鞋。直到20世纪90年代中期，胶皮鞋、运动鞋、皮鞋等快速占领市场，而布鞋因制作工艺繁杂、款式落后等原因逐步被淘汰，除部分老年人，几乎没人再穿自己缝制的布鞋。

步入21世纪后，阿古拉农牧民穿戴衣着早已与全国、世界接轨。舒适、轻便、合体、时尚、个性，多元化的服饰穿着文化同样影响着阿古拉地区农牧民。尤其新式民族服饰在当地农牧民青年当中蔚然成风，虽然在日常生产生活中少有人穿戴民族服饰，但在特定的节假日、婚庆宴会上，穿戴民族服饰者越来越多，其款式、布料新潮而讲究。

二　制作方式及工具

新中国成立至20世纪80年代中期，当地农牧民一般购买布料自己缝制或在裁缝店加工，很少买现成衣服。20世纪70年代初，很多家庭没有缝纫机，往往手工制作衣裳。而到20世纪70年代中期，缝纫机成为当时

图3-2　70年代三大件之一：缝纫机

图片阿古拉镇希伯艾里都伊勒格喜提供。

婚嫁备礼三大件之一快速普及，人们开始使用缝纫机，很多针线活儿可依靠缝纫机完成。嘎查一些手艺好的裁缝家中，抱着布料来加工各种款式衣裳的人长年不断，慢慢催生出代购布料、加工服饰为一体的专业裁缝或裁缝铺。到 20 世纪 80 年代中期，随着人们生活水平的提高，市场提供衣物款式、布料的多样化，当地人开始购买现成衣服，自制服饰的越来越少。缝制工具除针、线、缝纫机外，还有尺子（多为软尺）、剪刀、粉笔等。而布鞋则全靠手工制作。在 20 世纪 80 年代，由于布料短缺，再旧再小的布料都不舍得扔，而是收集了做纳鞋底的布料。当时，每年秋收结束进入冬季后，当地妇女都会忙着做明年所穿的鞋。从收集布料到打袼褙，再到裁剪鞋样；从收割大麻到拔茎皮，到手工制纺线；从填制千层底，到纳鞋底（包括粘贴和密纳）；从剪裁鞋帮到缝制鞋帮（包括粘贴和扎边），直到绱鞋，整个过程都由手工完成。其间每个家庭成员几乎都有大小宽紧不同的用纸做成的鞋样，有时也有借用他人鞋样的。由于没有标准尺寸，鞋的大小宽紧完全靠鞋样的形状，而鞋样的形状完全靠做鞋人的经验和估摸。另外需要宽松紧带、粗针、按扣等材料和工具。冬季棉鞋则需要棉、鞋带等材料。20 世纪 90 年代初，开始出现胶皮底、牛筋底，为方便人们开始在现成胶皮底、牛筋底上绱鞋，并改成尼龙、塑料纺线。

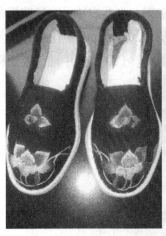

图 3-3 　当地农牧民自制服饰

左图：千层底布鞋。

右图：自织坎肩。

图片由阿古拉镇白兴吐嘎查百灵、希伯艾里都伊勒格喜提供。

第二节　饮食

一　饮食种类及结构

阿古拉地区农牧民传统食品有炒米、荞面、牛奶（包括奶食品）和牛羊肉等。后来，随着农业的发展和各民族之间生活方式的相互影响，当地农牧民传统饮食结构和习惯不断发生变化。

新中国成立之初，玉米、高粱米等粗粮已成为当地百姓主要食物。直到20世纪80年代初，当地农牧民主要食用玉米、高粱米、糜子、小米、炒米、玉米𥻽、玉米面、高粱面、荞面、黍子面等米面，其中甸子地多的农牧民多吃玉米、高粱、玉米𥻽、玉米面、高粱面、荞面等，沙坨地多的农牧民多吃玉米、半熟米（米子）、炒米、黍子面等，基本吃不上大米、白面等细粮。当时，玉米是当地每家每户最主要的食物，几乎天天离不开玉米，而且多为去皮去胚的大粒玉米，偶尔吃高粱米、半熟米、小米。

改革开放初期，当地主要种植白粒玉米，其粒小、产量较低，一年的收成勉强满足一家人口粮。玉米脱粒后，当地人将其加工成玉米、玉米面、玉米𥻽等。玉米面可做窝窝头、贴饼、蒸饼等，与猪血和稀后灌猪肠、做煎饼。爆米花则是当时老少皆宜的零食，经过碾磨便成为玉米𥻽。玉米𥻽多以牛奶、白奶油搅拌着食用，可以添加黄油、奶皮、糖或猪油、盐等泡水食用，也可以干吃。红高粱产量也相对较低，而且种植面积不多。高粱脱粒后可加工成高粱米、高粱面。高粱米可以单独煮，也可以适当添加绿豆、豇豆等一起煮，味道更佳。高粱面可单独或与玉米面和在一起做窝窝头。半熟米是当地农牧民喜吃的细粮。糜子脱离后，通过加工可做成半熟米和炒米。半熟米，可煮吃，当地人多与大米掺和食用。炒米则是熟米，即食食品，食用方法与玉米𥻽相同。谷子脱粒后加工成小米，当地人通常做水捞饭食用，但很少有熬粥喝的习惯。荞面是当地最常食用的面食，荞麦脱皮、碾磨后成荞面，可做成饺子、饸饹面、煎饼、猫耳朵面等多种多样的面食。黍子面也是当地常食用的面食之一，但做法单一，通常做黏豆包、煎饼等。

　　20世纪80年代后期，随着人们生活水平的逐步提高，大米、白面开始进入百姓餐桌，而玉米、高粱米可加工成米粒更小、口感更佳的成品。此时，阿古拉当地农牧民不再为吃饱而犯愁，但食品结构没有明显的改善，大米和白面只用于节假日、招待客人等特殊时期。到20世纪90年代初，随着农牧民收入水平的提高，农产品商品率逐年提高，当地普遍食用大米、白面，逐步代替了玉米、高粱米等主食。当时谁家每天吃大米白面，代表谁家生活水平高，有的人家在大米中掺加半熟米食用。同时，杂粮种植面积逐年减少，很多家庭不再种植高粱、黍子等小宗作物，更多种植玉米用于出售。此时，当地已大量种植黄粒玉米，但黄粒玉米食用口感远不如白粒玉米，有些家庭为了自食还专门腾出几亩地种植白粒玉米。

图3-4　当地特色饮食（左图为玉米煎饼，右图为备煮的玉米棒）

　　进入20世纪90年代中后期，大米白面成为主食，很少有家庭食用玉米、高粱米等粗粮。小米、黍子、荞麦等杂粮逐渐走向市场，而糜子的市场化进度相对较慢依然是自产自食为主。基本吃不到玉米碴、高粱面等食品。如今，当地主食以大米、白面为主，几乎与其他地区饮食结构没有明显差异。当然，随着人们对健康饮食的重视，当地农牧民利用自产杂粮杂豆的优势，在其主食结构中炒米、半熟米、荞面、玉米面的成分仍占较大比重，而一些小宗主食，如玉米、小米、黍子面等也重新回到当地人的餐桌。

　　副食品结构则从简单单一向复杂多样化转变。新中国成立至改革开放初期，当地人副食品基本包括牛奶及奶食品、猪肉、鸡肉、鸡蛋等。其中牛奶（包括酸奶）多在夏季饮食，奶食品则多食于秋冬季。当地农牧民夏秋季习惯食用鲜牛奶、酸牛奶，可以与炒米、玉米䬃、玉米面饼、玉米糕等搅拌食用，鲜奶也可以做牛犊汤。鲜奶、酸奶加工成白奶油、黄油、奶豆腐、奶皮、酸奶水、脱脂奶等奶食品，多食用于秋冬春季。

20世纪90年代中后期，当地部分农牧户为提高幼畜出栏率，很少挤牛奶，牛奶及奶食品在副食结构中的比重逐年下降。当地肉食品结构中猪肉比重占优，猪油则是最常见的、常年性的食用油。当地人用猪肉、猪油炒菜、炖菜，或直接炖猪肉食用。暖季习惯用腊肉、猪油做菜。鸡蛋则多在春、夏季食用，可煮、煎、炒、蒸、做汤。鸡肉多食用于节假日、招待客人。尤其进入21世纪后，其他副食品的增加及人们对改善饮食结构需求的增长，猪肉虽是最主要的肉食品，但并非唯一的。人们也不再以猪油为主要食用油，大豆油、葵花油、玉米油等植物油代替了猪油。

图3-5　当地特色奶食品（左两图为奶豆腐，右图为黄油）

在当地，牛羊肉的食用并不普遍。新中国成立之前，在每年的查玛会期间，双福寺喇嘛们用大锅熬制牛羊肉粥，供求富拜佛的信徒食用。或在祭尚喜时，嘎查集体或祭祀者出资杀羊熬粥[①]，大家共享羊肉、肉粥。到20世纪80年代中后期，牛肉进入普通人家，但非自产自食，而是在逢年过节时从甘旗卡、通辽等地购买，多为做饺子馅食用。羊肉则多在开展集体活动时食用，如集体出民工、祭祀等，并且早期由于饲养环境及饲养管理问题，当地羊肉膻味较重，部分当地人不习惯吃羊肉。即使到了20世纪90年代中后期，牛羊肉仍然没能成为当地人日常食用的肉食。其中

① 即使到现在，当地人几乎没有喝稀粥的习惯。当地所谓的粥，均指稠粥。

既有饮食习惯的问题，也有牛羊肉价格相对昂贵的问题。而进入 2010 年后，当地人以煮手把肉、炖肉、火锅、做馅、牛肉干等方式大量食用牛羊肉，有些家庭也会自产自食，牛羊肉已成为改善以猪肉为主的单一肉食结构的主要种类。另外，新中国成立前当地农牧民饮食结构中鱼肉食用量极少，直到 20 世纪 90 年代人们才开始普遍食用鱼，但多见于婚宴、寿宴等隆重的场合。20 世纪 90 年代中期以后，随着人们生活水平的提高，鱼肉消费才逐渐增加，鱼肉逐渐进入百姓菜单。

蔬菜食用仍以自产自食为主，外购为辅。如前文所述，当地农牧民善经营菜园子，其自产蔬菜基本能够满足一个家庭大半年的蔬菜需求。当地人夏秋季主要食用豆角、黄瓜、茄子、青椒、青菜、土豆、大葱等蔬菜，冬春季则主要食用土豆、白菜（包括酸菜）、萝卜等蔬菜，也习惯食用大豆、绿豆、豇豆等豆类做菜食用。除此之外，黄豆大酱和咸菜则是每家每户必备的小菜。他们根据不同季节，腌制不同味道的咸菜，如烂咸菜（用茄子、土豆、白菜等蔬菜腌制，腌制时间较短，多食用于夏秋季）、鲜菜咸菜（用豇豆、胡萝卜、白菜、圆白菜、豆角、西红柿等蔬菜腌制，腌制时间较长，多食用于秋冬季）、芥菜咸菜（芥菜、萝卜等，腌制时间较长，多食用于春季）等。同时，还会采集野苦菜、麻叶荨麻（哈拉盖）、返枝苋、灰菜、榆钱、野葵、太阳花等等野菜食用。

在新中国成立之初，当地民众多采食一些野生植物及果子，如山杏、麻黄果、桑树果、山楂、地梢瓜、龙葵、酸不溜、榆钱等，基本没有自家种植的果树。到 20 世纪 80 年代初，当地百姓一方面自家种植一些黄杏、沙果、苹果等果树，另一方面一些流动商贩走街串巷卖些苹果、梨、山楂等耐保存的水果。当地人用大麻籽、大豆、鸡蛋等换取水果。到 20 世纪 80 年代末至 90 年代初，随着农村牧区商品供给情况改善，以及人们生活水平的提高，苹果、梨、山楂、冻柿子等耐保存水果大量进入阿古拉，尤其是 20 世纪 90 年代中期，随着农村牧区交通条件的改善，阿古拉地区商业快速发展，镇街面及各嘎查都有各种食品超市、商店、水果蔬菜店等，各式各种副食品应有尽有，琳琅满目的商品基本能够满足当地居民生活所需。

二　饮食习惯

从正餐偏好上看，阿古拉农牧民更偏向于吃米饭，而不是面食。特别是20世纪90年代之前，这种偏向更加明显。当地人一般情况下一日三餐都会吃米饭，而且其菜品偏向于带汤的炖菜，少食炒菜，咸菜和大酱（自制的黄豆酱）则几乎每家每户常年食用。

春季当地人会以黄豆、豇豆等豆类，以及土豆、酸菜、萝卜等做汤菜，配芥菜咸菜。过了清明节，可以采摘哈拉盖等野菜嫩芽，做汤喝；接着可以陆续采摘榆钱、野苦菜等野菜补给春季菜品。哈拉盖、榆钱配荞面可做汤面食用。开春后农牧民饲养的鸡开始下蛋，特别是喂养较好的母鸡，过了春节就开始下蛋。煮鸡蛋、蒸鸡蛋、炒鸡蛋（或腊肉）、鸡蛋汤都是春季最营养的菜品之一。除此之外，还有腊肉或现宰鸡肉。当然炒米、黄油等传统食品也是必不可少的。

夏季多靠采集野菜和菜园中刚出苗的水萝卜、小葱、韭菜、小白菜等新鲜蔬菜。到七八月份，菜园里的多数蔬菜可以采摘食用，如茄子、青椒、西红柿、土豆、葱，菜品也会渐渐丰富，做菜、包饺子等吃法也会变得多一些。在当地，新酱、蘸酱菜和水捞饭（小米、高粱米、玉米）是夏季最受欢迎的食品搭配。一些生活水平较高的家庭夏末秋初会宰一只羊或一头猪，喝鲜肉汤，补充蛋白质营养，也为夏秋季农忙季节准备好食材。夏天，当地农牧民喜好鲜奶、酸奶、白奶油拌炒米、拌玉米碴食用，特别是农忙季节。同时，奶油拌炒米还是当地人招待客人的绝佳饭菜之一。同时，充足的牛奶也改善了单吃米饭的饮食结构，会适当增加食用牛犊汤、玉米发面饼、窝窝头（高粱面、玉米面）等面食的频率。

相对而言，秋季是蔬菜瓜果最丰盛的季节。然而，短暂而忙碌的秋季，在饮食上没有太大的变化，只是随着天气的渐渐变凉，土豆、白菜、萝卜等大田蔬菜纷纷收获，也会腌制一些咸菜。夏末秋初，人们可以煮吃一些新玉米棒；如果玉米再熟点，可以吃烤玉米棒。这是当地人一年中最早吃到的新粮。

在夏秋农忙季节或放牧期间，当地农牧民有野外用餐习惯。外带食物多为炒米、玉米碴、奶皮子、鲜奶、酸奶等即食食品。同时用水壶、水桶带饮用水。当然，冬季打猎、捡（砍）柴时也有野外用餐者。

冬季是食物最丰富的季节，人们的闲暇时间也会多一些。这段时间当地人会做各种美食犒劳辛苦一年的自己。冬季白昼缩短，农（牧）活儿不多，习惯食用早晚两餐的家庭不在少数，早饭吃得晚，晚饭吃得早。冬季除了米饭炖菜外，早餐吃蒸黏豆包、玉米贴饼（配猪肉炖酸菜）、馅饼，晚餐吃荞面饸饹、酸菜猪肉饺子、酸菜汤猫耳朵等面食者不在少数。直到 20 世纪 90 年代初，即使冬季能吃到纯肉馅的饺子或馅饼的家庭极少，更多的家庭只是肉多菜少的馅儿。同时，一年中收获的很多奶食品、果实都在冬季食用，不仅因为午饭要靠炒米、奶食品等简餐，晚饭后有大把的闲暇时间，一家人或邻居亲友围坐在一起，聊天、看电视，享用奶豆腐、葵花籽、花生等零食。

对一个家庭而言，冬季杀猪是最重要的一件事。不管家庭生活水平高低，冬季总会宰一头猪，一般家庭都会宰杀 1—2 头饲养的肥肥壮壮的猪，备下未来一年的全部肉食。杀猪之前都会有一套准备工作。比如，准备好柴火，备好灌血肠的荞面、玉米面等。但更重要的是，必须提前约好会杀猪的师傅。杀猪是技术活儿，也是体力活儿。每个嘎查、小组有几个杀猪好手，到了冬季杀猪时节，他们是嘎查里最忙活的人，也是最有口福的人。户户都杀猪，家家都需要他们，通常也是最早吃到新鲜猪肉的人。在过去，抓猪、捆绑、抬猪、上案、放血、捅心、脱毛、开肚、掏内脏、解体、收拾内脏、灌血肠等一系列操作流程，会使一家人前前后后忙上一整天。通常，里脊肉是最鲜美的，杀完猪就用里脊肉熬汤，让家里的老人、长辈和杀猪的师傅享用。如果父母不在一起居住，也会把里脊肉第一时间送到老人家中，使其喝上鲜美的里脊肉汤。收拾内脏、灌血肠等工作一般都由家庭主妇和其他过来帮忙的人完成，并煮好。同时在大锅肉汤中熬制肉粥。当地人一般会把熬好的粥、血肠、肥肠、肥瘦相间的一块猪肉送给亲戚朋友及邻居家。这既是一种礼尚往来，也是一种维系社会关系的方式。现在，因为有专门从事屠宰工作的人，农户把宰猪的全部工作交给屠宰的人即可，工作效率有了提高，但人情往来则少了许多。

进入 20 世纪 90 年代中后期，当地虽然仍春季种菜园、夏季挤牛奶、秋季收粮、冬季宰猪，但在饮食结构上已经看不出明显的季节差异，集市及镇里的蔬菜店、肉铺一年四季提供源源不断的、种类繁多的奶食品、蔬菜、水果、鲜肉、熟食，夏秋季到牧民牧点上也能买上新鲜的牛奶、奶油等。随着生活水平的提高，节假日及亲朋好友来访时，不仅可以在家招待，也可以在当地餐馆饭店招待。同时，人们的饮食习惯也有所改变，馒头、花卷、烙饼、饺子、馅饼等面食食用比例也提高。

在饮品方面，当地人有喝茶习惯，甚至可以说喝茶是当地大多数成年人的一大嗜好。历史上，当地农牧民喜喝砖茶，近代来则喜欢喝红茶。对他们而言，喝茶不仅可以解渴、解乏、解困，还可成为招待客人的第一道饮食品。当地人习惯早餐后沏茶喝茶，有些人一天就沏一杯，有些人则午后还沏一杯。傍晚喝茶者极少，怕影响睡眠。相对而言，秋冬季喝茶的人较多，春夏季相对少，这与秋冬季蛋白质摄入量较高等饮食结构有关。进入 21 世纪后茶的品种增多，部分人改喝绿茶、普洱茶等。喝奶茶的习惯也逐渐恢复，但多在餐馆饮用，很少有人在家熬奶茶。

当地农牧民有为客人准备茶点的习惯，以此为迎客之道。如果客人进家不给沏茶，被看作是一种不尊重、不欢迎客人的表现。当地农牧民迎客之茶颇为丰盛。茶座上一般会摆上奶皮、黄油、白糖、红糖、果子、蛋糕、奶豆腐、炒米等 4—6 个盘子，并给客人沏上一杯浓浓的红茶，准备碗筷，盛请他吃些奶油拌炒米、黄油泡炒米等茶点主食。即使恰遇家人吃饭，当地人也会给远道而来的客人准备茶点，以表对客人的尊重和欢迎，同时重新摆好餐桌，准备饭菜，邀请其用餐。如果是平常串门的人则邀请其入座用餐。喝茶期间，主人不断给客人倒茶水，并与其问长问短。即使晚间来拜访，也会给客人沏上一杯清淡的红茶，准备奶豆腐、糕点、瓜子、花生等零食。同样，如果家里有老人，喝茶时也会配些糕点、奶豆腐等。

饮酒同样是有讲究的。当地人一般早餐不饮酒，多为午餐和晚餐时饮酒。饮酒需备有下酒菜，多为肉制品或炒菜、汤菜，秋冬季还有一些野兔、野雉、沙鸡等野味。一般不会在饮酒时或饮酒之前食用主食。如果家里有老人，一般都会单独设酒桌，当地农牧民很少父子同桌饮酒，女儿或儿媳妇更不会在老人面前饮酒。如今，饮酒者，特别是在家饮酒者越来越少。多在节假日、亲朋好友聚会时饮酒。

在当地，准备好饭菜后，会撤走茶桌，摆上酒桌。入座时，主人一般坐右上方，客人坐左上方，忌坐桌角处（使用四方形的炕桌时）。正餐时，主人都会邀请客人饮酒，哪怕主人自己不会饮酒，也会给客人倒上酒。当地人不善于劝酒。通常正式酒桌上，妇女很少上桌，也极少参与酒

图3-6　丰盛而合口的茶点

图片由阿古拉吉力吐嘎查海山提供。

桌上的话题，而是不停地给热菜、热汤，认为给客人吃已经凉了的饭菜是对客人的不尊重。同样，小孩也很少上酒桌。食用主食期间，很少说话，认为吃饭时说话是不吉利的。等客人用完餐，询问是否沏茶、续茶。如果需要，撤走酒桌上的饭菜，重新上茶点。如果客人提前走，则全体起身送客人的同时，挪动餐桌以表敬意并认为留下客人的口福。

到20世纪80年代，当地农牧民成年男子多吸食旱烟。旱烟则自己种植，秋季将收割下来的烟叶加放在两层蒿草中间，在晾干过程中蒿草的香味与烟叶的味相互渗透。等烟叶开始发黄、发红时将其拿出彻底晒干并打包好存放于晾干处。待吸食时适量拿出，并用手搓碎。20世纪80年代之前多使用旱烟杆以及烟袋。当地烟袋颇有讲究，在用布料或绸缎缝制的烟袋上绣有各种图案，并佩挂飘带。飘带有2、3、6、8条不等，但有3条飘带多见。6条或8条飘带多用于新郎佩戴的烟袋上。[①] 而佩戴鼻烟壶、达令（装鼻烟壶的袋子）者相对少见。后慢慢转变为吸食卷烟。用各种作业本纸、日历纸卷旱烟吸食，而且专门配有布料或绸缎烟袋者变少，多用简易塑料袋、烟罐装烟叶。而进入20世纪90年代后，除极个别老者

---

① 呼日乐巴特、乌仁其木格：《科尔沁风俗》，内蒙古人民出版社2012年版，第51—54页。

外，基本没人吸食自己种植的旱烟，多吸食带包装的卷烟。在当地不管是野外、街面还是家里，亲朋好友见面总会以互换鼻烟壶、烟嘴为见面礼，哪怕是不会抽烟的也会给抽烟者装烟袋锅、点烟。

三 食物加工方式

在阿古拉，使用石板磨加工食物的方式一直沿用到20世纪80年代末。阿古拉农牧民家庭几乎所有的主食全部通过石磨加工而成。当时，每个嘎查、小组都有数量不等的磨坊，磨坊多见于住房西南方向。[①] 每到秋收结束开始了一年中最集中最繁忙的食品加工时段。磨坊是集体的，由于加工时间集中，磨坊数量有限，总是供不应求。因此，各家各户都得遵循村规民约，按先来后到一一排队，根据排队顺序使用磨坊。在此之前要做好准备工作。比如，加工半熟米、炒米等，则根据排队时间，提前一天蒸煮烘炒好糜子，第二天正好能去磨坊加工，否则时间长了糜子会发潮；如果家里没驴，得先跟养驴户说好哪天借用。甚至还会借用一些磨坊所用工具，如扫把、筛笸、筐笸、筛子、大盆子、麻袋、小袋、布袋，等等。提前收拾磨坊，清洗磨盘等。大多数嘎查石磨都有磨坊，但也有极个别嘎查小组没有磨坊，得做好防风防沙准备。一户使用时间不等，由其加工种类和总量决定。种类多工序多，总量多占用时间就会长。多种粮豆加工时，要安排好顺序。碾磨过程中，一个人始终跟着磨盘作业，翻动磨盘上的粮豆，时不时从磨盘边上取下已经碾磨好的米面，并向磨盘中央添加新粮豆；另一个人在旁边用筐笸、筛笸、筛子等工具分离米与外皮、胚子等，并装袋。一种米面的加工至少经过两到三遍碾磨过程，其中第一次碾磨和第二、第三次碾磨过程中分离出来的麸子等单独装袋，以备做牲畜饲料。

20世纪80年代中后期，碾米机、磨面机进入阿古拉，有的农牧民自家开米面加工厂。机械加工大大解放了家庭妇女劳动力，减轻了其劳动强度，同时所加工的米粒大小、面粉细腻程度等可以自动调节。于是，碾米机、磨面机等加工机械快速代替了传统石磨，磨坊的使用频次随之下降，也很少有人去维护和保养磨坊。到20世纪90年代初传统磨坊逐渐从人们

① 呼日乐巴特、乌仁其木格：《科尔沁风俗》，内蒙古人民出版社2012年版，第44页。

的生活中淡出。于是，个人加工厂迎来了短暂的繁华期。加工米面到加工饲料，各式加工机械样样俱全，多种作业同时进行，加工厂一时成为当地最热闹的场所。一个嘎查或几个嘎查之间有一个加工厂，到了加工高峰期，为加工米面而来的毛驴车、马车接连不断，加工厂门庭若市，各种加工机械昼夜周转。同时，使用石磨时的工具也逐渐被淘汰，如筛子、筛箩、筐箩、麻袋、小袋等，取而代之的是塑料袋、呢绒袋、蛇皮袋等一次性轻便工具。

进入20世纪90年代中期，商品经济迅速发展，大米、白面等成品米面成为人们的主食，玉米、高粱米等粗粮逐步被淘汰。同时，当地种植结构单一化，多种杂粮杂豆的种植走向专业化。于是，火热一时的米面加工厂逐步转型，其中部分加工厂入不敷出，自动关门；部分加工厂则转向饲料加工，甚至后期成品饲料的渗透使加工厂生意暗淡，勉强维持生计。进入2010年后，随着人们生活水平的提高，越来越多的人重视食品安全问题，有些家庭则从当地种水稻、种杂粮杂豆的农牧户手中购买原稻、原粮，到加工厂自己加工米面食用。有些杂粮杂豆种植专业户则也有意加入加工环节，建立自己的加工厂，使原粮原豆进一步加工成品，增加产品附加值。

第三节　居住

历史上，科左后旗蒙古族逐水草而居，多搭蒙古包居住。相传科左后旗札萨克从塔尔根移驻吉日嘎朗时才改住砖瓦"白兴"（房屋），民众也从这时起效仿满、汉民族盖起泥土房屋。最初的房屋是一种被称为"布日格格勒"的简易茅房，构造简单，是从蒙古包的基础上演变而来。从近代始，人们盖土平房的愈来愈多，也习惯于住土平房，王公府邸全盖砖瓦房，贵族豪门或平民中的某些富户多住草房，房墙有用砖砌的，也有土坯垒的。新中国成立后，农村牧区苏木（乡）、镇机关，中小学逐渐盖起砖瓦房，普通百姓则多居住土平房。[①]

改革开放后，阿古拉农牧民生活与全国各族同胞一样得到了空前改

---

① 《科尔沁左翼后旗志》编纂委员会编：《科尔沁左翼后旗志》，内蒙古人民出版社1993年版，第194—195页。

善，居住条件日新月异，从最初的土平房，再到北京平房，直至现在的砖瓦房，而其内部结构、家居用品也发生了循序渐进的变化。

一　住房条件的改善

新中国成立初期，阿古拉各嘎查村百姓中除了一两户地主富农外，几乎没有一间砖瓦房。当地农牧民群众多住两间或三间土平房，属土木结构房屋。两间房屋常常是一间厨房（外屋），一间寝室（里屋）。外屋多为左侧，进门右侧灶台，左侧靠墙摆放各种生产生活工具，如酸菜缸、酱缸、扫把、筛笸、筐笸、筛子、盆子、马鞍、马鞭、镰刀，等等；北侧多摆放米、面、菜、副食、橱柜等。里屋多为右侧，与外屋连通，多搭南炕，人口较多者为南北炕，被褥行李多叠放于炕两边，有些家庭还有炕柜；靠北墙或西墙放置两到四组皮箱（并非皮质，是用当地杨树、柳树自制的衣柜、衣箱）等，上面摆放些镜子、收音机等日常用品。有家庭将照片放在镜架里挂墙上。里屋多有炕连炉子，有老人者甚至设有炕底灶，也有些家庭冬季使用火盆取暖烧水。三间房屋常常是一间厨房，多为左侧外屋，两间寝室，搭南炕，人口较多者再搭北炕。三世同堂，可将南炕用格栅（用布帘和纤维板隔开）分为左右两个炕，长辈多住右侧上炕，晚辈多住左侧下炕。四世同堂者多搭北炕。北炕多为靠西北墙，设炕灶。其他结构与两间房大致相同。后来，三间房出现"钱褡子式"结构，即外屋在中间，两侧为寝室。直至 20 世纪 80 年代中期，阿古拉农牧户的炕多为土炕，炕上铺炕席。炕席用高粱秸秆、芦苇秸秆的篾条编制而成，这种炕席平整、透气、光洁，与土炕搭配和谐、自然。① 20 世纪 90 年代末，阿古拉地区一度使用地板革做炕席，但与篾条编成的炕席相比，地板革虽整洁、更易于擦拭，但不耐热，不透气，易打滑。所以，当地人在地板革上再铺布料作为炕单，如今则多数家庭直接用布料或毡子做炕单。

土平房全部建筑材料来自当地资源。建房要通过嘎查集体同意（宅

① 白志强：《蒙古贞人和科尔沁文化的多样性——以内蒙古通辽市科尔沁左翼后旗阿古拉镇为例》，内蒙古师范大学，2013 年 4 月。

基地）并选址。建造房屋需要一系列具体工作。比如，选定开工动土日期。当地人特别讲究建造房屋的开工动土日子，认为选择吉祥的日期，新盖的房子会给全家人带来好运，全家人的日子会过得红红火火。一般，一家之主会带着厚礼去找风水先生卜卦。同时，做好各项准备工作。各种木材，包括大梁、小梁、椽子、柱子、柳条篱笆（早期可用高粱秸秆）、铁钉等，都得提前准备妥当，大小梁、椽子、柱子等要扒好外皮，晾干晾透，并请木匠按规定尺寸锯齐各种木材，打好卯榫；各种工具，包括铁锹、牛车、马车、榔头（多为木质的）、圆石、圆木、木板、麻绳，以及红绳、糖果、零钱等。一切就绪，便开始动工。丈量尺寸，夯实地基，垒墙、剁墙、立柱、上大梁、上小梁、钉椽子、上篱笆、铺土、装门窗架、抹房顶、抹外墙等，直至房屋外部构造完整呈现。其中垒墙、剁墙是关键环节。按测定好的宽度，固定两块一定高度的木板，并将两块木板底部埋入土中立起，外侧用木棍固定。木板宽度等于房屋墙壁厚度。再用四根类似小梁粗细长短的圆木叠加夹在木板两边，用麻绳固定，圆木长度能连接两块木板。形成的细长条空隙中填入黏性较好的湿土，用脚踩，用榔头、圆石夯实加固。然后将下层的圆木拆下，放在上面继续往上垒，周而复始，一堵墙就这样一层层往上垒起。这样垒起的墙，牢固度不亚于砖砌的墙，只要保护得当其使用寿命可长达20—30年。剁墙则是用掺杂碎草的半湿润泥土按一定宽度垒起的墙。这样的墙看似更加牢固，但因为湿度较高，需要垒一层干一层，垒墙速度要相对较慢。因此，一般在垒好的墙头上剁墙，形成房顶的弧线，以及找准大小梁的高度。另外，盖房期间，安装好大、小梁时则进行一项仪式。将提前准备好的红绳系在梁上，并将准备好的糖果、零钱撒向房屋四周。届时会有很多大人和小孩子闻讯赶来去抢那些零钱和糖果，抢得越多，越吉利。当地称为上梁或架梁。铺顶工作最后进行。在固定好的梁上钉上椽子，椽子前端钉上檐木，再铺上篱笆或高粱秸秆，使之不漏沙粒。上面铺一定厚度旳湿土，最后用掺杂碎草的稀泥抹两到三遍。

　　房屋基本框架形成后，就是组装门窗、抹墙面和搭建炕、灶、炉子等工作了。当时，房屋门窗全部为自制的木质门窗。组装门、窗户完全靠木匠制作，其大部分都利用卯榫相扣原理处理，极少用铁钉，唯独安装玻璃时则用玻璃钉。搭炕得有技术娴熟的师傅搭建，如果搭建得不好，灶火不旺，炕不热。炕通常用土坯子砌成，炕的一头是大灶，另一头是烟囱。而灶和炉子同样也用土坯子砌成，但相对结构单一，技术含量没有搭炕那么复杂。早期房屋窗户都是上下两截，下面一截相对固定，上面一截则用合页固定在窗户架上，打开后可从屋顶挂起。窗户用木栓固定。冬季多由塑料外包，窗内用纸糊住，挡风保温。屋内地面则用黏土抹平，使地面又硬又不起沙尘。屋顶用高粱秸秆打龙骨，用报纸或白纸将里屋顶、墙壁包装。早期房屋外层大梁前端、椽子前端、屋檐、门窗等基本不上色，而20世纪80年代中后期开始当地百姓普遍使用蓝色、绿色漆粉刷这些木质装具。

图 3-7　20 世纪 90 年代建的两间土房
课题组 2015 年 11 月摄于阿古拉镇桐希格嘎查。

到20世纪80年代末，当地出现北京平房、一面砖等砖石结构房屋。而房屋结构两间房减少，三间房内部结构也发生了一定的变化。外屋在左侧者，外屋北墙设小屋，可搭小炕，搭炉子或直接打柜子，放置米、面、菜、副食等，大灶可设为北灶（多为北小屋炕连着，或直接东北墙凿烟囱）或南灶（多与里屋大炕连着）。外屋在中间者，入门处厅变小，厨房与外厅用格栅分开。所谓北京平房，是指砖石结构房屋，房顶比传统土平房更平整，通常用油毡纸烫房顶。房屋正面墙壁用彩色沙石或玻璃碎镶各种图案作为装饰。最常见的图案为各式吉祥结。而一面砖则是指土平房正面用一层砖外包，或正面用砖砌成的房屋，有的人家则房屋四面墙都用砖外包。这样既美观又温和而且省去每年抹墙面的劳动。内墙则用白灰刮白。同时，灶、炕等开始用红砖、水泥搭建，铁炉广泛被使用，在农牧民家基本见不到使用火盆子取暖烧水者。群众家居用品也发生细微的变化，立柜、缝纫机、收录机等家具家电开始普及，有的家庭甚至已经购买了黑白电视机，但当时没有信号接收器，电视机自带的天线收不到信号，群众用铝线自制信号接收天线，挂在屋外树干上，并不断去调整方向，直到接收到信号为止。多数嘎查（村）部和农牧民家都已接上电线，通电。但由于电线杆、电线等设备简陋，电压长期不稳定，线路经常性出故障，刮风下雨或用电量大时会经常断电、停电。当时，入户的电线都是农牧民自己掏腰包，电线杆都是用木棍支起的。

　　进入20世纪90年代，阿古拉地区农牧民群众生活水平普遍提高，有些生活条件较好的家庭开始建砖瓦结构房屋，而室内结构基本没有改变。盖建土平房者中利用砖瓦搭建墙角、铺顶等比例上升，窗户侧开式结构较多，广泛使用铁制门窗。而窗台、灶台、屋内地面等开始用红砖。同时，收录机、电视机（彩电）、洗衣机等家用电器走进普通农牧户家庭，现成电视柜、综合衣柜等现代家居增多，农村牧区用电环境和设备逐步改善。炕上的席子逐步换成地板革、炕单。用餐时人们不再使用短腿四方的炕桌，多使用圆桌。

图 3-8　当地农牧民现居住房屋（20世纪90年代盖建）

课题组 2014 年 11 月摄于阿古拉镇希伯艾里。

　　21世纪初期，当地80%以上的农牧民群众住上了砖瓦房，其仓库、庭院、畜圈都用红砖围墙，有些家庭还盖建车库车棚、牲畜暖棚，有甚者连庭院地面都铺红砖。大量的钢结构替代了过去的木质柱子、梁、椽子等。房屋结构多为"钱褡子式"三四间房居多，而且将两侧里屋横向隔开，形成南北结构的四间屋。一侧南屋做客厅、一侧南屋做卧室，北屋做厨房、储物间、卧房，甚至有家庭安装了太阳能热水器等设备，可实现室内洗澡。有些家庭还将房后再建斗房，当储藏室或厨房。屋顶开始使用塑扣板，甚至内墙也有用塑扣板全包。日光灯、吸顶灯广为使用。门窗多用双层铝钢材质，玻璃使用面积更大，使门窗密封性、透光度更强，而屋内多使用壁柜、火墙、暖气片等家具和取暖设备，使屋内显得更加整洁敞亮。大部分家庭搭北炕，炕以砖和水泥砌成，新近建的房屋甚至设计成地暖房。彩电、冰箱、洗衣机、冰柜、电饭锅、净水器等家用电器一应俱全，"户户通"卫星接收器基本普及。外屋门厅比往常更大更敞亮，甚至有些家庭外屋与客厅成为一体，整体电视柜、沙发、茶几摆放有序。如今，危房改造等国家民生工程陆续实施，部分贫困家庭现居住的土平房被砖瓦房所替代。当然，现代化的居住条件和家居用品，由于降低了就地取材成分以及互助劳动力成本，其造价相对较高。建造一处三间砖瓦房，少则七八万元，多则一二十万元。

图 3-9　当地农牧民现居住房屋（近 5 年盖建的房屋）

课题组 2014 年 11 月摄于阿古拉镇乌兰那仁嘎查。

二　生活用水、用火、用电

（一）生活用水

阿古拉地区水源相对丰富，在低洼地挖一锹土都能渗出水来，这给该地区群众饮水带来了极大的便利。新中国成立之初，阿古拉地区农牧民多采用大口井取水。每个嘎查、小组都有 1—2 口井。新中国成立初期，由人工挖掘，用圆木从底部往上一层层搭建的土井，井深2—3米。每年需对水井进行数次清掏，井口与地面平行或少许凸出地面，用圆形木板或石板将井口盖住，以防沙土埋井，人畜坠落。群众用麻绳、铁皮水桶做打水工具，用扁担挑水。当时一般家庭都用水缸蓄水。进入20世纪60年代末70年代初出现水泥筒搭建的大口井，即水泥筒从下往上搭建，井口高出地面1米左右，井口有木板或石板封闭。相比土井，水泥筒井所落入杂物较少，人畜坠落的可能性降低。取水方式与土井相同。冬季因水井周围结冰，取水危险性增加。大口井一般在几户、十几户中间有一口，位于村落中间。有些嘎查还建井房，防止人畜及杂物落入。烧水壶多为铁皮制作，有自制的，也有购买成品的。暖壶多为竹子编制的外套，后出现铁皮和塑料外套的暖壶。小孩子或年轻人一年四季直接饮用凉水，成年人多饮用红茶。

到20世纪80年代中期，人工手动压井开始普及。农牧民请打井队打井，井深约6—10米，用竹竿做地下抽水管（后改为塑料管、胶皮管等），地上有铁管接压井储液桶，通过倒入引水，压把手使储水桶活塞上下移动，通过内外气压差将地下水提升上来，并通过出水管将水排出储水桶外。压井把手有铁质，也有木制的。压井的出现极大地方便了当地群众用水困难问题，挑水扁担退出历史舞台，每家每户可以在家门口取水，方便了当地人畜饮水，并且大大降低了为取水而发生意外的可能性。当地群众一般都会选择房屋东南方向打井。阿古拉公社所在地阿古拉嘎查自20世纪80年代开始用柴油机做动力定点提供自来水，但后来因管道冻裂、水务管理不善等原因中断，后自2000年起，重新恢复自来水工程。

进入21世纪后，潜水泵大量被引进，发展浅水井甚至深水井。通过水泵取水，一方面使水井从屋外搬入屋内，甚至水缸跟前，节约了大量的取水劳动，避免了屋外取水的风吹雪冻；另一方面，直接使用电动力，解放了大量的劳动力。

（二）生活用火

新中国成立之前，甚至新中国成立后的很长一段时间，阿古拉地区农牧民有用火盆取暖烧水的习惯。火盆一般用三根或四根铁架子或木架子做底座，上面放铁锅。锅内放置大灶中燃烧一段时间的木炭或牛粪。这种火盆可烫酒、炖菜、烧水、取暖、烤红薯土豆等。进入20世纪80年代，用火盆者减少，普遍使用土坯子炉子，一直到铁质一体式炉子。同时当地人多用大灶煮米饭（不是焖米，煮熟后捞起并在火盆上放置焖一会儿）、炖肉、蒸烧炒米或半熟米等。如今随着家庭人口的减少，用大灶做饭的家庭减少，多在厨房用铁炉子、煤气炉子、电炉子做饭做菜。

新中国成立至 20 世纪 80 年代末，当地农牧民群众生活用火普遍用牛粪、树枝、沙蒿、秸秆、杂草等做柴火。当地群众多以牛粪和沙蒿为柴火。农牧户一年四季都在采集牛粪。夏秋季，农牧民每天将湿牛粪用耙子捡起并摆放在牛圈墙头晾干，并定期收拾，摆成牛粪堆，干透后倒入提前做好的牛粪圈内。相对来说，夏季牛粪因水分较高，晾干后燃烧时间较短，热量不高。对此有些家庭将牛粪做成牛粪饼晾干，这样做既提高了牛粪的利用率，也保存部分热量，延长燃烧时间。冬季则将冻牛粪捡起，堆放在光线、透风性好的地方，等春天晾干后收起。有些牛多、勤奋劳作的家庭，一冬天的牛粪堆能堆放十几行，足够用上一年。而牛少的家庭，冬天晾干的牛粪不够其一年的柴火，因此每年三四月份要去农地、野外捡牛粪。秋冬季散放期的牛粪多见于沙窝地背风处。牛粪圈通常用树枝或篱笆围成长方形圈子，烧火时通常从牛粪堆下方掏取，用柳条筐、筐箩等往家搬并倒入炉子旁边专用的牛粪筐里。牛粪多用于炉子烧火，用于日常炒菜、炖菜、烧水等。

沙蒿等多采集于秋末冬初。沙坨地多产沙蒿，早期当地群众每年都会砍伐大面积的沙蒿当柴火。干透的沙蒿易燃烧，热量高于荞麦、糜子等秸秆和杂草。砍沙蒿，通常用刨头连根刨起，用沙蒿打捆，堆放于乌图日模中。沙蒿多用于大灶烧火，用于煮饭、烙饼、蒸饼、蒸饺子等日常用火。同时当地群众还会砍些锦鸡儿（柠条锦鸡儿、小叶锦鸡儿、中间锦鸡儿）、黄榆枝等灌木丛，其热量高，通常用于炒熟炒米、炒玉米花、炖肉等。另外，当地群众到每年晚秋或春季都会修剪树枝，并将剪掉的树枝当柴火使用。树枝热量高，燃烧充分，烧火用途与灌木相同，粗树枝、树干还可以锯断小块儿，劈开与牛粪一同烧炉子。特别是人们开始使用铁炉子之后，通过烧树枝、树干等木墩来取暖。修剪树枝时，通常用锋利的斧头、镰刀等工具，修剪时尽量紧贴树干，由下向上剪，既不撕裂树皮，也不留残茬，以免形成死节。冬季则可以捡拾枯死的树枝。在整个 20 世纪 80 年代至 90 年代初，连当地中小学都要求学生每年向学校提供一定量的

图 3-10　农牧民家庭所用的一体式铁炉子、烧火的玉米棒，
还有地板革炕席、铺瓷砖的地面

课题组 2014 年 11 月摄于阿古拉镇吉力吐嘎查。

柴火、牛粪，解决学校食堂取火和教师办公室、教室及学生宿舍取暖。

20 世纪 90 年代中期，捡牛粪者渐渐变少，特别是几乎没有春季捡牛粪的人，以脱粒后的玉米棒替代了牛粪。另外，一方面高粱、玉米等秸秆增多，人们开始用秸秆当柴火；另一方面沙蒿资源枯竭，沙地生态不断恶化，地方政府禁止人们砍伐沙蒿、锦鸡儿等资源。① 于是，秸秆、玉米棒、树枝、牛粪等成为这一时段的主要柴火。此时，电饭锅开始普及，很多家庭购买容量不同的电饭锅，大灶生火煮饭的习惯慢慢被改变。

同期，人们开始烧煤炭，特别是一些机关单位、学校及上班人群最早开始使用煤炭。而大面积使用则要推迟到 21 世纪之初，普通家庭开始购买煤炭，部分替代牛粪、玉米棒等柴火。目前，虽然政府每年向农牧民家庭提供取暖补贴，但考虑到用火成本，当地群众仍就地取材，多用秸秆、玉米棒、树枝等做柴火。同时，电炒锅、电磁炉等电器也被广泛使用。当然，在一些餐馆饭店，以及上班族、年轻家庭开始使用液化气（煤气、天然气等）能源。

---

① 《阿古拉苏木乡规民约实施方案（讨论稿）》，阿古拉苏木政府，1992 年，科左后旗档案馆。

（三）生活用电

科左后旗甘旗卡发电厂筹建于 1958 年，1959 年 5 月正式发电。从 1962 年开始，供电范围扩大到甘旗卡南半部，限时照明至晚 10 点。1971 年 1 月，甘旗卡镇开始使用东北电网电力，甘旗卡电厂停产。1960 年，吉日嘎朗、常胜、朝鲁吐、阿古拉、浩坦 6 个公社用柴油发电机发电，解决公社社办工厂和有线广播用电。1971 年，全旗 31 个人民公社中除通农电的 5 个人民公社外，有 26 个人民公社小型柴油机每天早晚两次发电，转播中央人民广播电台和省、盟台的广播节目，有的供公社直属机关照明。①

1971 年阿古拉公社在旗政府的投入下，用一台 75 马力柴油机和一台 50 千瓦发电机向公社、供销社、兽医站、卫生院、综合厂、中学、信用社、卫生院、邮电等单位和阿古拉大队供电，供其照明。一年后，因入不敷出等多种原因，停止发电。

1978 年，海斯改至甘旗卡 30 千米线路电压从 10 千伏改为 66 千伏②，阿古拉公社从海斯改架设输电线路，重新通电。在主干线路通电情况下，各生产队通过国家补贴和社队自筹形式架设输电线路，沿主干线嘎查村基本通电。通电之前，当地群众照明多靠煤油灯（又称马灯、洋油灯等），有时灯油补给不足还自制大麻籽灯。节假日有的家庭购买蜡烛。20 世纪 80 年代初，各嘎查队部刚刚通电，农牧户则自己立杆、自己拉线，但电压极不稳定，电路损耗较大，常常连 100 瓦的灯泡都照不亮，更别说带动其他电器。而且相比当时的收入水平，电价较贵，同时农牧民没有及时交电费的习惯，致使常常停电断电。为了春节几天能用上电灯，苏木或各嘎查自备柴油发电机，尽量保证居民照明用电。到 20 世纪 80 年代中期，有些家庭购买黑白电视机。直到 20 世纪 90 年代初，当地农村牧区用电环境得到了彻底改善，每个嘎查、小组配备了配电变压器，由高压线路输送电，使得居民用电得到了基本保障。2004 年新建、投运海阿线（海斯改——

①　《科尔沁左翼后旗志》编纂委员会编：《科尔沁左翼后旗志》，内蒙古人民出版社 1992 年版，第 322—323 页。

②　《科尔沁左翼后旗志》编纂委员会编：《科尔沁左翼后旗志》，内蒙古人民出版社 1992 年版，第 322—323 页。

阿古拉)①，建阿古拉变电所，提高了电能的利用率，根本上解决了群众全部生活用电问题。

第四节 交通与通信

一 交通条件及交通工具的变化

阿古拉地处科左后旗腹地，属典型的纯农牧经济区，既不是区域政治文化中心，也没有可开发资源，在科左后旗交通线路布局上没有形成显著的优势。因此，新中国成立之初，阿古拉地区公路交通建设严重滞后。直到1964年才修筑海斯改至阿古拉31千米公路，属泥结路面，雨季通车率极低。虽然早在1972年开通甘旗卡——阿古拉季节性客运线路，但到20世纪90年代中期仍是季节性通客运班车。② 期间，阿古拉地区农牧民外出办事只能驱车到30千米开外的海斯改（当时为海斯改苏木）或吉日嘎朗，搭甘旗卡——金宝屯线（1956年兴建，1988年铺沥青路面，属3级公路）的班车（通常为金宝屯——甘旗卡，吉日嘎朗——甘旗卡两趟班车）。阿古拉境内各嘎查、小组之间的道路均为自然路，起伏不平，多沙土，春季易翻浆。20世纪90年代末，阿古拉实现四季通客车。进入21世纪后，阿古拉地区公路交通迅速发展，在加强阿古拉至海斯改、阿古拉至巴胡塔等通往外地的公路建设同时，强化了阿古拉镇境内嘎查与嘎查、艾勒与艾勒、艾勒街面以及田间小路的修建、硬化工作，先后铺通阿古拉至海斯改（简称阿——海线，与金宝屯——朝鲁吐的省道S305衔接）、阿古拉至巴胡塔（简称阿——巴线，与辽宁丹东——内蒙古霍林郭勒市的304国道衔接；2013年新鲁高速G2511在阿——巴线离阿古拉21千米处设阿古拉出口）的沥青路面，2006年在镇所在地阿古拉嘎查建阿古拉

---

① 科尔沁左翼后旗志编纂委员会编：《科尔沁左翼后旗志（1989—2007年）》，内蒙古文化出版社2008年版，第322页。

② 《科尔沁左翼后旗志》编纂委员会编：《科尔沁左翼后旗志》，内蒙古人民出版社1992年版，第337—340页。

客运站一处。① 截至 2014 年，阿古拉不仅通过阿——海、阿——巴两条主线路与外界连通，境内多数嘎查之间的水泥路相继通车，基本实现了乡间水泥路全覆盖。

交通工具的发展是与道路交通的发展相辅相成的。新中国成立之初，马是当地农牧民群众最主要的交通工具。拥有一匹快马或走马，配上制作工艺精美的鞍辔则是当地农牧民财富与身份的标志。直到 20 世纪 70 年代末 80 年代初，公社书记、主任、嘎查书记等领导干部都配有工作专马。因为耐干旱、善走沙路、能载重负，骆驼深受当地人的喜爱，成为沙窝地群众主要交通和运输工具之一。直到 20 世纪 60 年代中后期，阿古拉地区仍用骆驼送国家粮食，运土特产品和各种重要物资。在人民公社时期，各个生产队都有集体车队，从原先的木轮车到胶轮车，以牛、马作为主要动力，广泛适用于农业生产及农牧民生活物资的运输过程中。正如《中共阿古拉人们公社第一届第二次党员大会社员代表大会总结》（1959 年 9月）所述，"现已 19 台胶轮车解决着我们运输中的很大部分"。

进入 20 世纪 80 年代，农村牧区交通条件得以改观。农牧民生活水平也逐渐提高，自家置办小型胶轮车、中型胶轮车甚至大型胶轮车。小型胶轮车成为当时农牧民赶集上镇、走亲访友的主要运输工具。当时，胶轮车多以马、牛、驴作为畜力。到了 20 世纪 80 年代末期，中型胶轮车基本普及，马作为主要畜力，担负生产生活物资运输任务。同时，自行车开始普及。当时，几乎每家每户都有一辆永久牌或飞鸽牌 28 式自行车，特别是上班族，自行车成了其标配交通工具。而一些富裕家庭开始购置摩托车，工商户则购置解放车、六轮车等载重汽车。

三轮手扶拖拉机、三轮拖拉机开始出现并逐步替代马车，则要推迟到20 世纪 90 年代初期。同时，摩托车开始走进百姓家，特别是一些年轻人开始追逐性能较强的中大型摩托车。在整个 20 世纪 90 年代，自行车、摩托车、三轮车（手扶拖拉机、拖拉机）、马车长期并存，也有人骑马出行。而到 20 世纪 90 年代末，有些家庭开始购置家用汽车，在满足自家需求的同时，承揽居民紧急用车生意。

---

① 科尔沁左翼后旗志编纂委员会编：《科尔沁左翼后旗志（1989—2007 年）》，内蒙古文化出版社 2008 年版，第 302 页。

图 3-11　20 世纪 90 年代盛行的北京 2020 吉普车
课题组 2014 年 11 月摄于阿古拉镇吉力吐嘎查。

　　进入 21 世纪后，两轮、三轮摩托车基本普及，轻便化、节能化、生产生活多用途性趋势明显。同时，随着公路交通的发展，阿古拉通往甘旗卡镇、科尔沁区等邻近城镇的班车从原先的一日一趟增加至一日两到三趟，群众出行条件得到了极大的改善。特别是近几年，很多普通家庭购置了小汽车，甚至皮卡或城市越野车。于是，从两轮摩托车到四轮汽车，机动车已经完全代替畜力交通（骑乘或坐车）和自行车，成为当地群众日常交通出行的普遍选择。而骑马、坐牛车、赶马车等已成为一种休闲娱乐的旅游项目。

二　通信方式及通信工具的变化

　　据旗志记载，至 1930 年科左后旗的邮件均由昌图邮便局（支局）转递，1934 年吉尔嘎朗一姓陈的商人开办邮政代办所，办理邮件。1940 年在吉尔嘎朗设立博王府邮便局，办理邮票、包件、汇兑、邮政保险等业务，邮件由郑家屯邮局经转。吉尔嘎朗街内设专职投递员，乡间不通邮，信件靠民间捎传。

　　新中国成立后，科左后旗的邮政业务逐日增加，邮路随之扩大。1950年 10 月设甘旗卡邮电所，翌年吉尔嘎朗邮件改由甘旗卡经转，全程 120千米，4 天往返一次，先马车后改马班。1952 年 1 月又改由双辽经转，四日骆驼班，开邮一年后从 1953 年元月起重改由甘旗卡经转，四日畜力车班。4月开辟吉尔嘎朗——大官营子（今常胜镇）、吉尔嘎朗——巴雅斯古楞、吉尔嘎朗——浩坦、金宝屯——布敦哈拉根、伊胡塔——阿古拉五条农村投递邮路。1956年执行投递员定点、定班、定邮路"三定"制度，全旗设100名农村投递员。乡邮员投递到区间村屯，与农村投递员衔接，实现了村村通邮①，开启了阿古拉地区通邮历史。

改革开放初期，当地邮递员主要利用畜力（骑马）或畜力小胶轮车实现通邮。后来，邮递员骑乘自行车送投函件、包件，老百姓则到阿古拉邮政所寄出函件或包件。进入20世纪90年代，电报电话通信得到了长足的发展，邮政业务却逐年萧条，发展较为缓慢。阿古拉于1945年通电话，但电话设备很快均遭毁坏。1956年架设吉尔嘎朗至阿古拉电话线路，1958年架设阿古拉至乌兰敖道电话线，基本实现社社通电话。② 然而在阿古拉地区电话真正民用化则要推迟到20世纪90年代初。当时阿古拉部分嘎查本部和阿古拉镇所在地住户开始安装民用电话。当地群众有急事通电话时，可到当地邮电局、嘎查本部或已安装电话的左邻右舍。到20世纪90年代末，很多嘎查农牧民也开始安装民用电话，电话逐步替代函件成为当地群众与外界联系的主要通信工具。特别是进入21世纪后，不仅有线电话快速普及，一些偏远的嘎查开始使用无线电话，基本实现了农村牧区全面通电话。

表 3-1　　　　　　科左后旗电话发展情况统计（1949—2007年）

年份	农村电话（户）	市内电话（户）	年份	农村电话（户）	市内电话（户）
1949	2	22	1990	384	905
1958	244	83	1995	1568	2803
1966	356	176	1999	7085	8523
1976	424	238	2000	10238	8660
1980	434	380	2003	25045	10800
1984	437	613	2005	29417	8763
1988	434	782	2007	23900	6900

资料来源：巴根那、希林布和：《科尔沁左翼后旗志》，内蒙古人民出版社1992年版；阎舍楞、希林布和：《科尔沁左翼后旗志（1989—2007年）》，内蒙古文化出版社2008年版。

① 《科尔沁左翼后旗志》编纂委员会编：《科尔沁左翼后旗志》，内蒙古人民出版社1992年版，第352页。

② 《科尔沁左翼后旗志》编纂委员会编：《科尔沁左翼后旗志》，内蒙古人民出版社1992年版，第357页。

20 世纪 90 年代末，阿古拉工商户开始使用"大哥大"手机，迎来了阿古拉移动通信时代。但昂贵的移动设备及不菲的通信费用使很多用户望而却步，直到 2004—2006 年移动通信才被广泛使用，并快速普及。到 2014 年时，当地成年人几乎人人有一部移动通信手机。互联网自 2003 年在科左后旗兴起①，起初其用户多分布在中心城镇，以及机关单位。到 2010 年左右宽带业务才走入普通百姓家庭。然而，随着 4G 技术的推广，在农牧民层面上，便携式手机和移动网络比台式电脑和宽带网络更加便捷。近年来，为了获得更丰富且优质信息资源服务，很多农牧户实现了宽带网络和无线网络同时并用。

第五节　风俗习惯及节日文化

阿古拉地区农牧民经历了数百年的民族杂居和农牧生产，形成了独具地方特点的生活习俗礼仪，包括传统节假日、婚丧、祭祀和日常禁忌礼仪等。在诸多生活习俗中既保留了本民族传统习俗礼仪文化，也接纳了其他民族的习俗文化。

一　传统节日文化的变化

（一）春节

阿古拉地区农牧民称农历正月为查干萨日。早期，当地农牧民群众多按农历记载日期和传统节日，正月初一为新的一年的开始。而蒙古族历来以白色为纯洁、吉祥的象征，称一年的第一个月为查干萨日。

正月初一是一年中最为重要的一天。当地群众贪黑起床，一家之主带着全家人到庭院中心，向四方跪拜称"拜天"，然后放鞭炮，迎接"归凡的神灵"。老人们说初一早晨起得越早越好，放鞭炮越响亮越好，这样"归凡的神灵"则易于找到归凡的路，保佑一家人新的一年平安吉祥。回屋后，晚辈向长辈席地跪拜，接受长辈们的新年祝词祝福。早期当地农牧

---

① 科尔沁左翼后旗志编纂委员会编：《科尔沁左翼后旗志（1989—2007 年）》，内蒙古文化出版社 2008 年版，第 320 页。

户多供奉佛像，通常向长辈跪拜之前，向佛像叩头膜拜，祈求平安。但到改革开放初期，已很少有人供奉佛像。跪拜长辈时必须穿戴帽子，跪拜佛像（或逝者）等则不能穿戴帽子。拜完长辈，全家人共进早餐——新年的饺子。饺子是新年伊始的象征性食物。当地农牧民一般在初一早晨5—6点吃饺子。当然，现如今也有家庭凌晨十二点吃饺子。吃饺子之前，需要把新年的饺子祭敬天地。包饺子时馅里会分别藏硬币、白线和棉花等。如果谁吃上了，昭示着他（她）会发财、长寿，或他（她）是一个心地善良的人。有的家庭还炒菜，摆酒席。用完早餐，户主按照皇历上的指示，向吉利的方向出行百步，并向那个方向叩拜，祈求新的一年平平安安，当地称之为木日嘎日戛纳。之后，天还没亮，家中青年男子身穿新装，带着礼物，到亲戚朋友家拜年。拜年时，一般按辈数高低、亲戚远近、岁数大小的顺序挨家挨户拜年。对长辈、岁数大的老人，多行跪拜礼，长者按跪拜者年龄、性别、职业等诵祝词，祝福跪拜者新年吉祥、安康、如意。拜年活动一般持续到正月底。成家的儿子及儿媳、孩子，通常在正月初一上午回家拜年；而出嫁的姑娘及姑爷、孩子，则正月初二回娘家拜年。同时，当地群众讲究"七不出八不进"，即不能初七出门，初八回家，认为不吉利。

正月十六日为哈日乌德日。相传正月十六必须得起大早，要给姐夫、嫂子"抹黑脸"，否则他家的庄稼今年会长乌米①（当地一直认为是一种农作物病害，农作物结乌米比例较低）。正月二十五为填仓日，或称天仓日，即上苍开仓日。每家每户都在院内或乌图日模内用草木灰撒圆圈，其中放上五谷杂粮，心中祈求新的一年上苍赐予百姓五谷丰登、粮食满仓。有些家庭正月初八晚上会朝四面八方跪拜，称"拜天"或"拜星"，祈求新的一年风调雨顺。

在物资匮乏时期，过春节是一个皆大欢喜的节日，是当地男女老少盼望已久的节日。期间，人们能穿上新衣服，能吃上各种美食，如初二吃馅饼、初五吃饺子，等等，而且小孩子能够得到很多压岁礼物，如糖、果子、

---

① 乌米又称高粱黑粉，是一种生长在作物顶部的真菌，颜色多为黑色，可食用，味道鲜美，营养价值较高，一般生于高粱、玉米、黍子上。美国已将乌米列入食用菌之列，墨西哥也将其视为美食佳品，而我国对其开发利用尚属空白。引自百度百科，https://baike.baidu.com/item/%E4%B9%8C%E7%B1%B3/603871? fr=aladdin。

花生，甚至有时还有五分、一角的压岁钱。当地有些嘎查（村）乌兰牧骑在嘎查（村）部还会举办春节期间的特别演出、旗苏木放映队安排几场露天电影等。这种欢乐的气氛一直能延续到农历二月初二。春节期间，当地农牧民有不说不吉利话、不做针线活儿（除了大年初二，很多家庭主妇正月初二动针线活儿，缝上一条烟袋或荷包）、不理发（认为春节期间理发，娘家人会变贫穷）、不吃药（特别是初一）、不打骂孩子等诸多禁忌，每个人脸上挂满笑容，每个人咏诵祝福的词语。到农历二月初二龙抬头，当地群众多烘煮猪头，并吃讲究的饭食，表示正月结束，开始一年的农牧生产。

　　然而，随着经济社会的不断发展，当地群众物质生活得到了极大改善，人们对春节的盼望程度逐年下降。同时，当地农牧民群众过春节的一些传统风俗习惯逐年发生着一些细微的变化。比如，初一早晨更多的人不再在黎明前起床，而是新年与除夕夜连接，看完春节晚会，放鞭炮，吃上新年的饺子。正月初一早晨，同样跪拜家中长辈，同样木日嘎日戛纳。但远亲朋友之间的拜年活动越发稀少。即使是近亲好友之间的拜访，由于人们生活节奏的加快及交通出行的便利化，也越发简化，过去分初一、初二拜年的礼节，现在初一一天就能拜完。而且对传统习俗的遵循出现两极分化，即老年人对叩拜佛像、拜天、拜星等仍深信不疑，但年轻人，特别是青少年对此却全然不知，春节对他们生活的冲击越来越小。相反，年轻人更容易接受新的社会风气，如电话、短信、微信拜年及对春节期间娱乐项目的追逐和亲朋好友的聚会等。在饮食习惯、穿着讲究上，有老年人的家庭仍然遵循特定日期的特殊饮食习俗，年轻人家庭则追求简便、合口；老年人讲究穿着节俭，而年轻人追求质地高档款式新颖。总之，时至今日，当地农牧民群众仍然保留着过春节的传统核心内容，如跪拜长辈、聆听祝词、走亲访友、增进亲情，但就其形式而言，趋向多元化、分散化。

　　（二）清明节

　　阿古拉地区农牧民群众十分重视清明节。清明当日给祖坟上坟添土，烧祭品上供（当地称图勒希）。早期，当地群众（只有男子参加）在清明当天从四面八方赶车、骑马聚集到祖坟，集体上坟添土。上坟添土时忌讳从坟上方位取土，通常从坟墓下方位取土，有甚者从远处用车搬土。上坟添土时新土至少全部覆盖旧土，并把鼠、兔等打的洞口全部封住，否则认为会出现族内有人骨折或更严重的疾病甚至死亡事件。上坟添土完，向祖坟烧各家带来的祭品上供。祭品通常包括炒米、黄油、茶叶、大枣、炷香、布块、酒、肉食、菜品、果子等。上坟添土、烧完图勒希，有些家族会在祖坟周围集体栽树，祈求家族人丁兴旺，平平安安。之后，所有人共同吃喝剩下的图勒希食品。然后自由到附近打猎、挖野菜等。清明节当地群众多吃荞面饸饹。

时至今日，这些清明节的习俗依然保持至今。清明节那天很多外出的子女尽量赶回老家，给祖坟添土、烧纸拜祖。当然，也有些家庭因信仰、疾病或其他原因，对已故亲人没有进行土葬，清明节那天则去五台山等佛教圣地，或附近寺庙，或人烟稀少的地方烧香、供祭品，表达对已故亲人的哀思和缅怀。

（三）端午节

端午节登高望远是当地农牧民古有的习俗。端午节清晨，人们黎明前起床，默默走到井口注视井水，并用水桶打井水，喝凉水，用凉水洗眼睛。在整个过程中，忌说话，且要求从井里打出来的水不能着地。当天，通常会去野外拔来艾蒿插在门窗、屋檐上，有甚者用艾蒿堵耳朵、堵鼻孔。当地人认为，端午清晨的凉水会治百病，注视清澈的井水，去驱赶各种眼睛疾病等；把艾蒿插在门窗、屋檐上，或塞耳朵里，能防治蚊虫入室或钻进耳鼻。

阿古拉地区农牧民在端午节早餐通常吃奶油拌炒米，或牛犊汤，并吃煮鸡蛋。随后，不管男女老少爬附近沙丘、双合尔山。通常还会去附近淖尔、水泡游泳戏水。当地群众认为，端午节之后湖水才能变成活水，端午节下水会驱除人们身上的一切污垢与病魔，保佑身心健康。

改革开放后，爬双合尔山登高望远的人越来越多，甚至从邻近苏木乡镇来双合尔山登山望远者不在少数，使传承多年的端午节登山望远、湖水沐浴习俗推广到更宽的区域、更多的人群，慢慢变成一个群众自发性的民间欢聚活动。后来组织开展端午节那达慕，还举办民歌演唱、说唱乌力格尔、好来宝、民族舞蹈等文艺节目，使这一民间聚会活动推向新的节日模式。从1993年开始，当地政府和科左后旗相关部门精心策划，有组织、有计划地开展这项活动，每到端午节都会组织以民歌演唱为核心内容的，兼那达慕、集市、文艺节目为一体的规模较大、内容丰富、形式多样的大型群众娱乐性聚会活动，并将其正式命名为"双合尔楚古兰"，使端午节古老的节日文化活动走向规范化、成熟化的民族文化盛会。截至2015年，"双格尔楚古兰"自 1993 年已举办 23 届,成为当地群众不可或缺的文化大餐。

（四）小年

每年腊月廿三日,为小年。当地农牧民群众普遍祭火神,故又称祭火神之日。相传,腊月廿三日晚上,主宰人间烟火的火神要回天堂述职,但火神有好说闲话之怪癖。因此,人们小年当天要进行大扫除,保持室内外干净整洁,并进行祭火仪式。腊月廿三日清早,全家人早起,将室内室外擦扫干净,拂去一年的灰尘。在扫除室内灰尘、刷白室内墙壁时,一般从西北角往东南角方向进行。大扫除完毕后,煮一锅红枣黄米粥（又称为阿木斯）,准备供奉火神。晚上,星星挂满天空,人们开始祭火仪式。庭院中央搭高架放置火盆（或将小型火盆放置于墙头、窗台等高处）,将提前准备好的白酒、黄油、炷香、红枣等祭品放入旺火中,将香气飘满全院。同时,把煮好的黄米粥进奉,并把黄米粥粘在灶火门上,表示将火神的嘴巴给粘上,以免上天说百姓闲话。祭火仪式结束,意味着火神已上天。从腊月廿三日至正月初一前的七天火神上天,被上天流放在人间的众恶魔妖魔无人看管,到了晚间这些恶魔妖孽们随处活动。因此,家中长者告知家人每日太阳落山之后,不再到户外活动,不能大声喧嚷,也不让小孩大声喊叫或哭闹,怕碰见恶魔或招来妖孽。同时,当地群众开始准备过年,劈柴火、剁馅、解冻肉、发黍子面、切酸菜,购置糖果、烟酒、鞭炮等年货。孩子们则开始一天一天数日子,盼着过年。

进入 21 世纪之后,这些习俗依然保留。当然,曾有一段时间,祭火习俗有所淡漠,但随着近几年地方政府及社会对民俗文化的重视和保护,当地群众有意恢复和重视祭火仪式。而其他一些附带的生活习俗,如大扫除、劈柴火、剁馅、解冻肉、发黍子面等已大大简化,甚至有些工作都不用提前准备。

（五）除夕

除夕,大年三十（当地称之为毕屯,汉译为完整之日）,当地农牧民有太阳升起前起床的习惯。主人凌晨三四点起床,烧香供佛,并生火、点灯,用提前劈好的柴火大锅煮上手把肉。捞起肉之后,在煮肉的汤中放入提前准备好的酸菜,用文火慢炖。炖好的菜储存在缸或大锅中,以备招待拜年走亲的客人。有家庭早晨进餐前挂年画、贴春联,有的家庭则下午才挂年画、贴春联。早餐以手把肉为主,有炒菜、米饭、炒米、奶食品等。

进餐之前，习惯放鞭炮。吃完早餐有些老者用扑克牌，预测来年往哪个方向出行最吉利，哪个月份最顺利等。早餐后收拾干净室内室外，将所有的垃圾扔掉，因为当地群众讲究正月初一不能扔垃圾，否则将一年的运气都扔掉。同时在门窗、粮仓、畜圈、车拴上都贴上对联，收拾佛台佛龛，重新供奉祭品。

当地农牧民群众有大年三十烧纸祭祖习俗。一般家庭从早晨开始准备祭品。在早晨进餐前，事前提取少量的手把肉、炖菜、烧菜、米饭、茶点等（当地称德吉），并分茶点、正餐两种，放置于专用托盘中。用提前准备好的初一饺子馅包些小饺子，或馅饼。午后，家中男子带着祭品到空旷处或祖坟前，烧纸祭祖，并放鞭炮，意为故人与家人同享过年喜气。烧纸祭祖时，通常画圆圈，并向朝祖坟方向开口，将祭品放置圆圈中烧奉。同时在盘中留些茶点和正餐，向圆圈外分撒，意味着将祭品分享给那些没有子女、后人的亲属故人。

晚餐后，一家老小或亲戚朋友聚在一起，聊天、玩耍、吃零食，回味一年辛苦下来的收获与喜悦。早期当地农牧民主要玩扑克牌、骨牌（当地称吉仁牌）、水浒牌、蒙古象棋（有多种类型）、象棋、跳棋、沙嘎（羊髀石）等，且玩法多样，适合人群也不同。进入 21 世纪后，麻将牌则慢慢进入阿古拉。夜里，聚会的人们渐渐散去，每家每户都忙着完成大年三十最后的一项工作——包正月初一早晨吃的饺子。当地群众视饺子为闭合式食品，必须在除夕夜包完，表示收获满满的，完整的过完一年，迎接崭新的一年，体现岁月轮回。阿古拉农牧民也有除夕之夜不闭灯的习俗，认为大年三十晚上上天述职的各路神灵要回到人间，灯火通明会使他们找到回人间的路。如果谁家关了灯，神灵会错过他家，不能保佑其新的一年平安繁盛。大年三十晚上，讲究洗头、泡脚，认为这样洗去身上的所有疾病，保佑新年会健康。

随着人们生活水平的不断提高和家庭人口结构的变化，人们对过年的盼望大大降低。然而，当地农牧民至今依然保留大年三十的传统风俗习惯。有些风俗习惯可能变得简单，有些内容发生一些变化，比如大年三十清晨人们不用黎明前就起床，也不用大锅煮肉，而是正常起居，用小锅炖上几块肉即可。随着电视机的普及，人们居家观看春节晚会节目的更多，互相串门、玩耍者则减少，但其核心风俗习惯仍延续至今。

（六）其他

除上述传统节日外，当地农牧民也重视其他一些节日，但其对生产生活的影响程度和人们的重视程度不及前者，其中包括中秋节、千灯节、二月二龙抬头、腊七腊八等。

中秋节正逢当地秋收农忙季节，人们无暇顾及，只是简单庆祝。一般中秋节当天想方设法买些月饼，给家里每人分上1—2块月饼，并吃些讲究的饭菜。月饼代表圆圆满满，而每个家庭成员都有份，表达了全家团聚、圆满的意愿。

千灯节为农历十月25日，原为藏传佛教格鲁派创始人宗喀巴的圆寂日。历史上，当地农牧民和佛教信徒们请喇嘛念经，给寺庙施舍，并且用荞面捏成许多佛灯，象征着一千盏佛灯，里面注油点燃，祈求子孙平安长寿、全家安康。新中国成立后，做灯点燃者逐渐变少，即使点灯也不过一二盏。而当日清晨孩童到邻居家、亲戚家索取奶豆腐、奶皮等。进入21世纪后，过千灯节者逐渐减少。

当然，时至今日，随着改革开放的深入及人们生活水平的提高，人们对节日文化越来越重视，节日不仅仅是庆贺收获、改善生活、祈求美好的日子，更是传播文化、交流感情、放松心情、获得信息的平台。因此，一些传统节日已成为亲戚朋友之间联络感情、增进情谊、交流信息的重要日程，如除夕、春节、清明等；还有一些节日则从一个传统民间节日演变成集节日文化、商业活动、旅游交友、文化交流的桥梁，如端午节（"双合尔·楚古兰"）、祭火节等。同时，一些非本土传统节日、国家法定节假日等受到当地群众的青睐，如元旦、五一劳动节等，甚至一些节假日期间，部分群众通过聚会、旅游等多种方式庆祝节日，交流感情、放松心情、缓解压力、获取更多的信息。

二　婚嫁丧葬习俗的变化

（一）婚嫁

新中国成立后，当地旧式"父母之命、媒妁之言"的婚嫁制度逐渐被推翻，提倡男女自由恋爱，喜事新办。男女青年相爱之后也托媒征得双方父母的同意，即可到政府登记结婚，简化了婚礼上的繁文缛节。婚礼上新郎新娘向挂在墙上的毛主席像敬礼，然后向双方父母长辈行礼，新婚夫妇向来宾一一敬酒。当然，即使进入 21 世纪，在当地农牧民当中，仍有部分男女青年通过媒人介绍，互相认识，并走向婚姻殿堂。同时，改革开放后很多旧式婚嫁仪式又复盛行，在简化一些繁枝茂叶的同时，也加入了诸多新的内容。

订婚：当地又称为小酒礼、小宴。男女双方自由恋爱或通过媒人介绍交往一段时间后，托媒人向女方家求婚，征得同意后，女方父母长辈们要求准新郎及介绍人到女方家拜访，女方家对准新郎进行考量。一般情况下，如果新郎符合女方父母长辈的选女婿要求则举行订婚仪式，仪式多在女方家举行。届时由媒人同求婚人携带酒肉和哈达到女方家，女方家准备酒菜接待，并宴请长辈、亲朋好友。酒席开始时求婚人向女方的父母长辈献哈达、敬酒，酒席间女方父母提出索要彩礼的数量和种类，并征听结婚的大体时间，商定成亲时间。在 20 世纪 80 年代，缝纫机、手表、自行车被称为婚嫁三大件，是结婚彩礼首选。到 20 世纪 80 年代末，电视机被列入彩礼单中，之后又有组合衣柜、洗衣机、彩电，等等。具体婚期，多由男方请喇嘛择选吉日良辰，并征得女方同意。20 世纪 90 年代中期之前，当地婚庆多在冬季春节之前举行，很少有人在夏季三伏天举行婚礼，认为是不吉利的。此后，男女双方各自准备具体婚庆事宜。男方在婚庆之前将女方宴席上所用的酒、肉等礼品（当地称之为"术斯"，也有定亲酒宴时送术斯的习俗）送到女方家。"术斯"必须按女方要求送到，否则会被女方挑礼。女方则准备两位新人被褥等，准新娘则为新郎家人准备新鞋。

接新娘：一般结婚前一天，男方驱车，携带酒肉彩礼到女方家接亲。接亲队伍由三五等奇数人组成，其中有一名能歌善舞、能说会道的男青年为伴郎。新郎穿上新衣服，扎红腰带。接亲队伍到达后女方婚礼即可开宴。由新郎逐席敬酒。宴毕，黄昏时分，女方重新准备一桌菜肴，入席的有新郎、伴郎，新娘的弟弟或妹妹、嫂子等。入席前，女方拿出备好的新服装、佩戴及靴鞋袜，打扮新郎，并给新郎带上一对精心制作的丝质的、带飘带的烟袋（又称新郎换装）。早期，宴席上还有争沙嘎习俗，故俗称"沙嘎宴"。宴席期间及之后，女方家聚集很多同龄男女青年，争抢新郎或伴郎沙嘎或佩戴的烟袋等，要求新郎、伴郎递烟、敬酒、唱歌、请安、出洋相，嬉戏新郎至深夜为止。人群散去后，女方家人给新娘日常所用的

图 3-12　准新娘为新郎家人准备的鞋

图片由阿古拉镇白兴吐嘎查百灵提供。

物品装进箱包（多用红布打包，而且是 2 或 4 个包）。

　　婚礼：第二天清晨，女方组织亲友送亲，送亲团人数众多，但必须是奇数，与接亲队伍加在一起成偶数，意为祝新人成双成对、比翼双飞。新娘父亲不参加送亲。改革开放初期，多用马车送亲，到 20 世纪 80 年代末多用机动车送亲。进入 21 世纪后，家用小车增多，私家车送亲者较多。送亲启程时间由送亲路程远近决定，一般都要求必须在卯时之前赶到男方家。男方有迎亲人员，到嘎查（村）路口迎接送亲队伍。送亲车到男方家门口，送亲人员全体下车，唯新娘留在车上。早期有男方迎亲拦住女方送亲队伍抢帽子、互相辩论的做法，后改成新娘小舅子等抢新娘靴鞋的习惯。如果新娘的鞋被抢，新郎必须背着新娘下车。这时送亲人员或伴娘拿红包（早期多为烟、酒等，后变成装钱的红包）换新娘的靴鞋。

　　新娘进院内，香案已摆好，二位新人向篝火跪拜，并向四方天地及祖坟方向跪拜。有些家庭还有过火盆、过门槛、洗手等诸多礼节，有些则已简化。早期也有"认拜娘"的习俗（或男方母亲去世，在近亲长辈中认拜娘），等待"拜娘"为新娘梳妆打扮完毕后，两位新人向佛像叩拜，向父母、长辈跪拜。

当地有摆酒席之习俗。首先为送亲队伍及男方亲戚朋友摆酒席。酒席开始，送亲队伍中的长者、首席诺彦入座首席，新郎及伴郎依次向各桌敬酒。婚礼从上午辰时或巳时持续到未时。后改为送亲酒席与男方客人酒席同时进行，新郎新娘逐桌敬酒拜席，婚礼时间有所缩短。酒席散后，女方客人返程，只有新娘的母亲或长辈（已婚女性）留在新娘家，陪住三天。到了晚间，还有闹洞房、吃长生面等习俗。

直到 20 世纪末，当地农牧民都在家里准备婚礼酒席。酒席所用的各种菜品原料一般都到甘旗卡或通辽市进货，桌椅锅盆碗筷等则从邻居或亲戚家借用，由同嘎查或临近嘎查厨艺相当的人掌勺，他人帮忙切菜备肉等。20 世纪 90 年代初，阿古拉镇供销社向农牧户提供租赁碗筷服务，除对损坏进行赔偿外，收取一定租金。当时，准备婚礼酒席是浩大的工程，几乎动用主家所有的社会关系，前前后后忙上十天半个月。摆酒席当天，很少有歌舞表演等，拥挤的屋内只有安排酒席座位、开席时间、维持秩序的管线儿（即代表操办婚礼的主人管理酒席的人），以及来回走动的传菜小伙子。而进入 21 世纪后，当地开始出现专业婚庆团队，他们可向主家提供酒席所需锅盆碗筷、厨师、主司等，主家按厨师提议准备菜品、烟酒等；不久，婚庆团队可提供户外帐篷、桌椅等，也可以提供除烟酒以外的酒席全套菜肴。随着人们生活水平的提高，这种包办婚礼酒席模式快速被当地百姓所接受，同时促生了婚庆团队的分化，即准备酒席团队和司仪团队。酒席团队专门提供帐篷、桌椅、碗筷、锅盆、菜肴等，而司仪团队专门提供婚礼主持、歌舞表演等。同时，阿古拉镇一些大型饭庄也开始接婚庆事宜，婚礼酒席几乎完全进入商业化操作时代。

探望女儿：婚后第三天，新娘早起，开始清扫房屋，掏灰扔垃圾，开始打理家务活，表示新娘已成新家的主妇。这一天，娘家父母及至亲，以肉食、黏豆包作为礼品，探望女儿。男方则摆酒席招待亲家亲属。陪住的母亲或长辈则跟着回望人群一同返程。有些地方还有婚后第 7 天探望女儿的习惯。两回探望分别称三天探望和七天探望。

除此之外，还有"借姑娘"等习俗，以便表达娘家人对嫁出去姑娘的想念之情，也给姑娘教诲"出嫁当媳妇"的种种规矩，希望女儿在婆家不被歧视。

进入20世纪90年代，阿古拉地区农牧民传统婚礼仪式逐步简化，虽然订婚、接亲、婚礼、探望女儿等一些主要程序仍保留，但其内容开始简化，人们为准备婚礼花费的时间和精力大幅降低。男女双方自由选择结婚时间、结婚方式的空间更大，很多新人为免去双方家庭准备婚礼的诸多琐事，选择旅行结婚。而进入21世纪后，传统婚嫁风俗更加淡化，新式婚嫁习惯逐渐被农牧民群众所接受，如男女双方一起承办婚礼；婚礼琐事交给婚庆团队或饭店办理；接亲、送亲、婚礼一天完成；简化订婚等，省去了为准备婚礼而花费的大量时间和精力。然而，现代的婚礼，在一些地方和一些家庭中却走向另一种极端趋势——婚嫁成本的非理性提高。单从女方提出的彩礼单看，在改革开放初期，缝纫机、自行车、手表三大件，准备十几桌饭菜以及送术斯的酒肉，几乎涵盖了婚礼的所有成本；而如今，要砖瓦结构新房、小汽车、三金（金项链、金耳环、金手镯）一钻（砖石戒指），并要上几万至十几万元的礼金，有甚者还要求在城里买房子。如果说为婚礼准备酒席是理所当然的开支，酒席成本增加是经济社会发展的结果，但彩礼成本本身对很多家庭造成了经济上的巨大压力，甚至一些家庭为子女结婚而债台高筑。

（二）丧葬

当地农牧民普遍实行土葬，唯有患疾病或意外伤亡及妇女难产死亡者实行火葬。人过世以白布遮盖脸，烧香拜佛，置放祭品。其亲属接到报丧后，不分昼夜前往祭奠。死者丧服由黑白新布缝制，不带扣，用带系，脚穿鞋底刺绣荷花的布鞋。棺材分为立式和卧式两种，一般喇嘛等出家人用立式，俗人用卧式。直到20世纪80年代，当地农牧民购买木材，自制棺材，后来才慢慢购买现成的棺材。制作棺材过程中几乎不用铁质钉子，连棺材盖都用木钉固定。入殓后，请与死者缘分好的老者守灵，严防猫狗之类进入屋内。

出殡时，先将窗户打开，用秫秸或芦苇制成门框形，支在开窗内，以示死人、活人不走一个门，为亡者专开一扇门，将棺材抬出去。出殡时，不能头部先出，而是脚先出。送葬用人抬，由长子执着用藏文或蒙文书写有六个字箴言的白幡，在灵柩前引路。送葬人不宜过多。下葬后，将粘白幡的树枝埋在坟墓上方，若树枝栽活，视为对子女后人好。送葬人员下葬完毕后（或第三天），要回到本家参加答谢宴，尤其是逝者为高龄老人，必须去参加答谢宴，当地人认为谁参加了答谢宴意味着分享了去世者的福禄。

家人去世后第三天，死者家属回到死者坟上添土，且每七天一次，直到七七四十九天，都要烧纸、供祭品。根据死者生前遗言有树葬、海葬、天葬、火葬等各种葬俗。后来，随着人们思想意识的改变，以及1985年《国务院关于殡葬管理的暂行规定》（后改为《国务院殡葬管理条例》）的实施，遗体火化后土葬、树葬、海葬等丧葬方式普遍被接受。

三　祭祀文化

阿古拉地区农牧民除了上述祭天、祭火（上文已涉及，在此不再赘述）外，有祭尚喜、祭敖包等习俗。

祭尚喜，是一种自然物崇拜的表现。当地农牧民群众视嘎查（村）附近生长的老龄树为龙王神所栖身之处，称其为尚喜树（一般为柳树或榆树），对其有特殊的崇拜。当地有保护尚喜树的不成文规定，即不允许小孩子爬尚喜树、不管大人小孩子不能折断尚喜树枝干、更不能动其根系、不能摘其果实、不能掏尚喜树上的鸟窝等，并在其枝干上系上五彩绸布条和经幡等。除对尚喜树定期进行祭祀外，每逢连续干旱、庄稼遭灾、牲畜疫病等无法抗拒的自然灾害时都会举行祭祀仪式。

改革开放初期，祭尚喜树一般由嘎查集体承担举行，后改为民间自发式祭祀活动。参与祭祀的农牧户分担祭祀开支。当地祭尚喜树通常用整羊、整牛祭祀，并当场宰割。尚喜树祭祀由嘎查内有威望的老者主持，安排祭祀活动。请喇嘛念诵祭祀词。念诵完毕，参加祭祀的所有人默念祭祀祈求绕尚喜树三圈。后人们围坐在一处，饮酒、分吃供祭的羊（牛）肉和肉粥。参与祭祀的每个人都有份，也给没到场的人送去一份。祭尚喜树通常不允许女性参与。

祭敖包则是蒙古族传统祭祀文化之一。新中国成立之前，阿古拉敖格力皋、白音宝吐、仓恩巴达等嘎查都有敖包，定期举行敖包祭祀活动。据仓恩巴达嘎查伊德尔阿日斯楞老人回忆，土地革命之前该嘎查有敖包，敖包周围有七棵大榆树。"文化大革命"期间，当地祭敖包被禁止，就连周围的七棵榆树都被砍掉，当作土井圆木了。新中国成立后，阿古拉地区敖包少见，部分农牧民将双合尔山视为敖包，每到端午节有自行祭祀者，但未形成群众性祭祀活动。直到近几年，随着民族传统文化的宣传和重视，当地才恢复部分敖包，嘎查或农牧民自觉组织祭敖包，甚至恢复祭水等活动，并举行小型那达慕。

四　日常礼仪与禁忌

（一）日常礼仪

阿古拉地区农牧民十分重视日常生活中的礼仪风俗，形成诸多不成文的约定和习俗。当地农牧民多以"西""北"为尊。农牧民群众多把佛龛、祖像等供奉在房间的西侧或西北角；房间及座席以右为尊，长者住西间、北炕。

在人物称呼上，对长者不以你我相称，不呼其名，以辈分、亲属关系用尊称或敬称。长者先行、先上马、先进门、先入座、先动筷，向长者倒茶、斟酒、献"德吉"。向长辈敬酒时，多以左手指掌托酒杯，右手承托左手，俯首屈膝打千。客人退桌之前，不得撤走碗筷碟盘。路遇长者都会请安，骑马者会下马，骑车、驾车要停车，以示尊敬。长辈讲话不得打断。

早期，当地农牧民相见多行屈膝打千问安礼，直到 20 世纪 90 年代初，并用"阿穆尔赛诺""赛音白努"等词问安，用"阿穆尔""赛音白纳"等词回礼。后来，年轻人对长者多行鞠躬礼，同辈人则多行握手礼，并问安。到别人家做客，到院门前下马，进屋前要整理衣襟，打弹灰尘，进屋时不提马鞭子或其他棍棒之类。进屋后不坐西炕。迎接来客，要走出门外迎接，并开门右手放胸前，俯首微鞠伸左手示意请客人先进屋。送客到门外，并示欢迎其再次做客的邀请。

阿古拉地区农牧民用十二地支纪年。因此，每逢 13、25、37、49、61、73、85 岁……都要过本命年。一般都从 61 岁才开始举行祝寿仪式，设宴款待来祝贺的亲戚朋友。岁数越高，其设宴的规格越高。改革开放后，特别是20世纪90年代之后，过寿举行小型那达慕者增多，那达慕项目从室内棋牌比赛到室外赛马、搏克均有涉及。近年来，这种形式越发增多，根据各家生活条件，举行规格各不相同。过去，祝寿宴请多在正月举行，而进入21世纪后多在腊月举行。61岁以下基本没有过寿之说。

（二）日常禁忌

阿古拉地区农牧民在日常生活中也有很多禁忌，约束人们对物、对人、对大自然的行为规范。同时鄙视偷盗、说谎者，更不能容忍多取少还、缺斤少两等不讲信誉之人。

当地农牧民视水为纯洁的神灵，是生命之源。忌讳在水源及周围净身，不许向湖水、水泡中投入垃圾或不洁的东西。正房以北的三个方向（西北、北、东北）禁忌挖井，一般都在正房东南方向挖井。忌讳在枯井或废井上方盖房、搭棚圈。忌讳玩火，禁忌向火中放入脏布、头发、垃圾等，不得火上浇水。禁忌火灰和垃圾倒在一处。

迎接客人时，不得手提火灰筒、垃圾袋、空水桶、盆等，更不能向客人泼水或扔垃圾。忌出行中迎面遇到挑空水桶的人。忌提马鞭、马棒、棍棒、宝鲁或缰绳等入室。入户前必须喊"请拴住狗，请拴住狗！"等，给屋内人传递信息。即使没养狗的家，也不能悄悄进去。到访进出家门，不许踩蹬门槛，认为踩蹬门槛等于踩踏了主人的脖颈。进屋后要正坐，不能扫视他人家什。

当地农牧民忌讳除父母、长辈外，别人随意抚摸头部，认为头部是人之最尊贵的部位。不能直呼长者姓名，须以尊称称呼。忌老人面前叉腰、背手和说大话。帽子要高挂，不得玩别人的帽子，更不能跨过、坐站帽子上。忌用手指指他人、太阳、月亮和彩虹。忌同一盆水中洗头洗脚。不能踩别人的脚印走路。傍晚不能剪指甲，不能照镜子。不能横着躺在炕上。不许吃饭期间，来回晃动、动脚动腿，不许闲聊。给人盛饭时忌舀三次或左手递碗。

忌讳清晨哼曲，认为这是一种不吉利的信号。忌奶食与葱、蒜、咸菜、酱同吃。忌讳他人手上直接接食盐。忌用筷子敲打碗盘子、打猫狗。不能数未蒸的饺子、馒头、黏豆包等。不能将葱蒜皮放入火中。不能用叠放的碗里吃饭，或戴两个帽子。将剪刀、刀具等应以把手处递给别人。忌看蛇入洞，忌看蛇蜕皮。忌擀面杖、扫帚、梳子等滴沾生人血液。不得骑乘空马鞍玩。

忌在梁柁下方睡觉。忌用寺庙之木料建造民房。忌打狗，在主人面前打骂其狗，视为对主人的大不敬。

探视病人不得贸然进入，忌下午或晚间看望病人。忌谈论他人的缺陷。妇女分娩后，家门做一定标记，以示家有产妇，忌讳男士探望产妇。禁忌妇女跨过火苗、绳子、扁担等。妇女忌抬胳膊打哈欠。

子日不能出栏牲畜，不能把钱财借给别人。出售牲畜时将牲畜绒毛剪下来留作纪念。子日出栏则会使圈舍空荡，留下体毛则会五畜繁盛。腊月二十三或清明节禁忌到磨坊加工米面，等等。

第六节　宗教信仰与其他

一　宗教信仰的变化

喇嘛教（藏传佛教）对阿古拉地区蒙古族群众的影响颇深。如上文所述，自1680年始建科左后旗第一座寺庙双福寺，直至新中国成立前夕（1940年建双福寺最后一座庙宇——固丁庙），在近300年的时间内，作为藏传佛教格鲁派寺院之一，双福寺成为当地群众宗教信仰的重要阵地。据当地老人回忆，直至新中国成立前，当地老百姓几乎家家都供佛烧香，富者日烧三香，每逢农历初一、十五日点佛灯，每逢正月邀请喇嘛念经祭佛。贫者起码也要在年节向佛像烧香膜拜。在日常生产生活中，无论养畜、耕地、盖房子、动土、看坟茔，还是外出打猎、出远门，都要请有威望的喇嘛指教，农牧民婚嫁、丧葬、年老庆寿、患病也都离不开喇嘛念经为之消灾祈福。在阿古拉特格希巴雅尔嘎查、赛音呼都嘎嘎查、乌日图塔拉嘎查等都有过规模不等的喇嘛教寺庙群。

土地改革运动中，地主、牧主阶级被推翻，当地群众开始接受无神论教育和信教自由宣传。同时，内蒙古地区通过推行"政教分离、信仰自由"政策，对庙仓经济进行社会主义改造，使喇嘛大量还俗，走向自食其力的道路。1947年，阿古拉双福寺的喇嘛有353名，耕地504垧，牲畜654头（只）。土地改革中，绝大部分喇嘛还俗，寺庙财产归当地农会统一分配给包括喇嘛在内的农牧民。庙内大量铜制佛像和经卷逐渐散失，寺庙建筑等多因年久失修自然倒塌，并于 1976 年 5 月寺庙建筑被拆毁，到 1988 年尚有两处残损的庙房，当作公用。①

改革开放后，特别是近 10 年，随着人们生活水平的逐步提高，阿古拉地区农牧民群众去五台山、北京雍和宫等拜佛烧香者逐渐增多。有些群众则在自家屋壁上自发悬挂佛像，以示敬仰，有甚者烧香膜拜。同时，出于文化发展、旅游开发等目的，自 2013 年起，阿古拉镇启动双福寺重建工程。虽然，重建的双福寺在宗教影响或寺庙群落上远不及原来的寺庙，但必将成为当地及周边地区重要的宗教活动场所和信仰寄托点。

除佛教之外，萨满教是当地群众信奉的一种原始宗教，即使喇嘛教盛行的清朝、中华民国时期，人们既拜佛请喇嘛，同时又信奉萨满教。众所周知，萨满教是蒙古族的原始宗教，但在 16 世纪藏传佛教广泛传入蒙古地区以后，蒙古族古老的萨满教文化逐渐退出了历史舞台②，然而在阿古拉仍有部分群众或部分场合保留着这一传统宗教。比如，在祭天、祭尚喜等场合请萨满主祭；治病祛邪时请萨满施法。新中国成立后，人民政府依法停止其活动，没收其法器，已无人信仰。③ 改革开放以后，萨满信仰有所恢复，在祭天、祭尚喜、驱邪治病等场合仍有请萨满者。

二　民间艺术文化的传承

由于阿古拉地区民间艺术事业蓬勃发展，于 1997 年被内蒙古自治区文化厅命名为"蒙古族叙事民歌艺术之乡"，2008 年被国家文化部命名为"中国民间艺术之乡"（蒙古族叙事民歌之乡），充分体现当地农牧民对民间艺术文化的完好保留与积极传承。

（一）叙事民歌

科尔沁叙事民歌，是蒙古族民歌中的重要组成部分，在当地农牧民文

---

① 《科尔沁左翼后旗志》编纂委员会编：《科尔沁左翼后旗志》，内蒙古人民出版社 1993 年版，第 897 页。

② 巴·苏和：《论蒙古族科尔沁文化》，《黑龙江民族丛刊》2005 年第 6 期。

③ 《科尔沁左翼后旗志》编纂委员会编：《科尔沁左翼后旗志》，内蒙古人民出版社 1993 年版，第 890 页。

化生活中占有极其重要的地位。据史籍载，科尔沁叙事民歌始见于元代，曾在草原上兴隆一时，后逐渐衰落，几乎绝迹。直至清末民初，这一古老的文化瑰宝在科尔沁草原上再现繁荣，迅速呈现出千姿百态、丰富多彩的景象。其内容丰富、数量浩繁、旋律优美、语言精辟，既有完整的故事情节，又有鲜明的人物形象，具有人物众多、段落短小、节奏明快、贴近生活、便于传唱等特点，深受各族人民的喜爱。[①]

在阿古拉农牧民中，从《嘎达梅林》《陶克陶胡呼》《扎那巴拉吉尼玛》到《努恩吉雅》《云良》，从《栋霍尔大喇嘛》《宝音贺喜格大喇嘛》到《高小姐》《韩秀英》，几乎所有类型的叙事民歌都广泛流行，表达出阿古拉地区农牧民歌颂英雄、赞美故乡、怀念故土，以及揭露社会不公、厌恶旧时的情感世界，反映人民崇尚自由、向往爱情的美好意愿。其中属《达那巴拉金香》最为流行，其缘故不仅是因为民歌中动人的爱情故事，更因为民歌中的主人公出生于阿古拉。对此前文已述，在此不再赘述。而如今，《达那巴拉金香》不再仅仅是一首叙事民歌，更是阿古拉地区一张独特的名片，达那巴拉故乡、达那巴拉组合、达那巴拉艺术团……正在讲述阿古拉农牧民生产生活中发生的美丽故事。

专栏 3-1　民歌"达那巴拉"[②]

(二) 乌力格尔与好来宝

乌力格尔，蒙古说书。科尔沁地区多是用四胡伴奏的说唱形式，称"胡仁乌力格尔"，说唱乌力格尔的艺人称为胡尔齐。而好来宝是一种联韵式即兴自由诗。唱词一般为四句一节，各句间第一节谐韵，也有兼押腹韵和尾韵的。各段之间也可以叉换韵，也有几十句唱词一韵到底的。[③]早期乌力格尔多说唱《唐五传》《三国演义》《格斯尔可汗传》等历史小说，新中国成立后在说唱历史小说的同时，还说唱《林海雪原》《草原英雄小姐妹》《钢铁是怎样炼成》等许多新时期的长篇小说。乌力格尔中的

---

① 乌力吉编著：《博王旗史话》，科左后旗政协文史资料专辑，2012 年 6 月。

② 通辽市文学艺术研究所：《科尔沁叙事民歌（1—6 卷）》，内蒙古人民出版社 2012 年版，第 229—230 页。

③ 乌力吉编著：《博王旗史话》，科左后旗政协文史资料专辑，2012 年 6 月。

很多唱词被民歌和好来宝吸收，很多说唱乌力格尔的胡尔齐，多精通民歌和好来宝。相比乌力格尔，好来宝形式多样，可单口说唱，也可以两人或多人合唱，而且其音乐变化多样，节奏轻快活泼。当地民间艺人先后创作《丰收》《我们公社的变化》《赛马》《雄鹰》《中国马王赞》《计划生育好》等当地家喻户晓的好来宝，而民间艺人即兴发挥的好来宝数不胜数，为当地群众的业余生活带来丰富多彩的精神大餐。

三　民族教育的发展变化

阿古拉地区农牧民十分重视子女教育问题。新中国成立之前，达官贵族子女才能念私塾，普通百姓子女只有少数孩子到嘎查屯教学点认字。1949 年阿古拉完小成立，当时只有两三名老师、二三十名学生。当时教学条件简陋，不仅没有教室，甚至连笔墨都缺乏，师生借宿双福寺，拿树枝当粉笔使用。1958 年建一所农业职业中学，1968 年改为阿古拉中学。1965 年时，阿古拉完小在校生达到近 200 名，到 1978 年时全公社有 1 所高等中学、22 所小学（其中 20 所学校招初中班）。到 1980 年阿古拉中学不再招收高中班，成为一所初级中学。

进入 21 世纪，阿古拉民族教育飞速发展，学校办学条件日益改善，教学管理、办学质量空前提高。2001—2011 年连续 10 年在全旗教学工作

图 3-13　奋发向上的阿古拉中心学校全景

课题组于 2014 年 11 月拍摄。

评估中名列首位（详见专栏 3-2）。截至 2014 年，阿古拉有 1 所中心校、5 个教学点、2 所幼儿园。其中阿古拉中心学校有 140 名教职工，有 1306 名在校生，有一座约 3790 平方米的教学楼，宿舍、食堂、活动室、运动场地、网络教室一应俱全的纯蒙授学校。

图 3-14　阿古拉镇中心幼儿园

课题组于 2014 年 11 月拍摄。

专栏3-2　奋发向上的阿古拉镇中心学校[①]

科左后旗阿古拉镇中心学校始建于1959年，1995年由阿古拉苏木中学和阿古拉苏木中心校合并而成为一所纯蒙古语授课的九年一贯制民族学校。学校占地面积73.6万平方米，建筑面积5516平方米。现有教学初中班11个、小学班25个。现有教职工140名，其中专职教师76名。教职工中具有高级职称人员14名，中级职称人员78名。国家级课程成果奖获得者2名，自治区级优秀教师2名，自治区级教学能手1名，市级优秀教师2名，市旗两级教学能手16名，旗级骨干教师16名。专职教师中旗市区级优秀班主任有18名。学校领导班子团结向上，具有改革和创新精神，截至2014年已把学校建设成为"自治区级义务教育示范学校"和"市级学校管理先进单位"。

学校具有良好的育人环境和校园文化氛围，多年来努力践行"团结文明、求实创新"的校风和"勤奋好学、文明礼貌、发挥特长、全面发展"的学风。在校园内实施硬化、美化、净化、人文化工程，为师生创造了良好的工作和学习环境，为学生的健康成长和全面发展创造了良好的物质环境和精神文明环境。学校以现代教育观为指导，以课堂教学改革为突破口，以培养学生创新精神和实践能力为目标，积极开展第二课堂活动，注重培养学生的特长，扎实工作，教学质量不断提高。

近几年来，学校注重学生全面发展，培养学生各方面的能力。该校学生在参加各类学科竞赛中，荣获国家级奖的有2名，获区级奖的有4名，获市级奖的有40名。尤其值得一提的是，在2008年通辽市学校管理评比中顺利达标，成为全旗民族学校中率先达标的学校。在2008—2010年，全旗中小学生"双合尔杯"竞赛和"人寿保险杯"竞赛中都取得了团体第一名。在2011年小学六年级会考中总成绩居全旗第二名，全旗中小学生乒乓球比赛中获初中部团体第一名、小学部团体第二名。在2012年2月，学校被旗教育局和旗政府评为"安全管理先进学校""教育教学实绩

---

① 《奋发向上的科左后旗阿古拉镇中心学校》，见《辉煌65年明星礼赞——教育篇》，内蒙古文化出版社，2012年12月。

突出学校""综合管理先进学校";4月参加旗"三语演讲"比赛,萨如拉、雪丽和洁琼获奖项;5月份,参加旗篮排球比赛,获男子组一等奖、女子组二等奖,搏克比赛中获一等奖。

学校领导班子精诚团结,奋发向上,管理有方,教职工被"校兴我荣、校衰我耻"的集体荣辱观所引领,识大体、顾大局,努力为学校的发展和教育教学质量的提升做出自己应有的贡献。因此,学校成为全旗实施素质教育的实验校。2008—2012年连续两年学校都被旗教育局督导室评为全旗综合督导评估先进学校。

四　民族医药的发展变化

新中国成立前,当地农牧民问药看病多靠喇嘛。新中国成立后组建阿古拉卫生院,并开办阿古拉卫生学校,共招收三届,培养出16名学生。他们或在医疗机构从事医药工作,或在民间当赤脚医生,为阿古拉地区民族医药事业做出了应有的贡献。1965—1983年,阿古拉卫生院断断续续也培养过一些学生,其中少数人成了当地乡村医生,大部分返乡从事着农牧业生产。此后再没有招收过卫生学员。

目前,除阿古拉中心卫生所外,阿古拉镇所在地有几所药房,可满足当地群众看病抓药的基本需求。若遇到重症疾病,一般到旗医院(甘旗卡镇)或通辽市医院、内蒙古民族大学附属医院,乃至沈阳等地就诊。除此之外,科尔沁蒙古族传统整骨闻名天下。阿古拉镇达林嘎查整骨大夫尼玛是其中一位。

第四章　新中国成立以来阿古拉地区生态环境的变迁

在我可爱的家乡，
有个美丽的双合尔山；
要说过去的传说，
极其生动又难忘。

玉皇大帝的纳沁双合尔（海清鸟），
飞落在那双合尔山顶；
将人杰地灵的好风水，
赐予了科尔沁大草原。

神鹰抬尾的地方，
翻腾茫茫沙浪；
神鹰展翅的地带，
屹立两座岩峰。

神鹰飞落的地方，
耸立高高的双合尔；
依依惜别的眼泪，
变成两湖碧波荡漾。

　　一首《双合尔山传说》之歌，既生动地叙述了关于双合尔山形成的民间传说，又全面地描绘了阿古拉地形地貌及自然景观。鸟瞰阿古拉自然生态，一座山包、两座岩峰、延绵不断的沙丘和丘间甸子，以及星罗棋布的淖尔、水泡，形成了其主体。而沙丘上的灌木、甸子草地及防护林成为其主要植被类型。

新中国成立后，阿古拉地区虽遭"文化大革命"的 10 年浩劫，以及人类不合理的开发利用，使当地自然生态环境一度严重恶化，但通过各级政府及当地群众的共同努力，今天的阿古拉生态宜人、环境优美。阿古拉镇、阿古拉嘎查先后被国家住房城乡建设部、文化部、国家旅游局等部委列入"第三批全国特色景观旅游名镇名村"（2015 年）、"第三批中国传统村落名录的村落名单"（2014 年）。同时，2014 年以阿古拉镇西马琳楚达、牧场、东马琳楚达、都喜营子、敖包营子、宝格图、胡吉拉、白兴图为核心区的双合尔湿地正式晋升为自治区级自然保护区，为阿古拉生态环境保护和建设开启了新的历程。

第一节　水资源

阿古拉地处科尔沁沙地东端，属于中温带大陆性气候。境内无地表河流。境内地表水多以小型湖泊水系的方式存在，不与外界的江河水系等连接，是在低洼处及草甸子地通过地表径流或地下水位相对较高形成的，属于死水；在浅层地下水水文地质分区上处于松辽平原水文地质区，属于松散岩类孔隙水。[①] 水域面积约 1439.85 公顷，其中自然湖泊面积为 1213.67 公顷，其余均为坑塘水面。面积较大的湖泊有巴彦查干淖尔、王巴哈嘎、乌兰吐来乌苏、哈日额日格哈嘎、都希哈嘎、花德热水泡子等，多为小型湖泊。其中，巴彦查干淖尔为最大，位于阿古拉镇阿古拉嘎查境内，双合尔山西南，双合尔湿地保护区内，水域面积约达 3000 亩，是多种候鸟的栖息地。此外有许多季节性或常年性无名小水泡，如胡西意得、阿仁艾勒乌苏等。由于无径流河流，降水和蒸发量是影响阿古拉地区湖泊、水泡子面积的最主要的自然因素，而开垦、放牧等人类活动对湖泊、水泡子的影响则具有滞后性。[②] 阿古拉地下水储量较丰沛，一般在地下

---

① 《内蒙古自治区经济地图集（17）》，《内蒙古自治区浅层地下水水文地质图》，内蒙古自治区水文地质队提供，1983 年。

② 贾恪：《科尔沁沙地沙丘—草甸相间地区湖泊的演变规律及其驱动力分析》，内蒙古农业大学，2014 年 6 月。

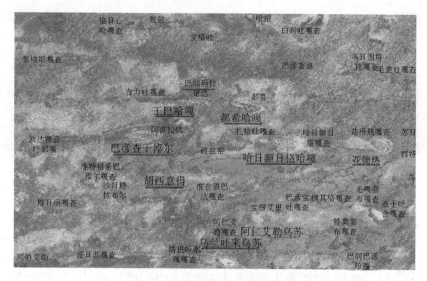

图 4-1　阿古拉地区地表水卫星图

图片摘自天地图卫星图，并加以标注。

3—10 米处可见水①。

　　据 1959—2013 年间科左后旗降水、气温的变化分析，过去 55 年间科左后旗夏季降水量有明显的减少变化趋势，而年平均温度有明显的上升变化趋势②，对境内地表湖泊、水泡子产生一定的影响。据 1973 年《阿古拉公社总结经验、吸取教训大办牧业多做贡献》所述，"几年来连续干旱，过去四十几个大泡子现在仅有七个，这七个泡子随着自然的变化水位逐年下降，有名的阿古拉西泡子（指巴彦查干淖尔）水位下降了近二米，'都西'泡子干得每年产碱几百万斤"。有学者通过阿古拉境内白彦查干湖和王巴哈嘎湖的研究，认为近 30 年来境内湖泊、水泡子面积整体上呈现萎缩趋势，其中 20 世纪 90 年代中期水面面积达到最大值，2007 年达到最小值，之后又有微弱扩张。③ 这与当地群众经验判断和直观反映基本吻合。

　　① 丛岳君、刘云清等：《初探科尔沁左翼后旗土地利用方式转变》，《内蒙古科技与经济》2011 年第 4 期。

　　② 严华、尤莉等：《1959—2013 年科左后旗降水量变化特征分析》，《内蒙古气象》2014 年第 4 期。

　　③ 贾恪、刘延玺等：《科尔沁沙地王八哈嘎湖泊的演变与水文气象因子关联度分析》，《中国农村水利水电》2014 年第 12 期。

图 4-2   从双合尔山俯瞰巴彦查干淖尔

图片由阿古拉镇干部文明提供。

表 4-1   阿古拉镇王巴哈嘎湖面积变化强度指数

时间 (年)	湖泊面积/平方千米				湖泊动态度		
	1989 年	1995 年	2000 年	2009 年	1989—1995	2002—1995	2009—2002
面积 （平方米）	2.2131	2.5299	1.3149	1.7415	2.38	-6.86	4.63

资料来源：贾恪、刘廷玺等：《科尔沁沙地王八哈嘎湖泊的演变与水文气象因子关联度分析》（2014）。

通过走访获悉，在 20 世纪 90 年代中期之前，当地大小湖泊、水泡子水量充足，湖面面积基本稳定。由于主要靠降雨量补给，夏秋季雨水多，湖泊面积开始扩张，低洼地小型水泡子增多；雨水较少，湖泊面积有所萎

图 4-3   曾经随处可见的水泡子，现在只有雨水充分的年份才出现

课题组 2014 年 8 月摄于阿古拉镇达林艾勒嘎查。

缩，水泡子数量减少。有些降雨量大的年份，连村中低洼地都灌满水，村中道路都很难走。但自20世纪90年代末开始，当地小型水泡子逐渐消退，有些年份村落及周围死水潭基本干枯，湖泊水面萎缩明显。除了气候变化外，当地群众认为，农业开发和人口增多与小型水泡子消失有直接的关系，很多村落街面，或周围的水泡子大多数是因人为因素消退的。相比村落及周围小型水泡子，远离村落的水泡子和湖泊受人类活动影响较小，如果夏季降水量充足，其水面能够扩张到往年平均程度。

表4-2　　　　　　　　　阿古拉地区较大湖泊不同时期面积变化量

湖泊名称	不同时段湖泊面积变化量（平方千米）						
	1986—1989	1989—1994	1994—2002	2002—2005	2005—2007	1986—2013	2007—2013
白音查干湖	0.2444	1.0314	1.5228	1.1676	1.0965	1.2254	1.0054
王巴哈嘎	0.6696	1.5463	1.5463	1.4326	1.5694	0.8847	0.8847

资料来源：贾恪：《科尔沁沙地沙丘——草甸相间地区湖泊的演变规律及其驱动力分析》（2014年）。

第二节　土地资源

阿古拉地处科尔沁沙地东端，境内除有少量坨间草地外，多属固定、半固定风沙土。据2012年统计年鉴，阿古拉镇总土地面积为91375.61公顷。其中，耕地面积11713.30公顷，占土地总面积的（下同）12.82%；林地面积15386.79公顷，占16.84%；草地面积49940.54公顷，占54.65%；居民及工矿用地1361.69公顷，占1.49%；交通用地672.44公顷，占0.74%；水域和水利设施用地1439.85公顷，占1.58%；盐碱地和沙地10861.00公顷，占11.89%。

表4-3　　　　　　　　　　阿古拉镇土地类型　　　　　　　　单位：公顷、%

土地类型	耕地	草地	林地	居民及工矿用地	总土地面积（合计）
土地面积（公顷）	11713.30	49940.54	15386.79	1361.69	91375.61
占比（%）	12.82	54.65	16.84	1.49	100%

续表

土地类型	交通用地	水域和水利设施用地	盐碱地和沙地
土地面积（公顷）	672.44	1439.85	10861.00
占比（%）	0.74	1.58	11.89

数据来源：《科左后旗统计年鉴》，2012 年。

阿古拉北部有相当部分的流动沙丘、半固定沙丘（见图 4-4）。坨间草地遍布全镇，由全新统湖沼堆积物组成，有的在环抱沙丘间形成低洼地平原。境内除双合尔山外，双合尔山东南 100 米之遥，有一座岩峰，海拔标高不足 100 米，与地面相对高度约 10 米；双合尔山西南 4 千米处有一处采石矿，多产柱状建筑石材。

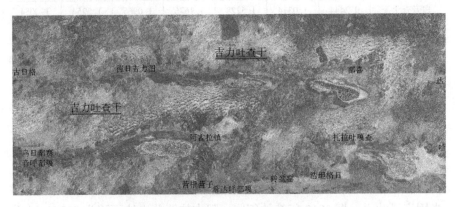

图 4-4　横穿阿古拉境内的吉力吐查干

图片摘自天地图卫星图，并加以标注。

以阿古拉嘎查为分界线，大体形成北部以流动、半固定沙丘为主的地貌结构，南部以沙坨地、平缓沙地为主的地貌结构。北部流动沙丘中以吉力吐查干为代表，东西向横穿阿古拉镇全境。宝格吐、合林索根、白兴吐等北部嘎查境内多有流动或半固定沙丘。沙丘间分布着东西向带状平原，如吉力图塔拉、玛拉楚达塔拉、都希塔拉等。

南部平缓沙地稍有起伏，高差一般不超过 1 米，部分半固定沙丘，高差相对大，但植被覆盖率较高，如红迪查干、道日苏宝特（宝特，蒙语，指灌木丛较多的固定或半固定沙丘地）。沙丘间分布着大小不等、形状各异的沙丘间洼地，呈现零星小块平原，当地多称为塔拉布尔，如吉拉吐塔拉布尔、宝高吐塔拉布尔、武汉塔拉布尔。南部零星分布着东西方向带状草地，主要在特格希巴雅尔—协日勒、扎拉吐—哈日额日格—花德热、阿仁艾勒—门德来—巴彦宝吐—桐希格、道日苏—乌兰图莱等嘎查境内。

　　新中国成立之前，当地农牧民一般在沙坨地和平缓沙地种植糜子、荞麦等晚田作物，流动和半固定沙丘多有灌木、草丛等植被，多为冬季草牧场。沙丘间洼地、带状平原多为夏季草牧场。新中国成立后，平缓沙地多开垦，甚至在20世纪80年代初期，大面积沙坨地被开垦，导致部分固定、半固定沙丘严重沙化。同时，随着养畜规模的逐年扩大，放牧距离放大、放牧强度加大，导致冬季草场、灌木丛利用率提高，沙地植被遭受破坏。在"文化大革命"期间，吉力吐巴拉尔等当地原生沙地植被遭到人为破坏，形成延绵数十千米的吉力吐查干。

　　进入20世纪90年代中期，当地政府及群众有意识保护和恢复生态环境，进行禁牧、退耕和植树造林等生态工程，使沙地植被快速恢复，流动、半固定沙丘沙化趋势得到基本遏制。截至2014年，阿古拉沙地植被总体情况好于20世纪90年代初期，基本找不到光秃沙包，曾经沙浪四起的吉力吐查干也已披上了绿色外套。

图4-5　数千米的吉力吐查干，现已基本见不到裸露的沙地

课题组2014年11月拍摄于双合尔山上。

　　相比沙丘地，丘间平原、低洼地草地受人类耕作和放牧活动的影响更大。一方面使夏季放牧强度加大，加之全球暖干化趋势加剧，丘间平原生态状况变差；另一方面进入20世纪90年代末期部分丘间平原被开垦，成为水田或旱作良田。而南部平缓沙地多以耕作方式利用，在年降水浮动不大的情况下产量相对稳定。晚秋、冬、春季，表层处在裸露状态。20世纪90年代中期之前，由于荞麦、糜子、黍子、谷子等杂粮种植面积较大，

图 4-6　2000 年左右退耕还林的达林艾勒万亩沙地

课题组 2014 年 11 月拍摄于阿古拉达林艾勒嘎查。

其根部细又浅，冬春季容易导致耕地表层土壤被大风刮跑，引起严重的风蚀现象。之后，一方面当地种植结构发生变化，玉米等高株作物根部粗又深，割收秸秆时留茬较高，一定程度上能够缓解地面风力，降低土地风蚀程度；另一方面当地不断加强田间防护林建设，起到减弱风力的作用，降低土地风蚀，较好地保护了平缓沙地土壤肥力。

第三节　植被条件

阿古拉境内植被以次生草木本植物群落为主，大体包括草甸、沙丘沙地和灌木禾草植被类等多种类型，植被区划上属于科左后旗天然植被区。灌木禾草植被包括黄榆、桑、梧桐、旱柳等乔木和锦鸡儿、山杏等零星灌木。其中黄榆（或称家榆）和柳树是当地最古老的树种。据相关研究，直到民国中晚期，阿古拉一带被大片的榆树林所覆盖，榆树最大者直径可达米余。[①] 今天，阿古拉街中有些榆树树龄已超过百年以上[②]，这些树木被认为是神树，受到当地农牧民保护，无人砍伐。而沙丘沙地植被包括沙蒿（差巴嘎蒿）、冷蒿、黄蒿、万年蒿等蒿属植物，这类草地虽标准等级低，但沙地植被返青早，冬季坨间洼地又防寒，是当地冬春季优良牧场；低湿地草甸牧草有 100 余种，以禾本科为主，掺杂豆科牧草，是主要的夏季牧场和打草场，而沼泽植被分布于常年积水和季节性积水的沼泽，周围有蒲、苇、浮萍和麻披草等。人工栽培的科尔沁杨、黄柳乔木构成田间及

---

① 张柏忠：《元代至民国时期科尔沁沙地的变迁》，《北方文物》1991 年第 1 期。

② 景爱：《科尔沁沙地考察》，《中国历史地理论丛》1990 年第 4 期。

村落防护林。

图 4-7　阿古拉街上古树以及阿古拉地区随处可见的杨树林

课题组 2014 年 8 月摄于阿古拉嘎查。

据统计，截至 2012 年，阿古拉镇林地面积约 15386.79 公顷，其中灌木林地 9297.66 公顷，占有林地面积的 60.43%；草地 49940.54 公顷，其中天然牧草地 48307.20 公顷，占草地面积的 96.73%。林地和草地加起来约占其总土地面积的 70% 之多。然而在过去的几十年中，这些森林和草地植被也遭受过人为破坏，使当地生态环境极度恶化。据科左后旗志记载，新中国成立初期，科左后旗自然残次生林 180 万亩，人工造林 3 万亩，到 1966 年时全旗有林面积达 245 万亩，森林覆盖率达到 14%。而"文化大革命" 10 年中，林木被砍伐盗伐，加之几次"割资本主义尾巴"，森林资源遭到严重破坏。至 1978 年，全旗有林面积仅存 105 万亩，森林覆盖率 5.1%，下降到历史最低点。期间，阿古拉很多自然自生林、巴拉尔遭破坏。据接受访谈的老人们回忆，新中国成立初期吉力吐查干阴面不像现在那样光秃，而是一片巴拉尔。当时，人根本进不去巴拉尔，有时牛、骆驼进去了都找不见。但"文化大革命" 10 年期间，灌木丛被大量砍伐，当柴火烧了，这样的事情，同样发生在阿古拉很多自生林带。

表 4-4　　阿古拉地区乔木灌木种类（部分）

中文名	当地民间名
科尔沁杨	[illegible]
阔叶青杨	[illegible]
家榆	[illegible]
旱柳	[illegible]
桑	[illegible]
黄柳	[illegible]
小红柳	[illegible]
柽柳	[illegible]
筐柳	[illegible]
垂柳	[illegible]
大果榆	[illegible]
沙柳	[illegible]
锦鸡儿（多种）	[illegible]
黄芪（多种）	[illegible]
柳叶鼠李	[illegible]
冷蒿	[illegible]
沙蒿	[illegible]
槐树	[illegible]
西伯利亚杏	[illegible]
大白刺	[illegible]
山楂	[illegible]

1978 年，科左后旗被列入为国家“三北”防护林体系重点县（旗）之一，1982 年开始贯彻以家庭经营为主的林业生产方针，开启了新一轮植树造林活动。当时阿古拉很多嘎查屯都开始以杨树为主要树种的农田防护林建设，并每家每户都注重庭院、村屯防护林建设，同时嘎查集体林场逐步承包给了农牧户。然而，集体所有的灌木、沙地草场的保护和建设没有及时跟进。很多锦鸡儿、红沙红柳、乌柳沙柳、沙蒿油蒿等灌木丛和沙地植被仍大量被采伐，满足烧柴需求①，同时一些不合

① 孙海鹏：《科尔沁左翼后旗生态破坏的原因及治理措施》，《内蒙古林业》1990 年第 6 期。

理、无秩序地开垦仍在持续发生。20 世纪 90 年代初之前，当地大量沙坨地被开垦，沙地植被被采伐，而且耕种分散、管理不善，不仅使农田收成不佳，也破坏了沙质土地原有微薄土层及原生植被，导致很多固定、半固定沙丘变成了流动沙丘。同时，沙地草地的无序开发迫使牲畜放牧区域进一步收缩至巴拉尔、冬季草场，致使当地放牧方式从以往的2—3 季划区放牧变为 1 季定牧。冬季草牧场的常年利用，导致植被退化，以禾本科和豆科为主的优质牧草从原生植被中消失，大面积沙生植物成为植物群落中的建群种和优势种。[1] 直到 20 世纪 90 年代中后期，沙丘逼近村落，不断恶化的沙地草场生态，唤醒人们对当地生态环境的关注、保护和建设意识。如今通过一系列的生态建设及生态治理工程，以及在当地群众生态环境自觉保护下，阿古拉地区生态条件、植被条件逐渐好转[2]，其过程与科左后旗植被覆盖度变化基本吻合（见图 4-8）。就总体生态环境状况而言，并非已达到一定安全程度，只是整体恶化趋势得以缓解，但系统本身仍较脆弱，任何一种不合理的人为因素或自然因素都可能导致该区域生态环境再度恶化。[3]

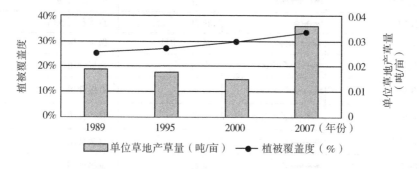

图 4-8　科左后旗近 20 年植被覆盖度与产量变化[4]

---

① 杨俊兰、吉木色：《科左后旗草原资源退化、沙化原因和对策》，《内蒙古草业》2003 年第 1 期。

② 李晶晶：《内蒙古通辽地区近 40 年来湖泊沉积孢粉特征及生态意义》，中国地质大学（北京），2009 年 5 月。

③ 平春：《科尔沁沙地典型区生态安全研究》，内蒙古师范大学，2007 年 6 月。

④ 万高娃：《科尔沁沙地生态环境脆弱性评价研究》，内蒙古师范大学，2011 年 6 月。

表 4-5　　　　　　　　　　　阿古拉食用野生植物列表（部分）

中文名	当地民间名	食用部位	食用方法
野韭		叶子、花	做菜或做韭菜花
山葱		根部、叶子	直接食用或蘸酱
野生木耳		叶子	做菜
苦苣菜		叶子	直接食用或蘸酱
乳苣		嫩叶	直接食用或蘸酱
苣荬菜		嫩叶	直接食用或蘸酱
哈拉盖		嫩叶	做汤或做汤
野生蘑菇		伞帽	做菜
西伯利亚杏		果肉、杏仁	直接食用、制作油
反枝苋		嫩茎叶	做菜或做汤
麻黄		果肉	直接食用
野大麻		果实	制作油
尖头叶藜		嫩茎叶	做菜或做汤
菱叶藜		嫩茎叶	做菜或做汤
灰绿藜		嫩茎叶	做菜或做汤
家榆		花瓣	直接食用或做汤
刺榆		嫩叶、幼果	做菜或做汤
地梢瓜		果实	直接食用
雀瓢		果实	直接食用
杠柳		果实	直接食用
山楂		果实	直接食用
欧李		果实	直接食用
鹅绒藤		果实	直接食用
龙葵		果实	直接食用
叉分蓼		根	直接食用
野葵		嫩叶	做菜或做汤
桑		果实	直接食用
太阳花		根部	直接食用
苘麻		果实	直接食用

续表

中文名	当地民间名	食用部位	食用方法
蒲公英	ᠪᠠᠬᠠ᠎᠎ᠴᠡᠴᠡᠭ	嫩叶、花	直接食用
沙蓬	ᠬᠠᠮᠬᠤᠤᠯ	嫩株、果实	做菜、炒食
独行菜	ᠬᠦᠷᠦᠨ᠎ᠡ ᠬᠤᠸᠠᠭ	嫩株	做汤
萎陵菜	ᠲᠠᠪᠤᠨ ᠬᠤᠷᠤᠭᠤ	嫩株嫩叶	做汤

第四节　气候变化与灾害

阿古拉地处中温带边缘地区，位于温带大陆性季风气候区，四季分明，春季回暖开，干旱多风沙；夏季炎热，因受季风影响，雨量集中，雨热同期；秋季短暂温凉，易秋吊；冬季漫长，寡照少雪。

年平均气温在5.3—5.9℃，年际间高低平均气温相差2.5—2.7℃，1月份气温最低，月平均为-14— -15.1℃；7月份气温最高，月平均为23.2—23.8℃。春秋季节变温较快，故当地人以"狠毒的婆婆脸"比喻春秋气候的多变性。根据相关研究，1959—2013年期间，科左后旗地区年平均气温呈现明显的上升趋势，其中1969年平均气温为最低，为4.5℃；2007年的平均气温为最高，为8.1℃。通过10年对比分析得知，20世纪60—70年代升高了0.1℃，20世纪70—80年代升高了0.4℃，80—90年代升高了0.6℃，20世纪90年代至2000年升高了0.3℃；2011—2013年年平均气温为6.5℃，比1955年平均气温高了0.1℃。其中冬季增温最为显著，平均升幅为每10年0.51℃，而春季、秋季增温依次，平均每10年升幅达0.29℃和0.07℃，夏季增幅相对较低，每10年为0.04℃。[①]

当地降水量相对较少。年平均降水在358—483毫米之间，年际降水变率为10%—15%，全年降水量主要集中在6—8月份，7月最多，1月最少，降水量集中，强度大，利用率和保证率低。据相关研究分析，1959—2013年期间科左后旗境内年降水量无明显的增减趋势，其中最多年降水量为649.9毫米，出现在2012年；最少年降水量为216.9毫米，出现在

---

① 严华等：《科左后旗55年气温变化特征分析》，《内蒙古农业科技》2014年第4期。

2002 年。季节降水量分布上，降水主要集中在夏季，55 年来夏季降水量
有明显的减少趋势，尤其 21 世纪前 10 年的降水量平均值明显低于 20 世
纪的后 40 年。春、秋、冬季降水量没有显著的增减变化趋势（详见表 4-
6）。[①]

表 4-6　　　　　　　　科左后旗 1959—2013 年不同季节降水量

时间（年）	春季降水 （毫米）	夏季降水 （毫米）	秋季降水 （毫米）	冬季降水 （毫米）	年降水 （毫米）
1959—1970	51.2	303.1	55.0	5.6	442.2
1971—1980	71.3	291.8	88.1	7.3	452.4
1981—1990	79.5	268.1	79.0	7.7	429.1
1991—2000	58.5	313.2	51.1	5.2	428.0
2001—2010	64.0	255.9	44.2	5.8	382.4
2011—2013	72.5	246.3	56.9	7.1	465.0
1959—2013	63.4	291.3	62.0	6.3	430.4

数据来源：严华等：《1959—2013 年科尔沁左翼后旗降水量变化特征分析（2014）》。

科左后旗地处大风沙暴地区，6 级以上大风年平均日数东部（金宝
屯）为 38.7 天，中部（吉日嘎朗）为 32.1 天，西部（甘旗卡）为 29.7
天。大风天气主要集中在春季 3—5 月份，为全年大风总日数的 61%—
65%。而科左后旗水汽较少，晴天多，阴雨天少，大气透光度好，太阳辐
射度大，光能资源丰富，年平均日照时数为 2836.12—2891.6 小时，日照
百分率为 64%—66%，其中 5 月份日照时数最多，12 月份最少。

因此，就阿古拉地区而言，其自然灾害以旱灾、风灾、水灾为最多，
其次是虫灾、雪灾、霜灾、地震，部分地带还发生条线雹灾。如，1977
年雪灾、1979 年大雨内涝、1985 年 6 月 8 级大风、1994 年 7 月特大暴雨、
1998 年 8 月洪涝灾害、2000 年大旱、2013 年 4 月地震，等等。

第五节　生态建设历程

独特的自然地理条件和特定的生产方式决定各地区不同的生态建设之

---

① 严华、尤莉等：《1959—2013 年科尔沁左翼后旗降水量变化特征分析》，《内蒙古气象》
2014 年第 4 期。

路。阿古拉地区除小部分坨间草地和低洼地外，均为以流动、半固定沙丘为主的沙坨地。已查到的档案资料显示，早在 20 世纪 50 年代，当地政府带领群众开展植树造林，有计划地封山育林。据 1960 年《阿古拉人民公社两年来工作总结》（1960 年 12 月）记载，"从 1958 年来阿古拉公社各级党组织一贯重视造林工作封山育林的发展，因而有很大的成绩。特别是 1958 年以来实现公社化后以跃进的形势，突击的办法大搞群众运动，发动群众，大搞造林，从而造林工作取得了全旗和全盟的红旗单位，全公社两年来植树造林面积 34565 亩，比 1958 年到 1959 年增加 95.4%，其中封山育林 8955 亩，固沙林 22575 亩，育苗林 216 亩，果树林 125 亩"。科左后旗旗志记载，"1958 年对旗内闻名的阿古拉公社 4500 亩'红迪查干'（明沙）采取封、造、种的措施进行封育，到 1962 年已部分恢复植被。到 20 世纪 70 年代，四周的杨柳防护林带形成强大的防风屏障"。①

图 4-9　万亩红迪查干现已披上绿衣

图片由阿古拉镇干部文明提供。

同时当地政府也注重草地生态保护工作。1964 年《关于一九六四年畜牧业生产计划的报告》提出，"按照具体情况，具体规划好草场，坚持保护冬春放牧地，做到边牧边培育，使之保护和利用相结合，防止过多放牧，草质减低以及沙化"。20 世纪 70 年代中期，在牧区学大寨乌审召运动中，当地大搞牧区草库伦建设，改变靠天养畜的传统方式，加强畜牧业发展基础。如《科左后旗阿古拉公社一九七七年畜牧业工作总结报告》中提到，

① 《科尔沁左翼后旗志》编纂委员会编：《科尔沁左翼后旗志》，内蒙古人民出版社 1993 年版，第 267 页。

"一年来，我们发扬大寨精神，为改变畜牧业的生产条件而大搞基本建设，这是改变靠天养畜的落后状况，稳定、优质、高产地发展畜牧业的物质基础，是一场改变旧的生产方式的深刻革命。草原建设共建草库伦 35 处，控制面积已达 62927 亩，大小畜平均每头占有基本草场 1.4 亩，达到中央关于在'五五'期间，为每头牲畜建设一亩基本草场的要求。……全社人工种草面积达 2897 亩"，并强调"种草不是畜草矛盾，而是解决好牲畜缺草矛盾。种草是发展牧区畜牧业的根本条件之一"①。

但不得不承认，"文化大革命"以及不合理的土地利用方式对当地生态环境带来的负面影响。据统计，到 1976 年阿古拉地区森林覆盖率从 1962 年的 11% 下降至 9.4%，部分草牧场被耕地挤占。正如在《阿古拉公社关于第七届人民代表大会上作的工作报告》中提到，"要彻底改变缺草现状……抓好草牧场的建设，严禁乱开甸子荒，乱改坨子。……在开垦过的地方，种草封闭更新；在退化的天然草场，主要补播更新，提高产草量；在水利条件好，土质肥沃的地方，作苗圃草籽的饲草基地，解决树苗、草籽、饲草饲料的自给问题"。

进入 20 世纪 80 年代，阿古拉虽然重视封山育林、种树造林和草牧场建设工作，但在农牧业发展、农牧民生活改善需求不断扩张情况下，当地生态建设的成效并不理想。进入 20 世纪 90 年代，阿古拉政府提出，要"实施近农远牧、南农北牧新的农牧林发展格局。具体地说：阿古拉嘎查以南要实行以农为主，林牧结合，多种经营、全面发展的生产经营模式。这几个嘎查要充分发挥农牧林结合的优势，理顺三者关系，利用发展的林业来保护农业，利用农作物的秸秆大力发展农业牧业。也就是要形成农牧林的立体种植模式的小区域性农牧业。……阿古拉嘎查以北要实行以牧为主，农林结合，多种经营，全面发展的方针。要大力提高这几个地区农牧民的商品意识和商品观念。这几个嘎查要结合防灾基地和草库伦建设，搞好园田温饱工程，重点抓好草牧场围建，饲料加工和青贮饲料的生产"②。在林业建设上提出"要采取治沙与治穷相结合，以治穷为主；生态效益和经济利益相结合，以经济效益为主；长远利益和眼前利益相结合，以眼

---

① 《管委会会议记录》，1982 年 5 月 15 日，科左后旗档案馆。

② 《阿古拉苏木一九九一年工作计划》，1991 年 1 月 10 日，科左后旗档案馆。

前利益为主"[1]。于是，在新的发展格局下，当地农、牧、林业生产得到了长足的发展，同时其生态环境也遭受最为严峻的挑战。阿古拉嘎查以南嘎查农业开发加重，阿古拉嘎查以北则大小畜一并发展，小畜数量快速增长，农牧民通过采伐成年树木获取经济收入。结果，短短的几年时间，阿古拉地区沙地生态严重退化，当地森林覆盖率降到历史新低，为3.4%[2]。

面对很多半固定沙丘变成流动沙丘，坨间草地严重退化的沙进人退情景，当地政府及群众迅速反应，当机立断采取了一系列生态环境治理措施。在农业生产方面，通过土地二轮承包工作，进行耕地集中整治，加强基本农田和园田建设，退耕和整治沙坨地轮耕、休耕。自1996年加强农田水利建设，用坨间甸子耕地置换沙坨耕地，实现远牧近耕格局。通过"五配套"农田建设和中低产农田改造，使全苏木园田面积大幅提高，粮豆产量实现翻番。同时调整农作物结构，扩大玉米及经济作物的种植面积，压减晚田耕作，防治耕地风蚀沙化。

表 4-7　　　　　　　　　阿古拉地区野生牧草种类（部分）

中文名	当地民间名
针茅（多种）	
羊草	
寸草苔	
莎草（多种）	
赖草	
白草	
隐子草（多种）	
狗尾草（多种）	
虎尾草	
Qia 草	
芨芨草	
冰草（多种）	
三芒草	
拂子茅	

---

[1]　《阿古拉苏木一九九一年工作计划》，1991年1月10日，科左后旗档案馆。

[2]　中共阿古拉苏木党委、苏木政府关于《实施生态环境建设战略的决议》，1999年，科左后旗档案馆。

续表

中文名	当地民间名
芦苇	
星星草	
长芒草	
山葱	
天门冬	
细叶韭	
马莲	
西叶鸢尾	
香蒲（多种）	
节节草	
草麻黄	
委陵菜（多种）	
马齿苋	
甘草	
苦参	
草木樨（多种）	
马唐（多种）	
早熟禾	
苍耳	
反枝苋	
藜（多种）	
沙蓬	

在畜牧业生产方面，对养畜结构进行调整，适当调整养畜规模。1996年阿古拉地区养畜规模达到历史最高水平，1997年科左后旗普遍实行限制养山羊规模政策，阿古拉地区一方面大量减畜，提高牲畜商品率，另一方面对畜群结构进行调整，增加草原红牛、绵羊、猪等牲畜，压缩马、山羊等牲畜，将吉力吐等8个嘎查列入重点发展草原红牛重点嘎查村、将门得来嘎查列为养猪重点嘎查。[①] 到1998年原阿古拉苏木牲畜规模由1996年的45145头只下降至37317头只，山羊几乎全部处理。

在林业生态建设方面，当地政府采取以治沙为重点，建立树林苗圃，

---

① 《中共阿古拉苏木党委关于第十二届代表大会工作报告》，1998年12月24日，科左后旗档案馆。

建设农田防护林网，种植集中连片树木，提高林业经济社会效益为主的林业发展措施。实行谁承包谁受益，荒山荒沙 30—50 年无偿承包政策，各嘎查各单位建立 50 亩以上林苗基地，甚至从 1996 年起，实施一口人一年种植一棵树等一系列政策。在旗政府及林业局帮助下，1996 年围封达林嘎查万亩沙地，当年造林 2000 亩，成活率达 90% 以上；1997 年建立阿林嘎查 36 户农牧民万亩封沙造林试点；1997 年全苏木封沙造林万亩，成活率达 90% 以上沙地；1998 年围封 38200 亩沙地，对 13500 亩沙地进行专人看管，进行四季禁牧；等等。①

由此，阿古拉开启了沙地治理、植树造林、恢复环境的生态建设历程。1999 年，阿古拉苏木作出 "有关实施生态环境建设战略的决议"，明确提出今后 5 年将对 15 万亩沙地进行封育，使森林覆盖率达到 16% 的任务。同时，提出了签订无偿承包合同、减免税费等一系列优惠政策鼓励个人、嘎查集体和社会团体进行封沙育林，以及对封沙育林、植树造林的具体要求和资金保障等。决议还提出 25° 以上坡耕地必须退耕还林、封沙育林区禁止放牧、各嘎查安排 1—3 名护林员、惩罚乱伐盗伐行为、奖励突出贡献的集体和个人等规定。2003 年阿古拉镇政府又出台《保护树林、庄稼及草牧场的规定》，进一步强调全镇范围内强化保护树林、庄稼和草牧场生态环境的规定。

进入 21 世纪后，随着国家和自治区不断加强草原生态保护与建设工作，除原有 "三北防护林" 建设等生态建设工程外，退耕（牧）还林还草、京津风沙源治理等重大工程相继启动，上述村规民约逐步从地方决议转变为国家政策，融入更大范畴的生态环境保护实践中。特别是 2003 年内蒙古正式启动退牧还草工程后②，当地逐步实行退牧还草、划区轮牧、春季阶段性禁牧等政策措施。随着阶段性禁牧、草原生态保护补助奖励机制等自治区、国家生态建设和环境保护政策措施——落实，当地生态建设和环境保护工作完全融入了自治区、国家总体布局之中。

位于阿古拉境内的科左后旗双合尔湿地于 2014 年经内蒙古自治区人

---

① 《中共阿古拉镇党委关于第十二届代表大会工作报告》，1998 年 12 月 24 日，科左后旗档案馆；《阿古拉苏木关于第十三届人民代表大会第一次会议工作报告》，1999 年 3 月 9 日，科左后旗档案馆。

② 《内蒙古自治区退牧还草试点工程管理办法（试行）》。

民政府批准晋升为自治区级自然保护区。① 科左后旗双合尔湿地自然保护区是以保护湿地生态系统和珍稀水禽为主要对象的内陆湿地生态系统类型的自然保护区。双合尔湿地自然保护区位于科左后旗东北部，阿古拉镇境内，始建于 2001 年，总面积 28760 公顷，其中核心区面积 9646 公顷，占保护区总面积的 33.54%；缓冲区面积 4758 公顷，占保护区总面积的 16.54%；实验区面积 14356 公顷，占保护区总面积的 49.92%。该湿地自然保护区是典型的淡水湖泊湿地，生态系统完整，结构独特，生物多样性丰富，特别是湿地珍稀水禽的种数多，种群数量大，现已查明有维管束植物 581 种、底栖动物 29 种、鱼类 74 种、兽类 23 种、鸟类 111 种，其中被列入国际贸易公约的鸟类有 15 种② （见图 4-10）。

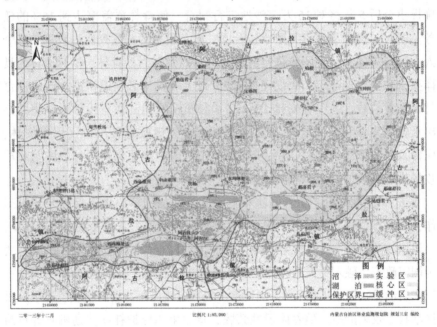

图 4-10　双合尔湿地区划图

图片来源：内蒙古自治区环保厅，《关于内蒙古双合尔湿地、沙日温都自治区级自然保护区面积、范围及功能区划的公告》（2014 年第 3 条）。

---

① 内蒙古自治区环保厅，《关于内蒙古双合尔湿地、沙日温都自治区级自然保护区面积、范围及功能区划的公告》（2014 年）。

② 赵宾宾、李丽洁：《科左后旗双合尔湿地自然保护区正式晋升为自治区级自然保护区》，《内蒙古晨报》2014 年 4 月 8 日第 4 版。

第五章　阿古拉及阿古拉地区农牧民生产生活持续发展的思考

阿古拉地区农牧民在以双合尔山为中心的数百平方千米土地上，利用当地特有的沙地、湖泊和草地资源，有机结合他们所擅长的放牧畜牧业和不断扩展的旱作农业，以其独特的地区文化和宗教信仰书写着属于自己的发展历史。

新中国成立以来，阿古拉地区农牧民生产生活及生态环境发生了翻天覆地的变化，而这些变化带给当地群众更现代化的生产和更富裕的生活。然而，通过纵向比较可以发现，当地经济发展仍相对滞后，人们生活水平仍有待提高。在资源开发为原始积累的那些年代，阿古拉因缺乏可开发自然资源，第二、第三产业发展极其落后，其经济结构仍停留在以第一产业为支撑的发展阶段。

当然，事物的发展往往具有两面性。以传统农牧业为主的经济结构较好地保护了当地生态系统的完整性和民族文化的原生性，为该地区以生态环境和民族文化为优势，开发发展以旅游业为主的第三产业提供了绝佳的平台。

第一节　阿古拉地区经济社会发展的有利条件及制约因素

勤劳智慧的人民、得天独厚的自然环境和不断改善的基础设施建设，为当地经济社会的快速发展提供了有利条件。然而，偏远的地理位置、单一的产业结构和人们难以改变的守旧观念也将成为其快速发展亟待突破的制约因素。

一　经济社会发展的有利条件

（一）阿古拉地区保存较完好的原生态自然环境和未受污染的农牧业资源为其农牧业和旅游业发展提供了得天独厚的物质基础。正如前文所述，一方面阿古拉齐聚山、林、田、湖、草、沙、湿等原生态自然景观，尤其通过近20年的封沙育林、植树造林、退牧还草、休牧禁牧等生态建设和环境保护，使曾一度严重退化的沙丘植被得以恢复，森林覆盖率提高到16%以上，巴彦查干淖尔、王巴哈嘎等水环境得到改善，成为野生候鸟的栖息地，为该地区发展自然景观旅游业提供绝佳的旅游资源。另一方面，数十年来当地群众一直沿用传统的耕作方式，即使到完全机械化耕作过程中，依然坚持多用传统施肥方式保护土地肥力，极少使用塑料铺膜等，有效控制和降低土壤受到农药污染和白色污染。加之，当地没有重污染，或者说没有工业企业，使当地农牧业资源免受工业污染，为当地发展绿色无污染农畜产品提供了有利条件。

（二）勤劳智慧的农牧民以及其保存完好的民族文化为当地发展注入源源不断的人才驱动和精神支柱。人力资源是发展的原动力，只有人的全面发展才能带动经济社会的全面发展。一直以来，当地政府和农牧民十分重视教育事业的发展，即使在义务教育还未普及的那个年代，当地群众会尽量把孩子供学至初中毕业，使得当地劳动力的整体素质得到普遍提高，培养出许多有识之士（详见专访2）。同时，由于地域相对偏僻，当地农牧民性格相对内向，中青年劳动力外出比例相对较低，劳动力年龄结构和性别比例相对合理，能为当地农牧业生产与旅游等第三产业持续发展提供稳定的人力资源。当然，文化本身也是一种生产要素。阿古拉民族文化保存完整，极具地区特点的民歌文化（包括乌力格尔好来宝）、宗教文化（包括萨满教）、那达慕文化（双合尔楚古兰），已成为当地特有的标志性文化符号，为地方经济社会的发展提供着源源不断的精神力量。

（三）通过数十年的投入建设，当地交通、通讯、水利等基础设施建设得到不断加强，能够为地区发展提供便利。目前，当地农牧业水利设施建设、防护林带建设、畜牧业棚圈设施建设、窖池建设等基本完善，并通过土地集中整治、中低产农田改造、测土配方等工程、技术手段，以及强化防灾减灾措施等，极大提高了农牧业生产的稳定性和高效性。同时，有线网络、移动网络、电视广播等通信网络系统已实现全覆盖，尤其2010年之后，当地公路交通快速发展，不仅打通了阿古拉—海斯改、阿古拉—巴胡塔、阿古拉—哈日额日格—吉日嘎朗镇三条主线，还实现了镇境内各行政村之间互通的水泥路，解决了世世代代困扰当地群众的出行困难问题。

（四）当前正逢我国经济转型发展时期，经济发展中的供给侧结构性改革为阿古拉今后的发展提供了千载难逢的绝佳机遇。在"创新、协调、绿色、开放、共享"的新发展理念下，传统产业发展进入"去掉过剩产能、优化产品结构"的调整阶段。于是，如何避开第一产业的调整周期、度过第二产业的低迷阶段成为任何市场主体的去向选择。对于阿古拉地区而言，持续发展以生态友好型、无污染为基础的传统特色农牧业，以及以多样化的生态条件、独具特色的民族文化为依托的生态、文化、民俗旅游业正逢其时。

二　经济社会持续发展的制约因素

（一）阿古拉地处科左后旗中部，地理位置相对偏远。虽然曾一度因旗扎萨克的所在地或佛教寺庙双福寺的缘故远近闻名，但改革开放40年来，因地处偏远、自然条件相对恶劣、区位优势不明显、自然资源贫瘠而其交通网络不便、经济社会发展相对滞后。进入21世纪后，随着交通公路和通信网络的发展，才开启了阿古拉与外面世界的联通，当地农牧民迎来了快速发展的新时代。但人们对事物的认识需要过程，外界对阿古拉及阿古拉地区农牧民的认识，以及他们对外界的认识也不例外。这将成为阿古拉经济发展的缓冲带，从认识、了解到接受它所提供的特色农畜产品、旅游产品，再到培育稳定而庞大的消费群体，仍需时日。

（二）阿古拉地区产业结构比较单一，一直以农牧业生产为主，基本无其他产业，而且以科尔沁黄牛、绵羊、玉米为主的单一种养结构。这种单一的产业结构和种养结构，使农牧民生产和收益极易受到市场及极端气候影响。同时，在基础设施建设和技术储备上，对其产业转型和种养结构调整带来很大的难度。虽然近几年阿古拉生态、民俗旅游有所发展，但覆盖面小、带动力不强，仍没有成为地方支柱性产业。

（三）阿古拉属于自然灾害频发区，并以春夏季旱灾为主，这对旱作农业、放牧畜牧业的影响尤为严重。虽然过去几十年中，当地政府及农牧民不断加强基础设施建设力度，农牧业防灾减灾能力大大提高，但随着全球暖干化趋势的加剧，冬春升温、夏季降水减少趋势显著，极端天气出现频次增多等，都放大了自然灾害发生的概率。

（四）在当地农牧民群众中，守旧观念者不在少数。这部分人在面对新的市场机遇和新的产业选择时，仍不能摆脱传统的生产生活方式和思想观念。随着家庭承包责任制的落实，人们之间的互助合作减少，习惯单打独斗；注重对自有耕地和草牧场的建设和投入，习惯单户小规模经营；注重经验知识的运用，不愿尝试新技术新方法；习惯从大自然中索取，对农牧业的投入意识不强；市场意识不强，农牧业生产、农畜产品供给与农畜产品消费市场之间的对接不对称、不畅通；等等。

第二节　改善和发展阿古拉地区农牧民生产生活的几点建议

发展是永恒的话题。在我国经济已由高速增长阶段转向高质量发展阶段的新常态下，阿古拉及阿古拉地区农牧民主动适应新常态，依托其丰富多样的自然资源和独具特色的民族文化，推动阿古拉产业结构不断优化升级、发展质量和效益不断提升、人民生活更加和谐富裕，不断实践新发展理念。

一　深入开展畜牧业结构转型升级，发展以黄牛为主的现代畜牧业

（一）夯实畜牧业发展基础。充分发挥阿古拉地区农牧相结合的优势，按照农牧结合、适度规模、优势互补、生态优先的原则，把畜禽养殖空间规划与国土利用规划、生态红线保护规划、粮食生产规划及乡村振兴规划等有效衔接。不断加强牲畜棚圈、储草棚、青贮窖等基础建设。按照适度规模养殖、工厂化标准化养殖的要求，提高农牧户养殖圈舍、设施设

备的机械化、智能化程度，转变农牧户的生产经营方式，加强标准化养殖小区建设。提倡中小散户少养精养，鼓励散养和圈养相结合，改善全镇养殖业生产设施条件，提高畜牧业综合生产能力。

（二）地方政府应紧紧围绕国家、自治区和通辽市产业发展方向，大力发展以科尔沁黄牛为主的现代畜牧业。借助各级对加大肉牛产业投入的政策，以及科左后旗实施百万头黄牛产业发展规划的契机，以全镇养牛大户为重点，充分发挥示范带头作用，辐射带动全镇广大农牧民发展养殖业。积极推行"协会+基地+农户"养殖模式，推进基础母牛扩繁和基础育肥养殖专业户、专业小组、专业嘎查（村）建设。同时建立和完善专业协会机制，充分发挥其作用，建设乌日图塔拉、色音胡都嘎嘎查为重点的基础育肥示范基地，重点抓示范户，以点带面。推动畜牧养殖业向市场化、专业化、纵深化发展。加大科技投入，加快推进畜牧良种工程。

（三）适度发展以散养为主、舍饲为辅的生态畜牧业，做强精品生态牛产业。依托得天独厚的沙地草场优势，启动扶持以北部嘎查为重点的生态牛产业发展。利用蒙、辽、吉三角区域的区位优势，面向中高端消费市场，通过引进、培育龙头企业、合作社方式，努力创建优质牛肉全产业链追溯体系，实现肉牛养殖——屠宰加工——物流配送——消费终端等全产业链的无缝对接。逐步树立"阿古拉生态牛肉"信誉品牌，加大对品牌的扶持、宣传和推广力度，鼓励企业、合作社在节点城镇设立专营店、进驻超市专柜，与京东、淘宝等知名电商平台进行合作。启动阿古拉绿色农畜产品品牌建设计划，优先在肉牛、杂粮杂豆等优势主导产业培育生态有机品牌。

二 及时进行种植业结构转型升级，推动以玉米为主、杂粮杂豆为优势的种植业发展

（一）夯实种植业发展基础。地方政府应积极响应国家"藏粮于地、藏粮于技"战略，落实最严格的耕地保护制度，加快土地整治，加大中低产田改造和高标准农田建设。坚持生态优先、用养结合，实施耕地质量保护和提升计划，逐步在适宜区域全面推广应用保护性耕作，推广测土配方精准施肥、秸秆覆盖还田免耕少耕、高性能免耕播种机械等，提高土壤

有机质含量，提升培肥地力。继续加大农田水利基本建设投入，完成甸子地和平缓沙地水利配套设施建设，发展高效节水灌溉。

（二）提升种植业装备和信息化水平。面向种植业产业规模化、专业化、标准化发展需求，继续推进玉米种植的农机装备和农业机械化转型升级，积极开展以玉米、水稻为重点的农业机械装备集成配套，构建全程机械化技术体系；研发杂粮杂豆等作物生产配套机械装备，实现机械化与多种形式适度规模经营融合、机械化信息化融合，提高农机装备智能化水平。积极推进信息进村入户，依托通辽市、科左后旗农牧业发展平台，探索"互联网+"现代农业模式，及时接收农业信息监测预警和发布，提高农业综合信息服务水平。

（三）准确把握生态资源禀赋和绿色产业基础，推动以玉米为主、杂粮杂豆为优势的种植业发展，不断加大粮豆就地转化、就地加工、就地增值比重。强化农牧循环、种养结合、为牧而种的发展思路，继续推进"粮改饲""粮改经"，不断调整玉米外售与自我消化关系，提高玉米生产效益。积极发展产业化经营，引进玉米产业化龙头企业，重点发展烘干、储藏、脱壳、去杂、磨制等初加工，推进玉米饲料、玉米淀粉、玉米胚芽油、玉米蛋白等加工。适度扩大青贮玉米、杂粮杂豆种植规模，提高杂粮杂豆单产。引进一批农产品加工中小微企业，及农牧民专业合作社，以"企业+基地""合作社+基地"形式加工转化杂粮杂豆等特色农产品，不断提高初步干燥、分级分拣、初级包装、储藏保鲜等环节的水平和能力。融入地方特色农产品品牌建设中，共享标准化生产和品牌化经营的发展红利。

三　注重生态旅游、民俗旅游等项目开发，带动以旅游业为驱动的第三产业发展

充分发挥以双合尔湿地旅游资源和双福寺宗教文化资源为代表的有形自然资源的优势，全力发展壮大旅游产业，以启动阿古拉3A级旅游景区为契机，在旅游关联产业项目建设上取得实质性进展，争取把阿古拉生态文化旅游区打造成通辽乃至内蒙古、吉林、辽宁三角洲地区生态文化旅游胜地。要充分发挥以非物质文化遗产"双合尔楚古兰"和"叙事民歌之

乡"传统文化资源为代表的无形人文资源的优势，打响阿古拉民歌艺术品牌。

（一）大力发展生态旅游业。结合阿古拉丰富多样的旅游资源分布，紧紧围绕发展生态旅游，大力招商，拓宽融资渠道，集中力量开发建设白兴图原生态旅游、阿古拉湿地草原观光、白音查干湖面游乐、候鸟观赏区、双合尔山景观欣赏、沙漠旅游及阿古拉生态牧家乐等几大特色景点，使自然景观与民族风情融为一体，景点更趋生态化、体验更加真实化。

（二）加强民俗文化旅游。紧紧抓住"叙事民歌之乡"和"双合尔楚古兰"被列入市级非物质文化遗产的机遇，积极发挥"达那巴拉艺术协会"等民间组织的作用，开展赛歌赛舞、赛马摔跤，发展蒙古族刺绣、蒙古族服饰、四胡、马具等手工艺制作，生产加工阿古拉品牌的特色奶制品。使"双合尔楚古兰"内涵更加丰富、更具草原特色，使地方特色、民族文化贯穿于草原生态旅游的全过程。同时发挥复建完善的双福寺在民俗文化、寺庙文化方面的积极作用，使寺庙文化、宗教文化与当地民俗旅游紧密结合，使旅游文化成为宣传阿古拉的主阵地、群众增收的新亮点。

（三）以旅游带动第三产业发展。通过生态旅游、民俗旅游开发，借助"敖包相会"特色小镇建设契机，加快发展旅游周边产品及服务，如民族工艺品、纪念品、餐饮、交通、游乐项目、住宿等。推动当地特色农畜产品加工、推介和销售、特色动植物资源的可持续开发利用。积极发展移动通信网络、商贸流通等第三产业的快速发展。通过建设民俗风情商贸一条街、游客一条街等特色平台，引进和鼓励一批具有较强带动能力的民营、私营企业和个体工商户创业发展。通过扩展现有集贸市场规模、增加商品交易品种等途径，扩大集贸市场影响力，提升集贸市场对当地群众生产生活的服务质量。

（四）充分挖掘并利用网络资源，大力发展网络经济等新经济业态。实施"互联网+"农畜产品销售计划，在农牧业生产、加工、流通等环节，加快互联网技术应用与推广，引导电商、物流、商贸、金融、供销、邮政、快递等各类电子商务主体到阿古拉布局，构建阿古拉购物网络平台。依托农家店、农村综合服务社、村邮站、快递网点、农畜产品购销代办站等发展阿古拉地区电商末端网点。完善嘎查村信息网络基础设施，建设阿古拉电子商务公共服务中心，加强农村电子商务人才培养，营造良好市场环境。

四　生态建设与资源保护并重，助推以生态保护为优先的绿色发展

以建设生态文明为目标，以改善民生福祉为主线，加大人工建设、围封禁牧和自然封育相结合，以自然恢复为主，有效保护与合理利用相结合，提高森林覆被率和植被覆盖率。要因地制宜地落实草原生态保护补助奖励机制，合理划定禁牧区和草畜平衡区，加大对严重退化区禁垦禁牧政策力度，使草原生态保护与民生改善实现双赢，努力实现人与自然的和谐共生。保护并建设好双合尔湿地自治区保护区，整体推进山（双合尔山）、林（生态林和防护林）、田（农地生态）、湖（巴音查干湖等）、草（沙地草甸）、沙（吉力吐查干等）、湿（双合尔湿地）为一体的美丽阿古拉，实现以生态保护为优先的绿色发展。

参考文献

一 著作类

阿拉腾：《文化的变迁——一个嘎查的故事》，民族出版社 2006 年版。

敖特根、布仁吉雅：《鄂托克前旗草地植物》，内蒙古人民出版社 2007 年版。

包·那逊等：《哲里木地名传说》，内蒙古文化出版社 2010 年版。

宝音达来：《300 年的村落——阿力乌苏》，内蒙古文化出版社 2014 年版。

波·索德、哈·乌兰巴托等：《科尔沁蒙古学研究（蒙文）》，内蒙古文化出版社 2009 年版。

车登扎布：《巴彦塔拉草原历史变迁纪实》，内蒙古教育出版社 2011 年版。

德勒格：《内蒙古喇嘛教史》，内蒙古人民出版社 1998 年版。

呼日乐巴特、乌仁其木格：《科尔沁风俗（蒙文）》，内蒙古人民出版社 2012 年版。

黄健英：《赛乌素嘎查调查/蒙古族》，中国经济出版社 2012 年版。

马京、金海：《蒙古族》，云南大学出版社 2004 年版。

满都呼：《神奇的双合尔山》，吉林音像出版社 2007 年版。

内蒙古图书馆主编：《内蒙古历史文献丛书之一哲里木盟十旗调查报告书》，远方出版社 2007 年版。

内蒙古自治区编辑组：《蒙古族社会历史调查》，民族出版社 2009 年版。

通辽市文学艺术研究所：《科尔沁叙事民歌（1—6 卷）》，内蒙古人民出版社 2012 年版。

乌力吉昌：《科尔沁民歌》，内蒙古教育出版社 2012 年版。

乌日陶克套胡：《蒙古族游牧经济及其变迁》，中央民族大学出版社 2006 年版。

希·青龙：《嫩科尔沁蒙古族风俗》，内蒙古人民出版社 2008 年版。

杨思远：《巴音图嘎调查/蒙古族》，中国经济出版社 2009 年版。

张穆撰：《蒙古游牧记》，亚洲民族考古丛刊第六辑，南天书局发行，1981 年校订再版。

二　期刊论文

敖其、斯琴：《非物质文化遗产——蒙古族传统服饰之科尔沁服饰》，《民族画报》2010 年第 5 期。

巴·苏和：《论蒙古族科尔沁文化》，《黑龙江民族丛刊》2005 年第 6 期。

白丽丽：《科尔沁蒙古族年俗的变迁》，《内蒙古民族大学学报（社会科学版）》2007 年第 4 期。

白沙如拉：《试论科尔沁蒙古族丧葬习俗的变迁》，内蒙古大学，2012 年 5 月。

白志强：《蒙古贞人和科尔沁文化的多样性——以内蒙古通辽市科尔沁左翼后旗阿古拉镇为例》，内蒙古师范大学，2013 年 4 月。

包树海：《达那巴拉》：蒙古人的《梁祝》，《通辽日报》2012 年 7 月 10 日。

包银妞：《科尔沁左翼后旗蒙古地名研究》，内蒙古大学，2009 年 6 月。

陈学知：《"科尔沁"略考》，《唐山师范学院学报》2001 年第 6 期。

丛岳君、刘云清等：《初探科尔沁左翼后旗土地利用方式转变》，《内蒙古科技与经济》2011 年第 4 期。

戴双喜、包英华：《法律视域中的苏鲁克制度》，《内蒙古社会科学》（汉文版）2007 年第 6 期。

冯季昌、姜杰：《论科尔沁沙地的历史变迁》，《中国历史地理论丛》1996 年第 4 期。

格根塔娜：《内蒙古科尔沁左翼后旗蒙古族传统植物学知识的研究》，内蒙古师范大学，2008 年 6 月。

哈斯图雅：《苏鲁克制度的历史演变及其当代价值》，内蒙古大学，2015 年 6 月。

郝欣：《浅谈科尔沁蒙古族民歌传承与保护的研究》，《才智》2012 年第 19 期。

郝亚明：《体制政策与蒙古族乡村社会变迁》，中央民族大学，2007 年 3 月。

何红艳：《科尔沁蒙古族的历史文化与说书艺术》，《内蒙古艺术》2012 年第 2 期。

胡金山：《阿古拉镇 迷人景色惹人醉》，《通辽日报》，2010 年 7 月 20 日。

胡日查：《关于科尔沁部的来源和它在北元历史上的地位》，《内蒙古社会科学》1989 年第 4 期。

胡日查：《科尔沁部牧地考》，《新疆师范大学学报》（哲社版）1990 年第 2 期。

贾恪：《科尔沁沙地沙丘—草甸相间地区湖泊的演变规律及其驱动力分析》，内蒙古农业大学，2014 年 6 月。

贾恪、刘廷玺等：《科尔沁沙地王八哈嘎湖泊的演变与水文气象因子关联度分析》，《中国农村水利水电》2014 年第 12 期。

姜彦化：《达那巴拉其人考》，《通辽日报》，2006 年 3 月 14 日第 003 版。

金兰、张树军等：《科左后旗茂道吐苏木蒙古族利用野生植物资源多样性分析》，《内蒙古民族大学学报》（自然科学版）2014 年第 4 期。

景爱：《科尔沁沙地考察》，《中国历史地理论丛》1990 年第 4 期。

《科尔沁蒙古族的几种习俗》，《草原税务》2001 年第 9 期。

李晶晶：《内蒙古通辽地区近 40 年来湖泊沉积孢粉特征及生态意义》，中国地质大学（北京），2009 年 5 月。

李丽洁：《科左后旗加快旅游景区提质升级步伐》，《通辽日报》，

2015 年 12 月 12 日。

　　刘宝花：《叙事民歌〈达那巴拉〉研究》，内蒙古大学，2010 年5 月。

　　刘敏：《农牧变迁与科尔沁蒙古族农民的节水灌溉技术选择》，《内蒙古农业科技》2014 年第 2 期。

　　留金锁：《科尔沁部及其东迁小议》，《黑龙江民族丛刊》1988 年第2 期。

　　孟根宝力高：《科尔沁蒙古农耕文化之地方性知识的哲学分析》，内蒙古师范大学，2010 年 3 月。

　　聂兆亮：《科尔沁沙地近十年土地利用变化研究》，内蒙古师范大学，2012 年 4 月。

　　平春：《科尔沁沙地典型区生态安全研究》，内蒙古师范大学，2007年 6 月。

　　史蕾：《新中国科左后旗民族贸易发展探析》，江西财经大学，2010年 12 月。

　　孙海鹏：《科尔沁左翼后旗生态破坏的原因及治理措施》，《内蒙古林业》1990 年第 6 期。

　　塔娜：《蒙古科尔沁部的迁徙、分化》，《黑龙江民族丛刊》1994 年第 4 期。

　　万高娃：《科尔沁沙地生态环境脆弱性评价研究》，内蒙古师范大学，2011 年 6 月。

　　王贵亮、宫政：《双福寺观光藏传佛教格鲁派寺院》，《中国地名》2014 年第 6 期。

　　王豪：《科尔沁蒙古族服饰当代的变迁与文化价值探析》，内蒙古大学，2013 年 4 月。

　　王建革：《耪青与社会流动》，《近代史研究》2002 年第 5 期。

　　王玉海：《清代内蒙古东部农村的耪青与雇工》，《内蒙古社会科学》（汉文版）2000 年第 1 期。

　　乌力吉：《清代科尔沁在左翼后旗王府》，《通辽日报》，2006 年 8 月3 日。

　　乌力吉敖其尔：《人杰地灵》，《哲理木文艺》2012 年第 4 期。

乌日力嘎：《科尔沁蒙古族村落生计方式变迁研究》，兰州大学，2013 年 5 月。

乌日其其格：《阿古拉地区蒙古族口语研究》，内蒙古民族大学，2011 年 5 月。

严华、尤莉等：《1959—2013 年科左后旗降水量变化特征分析》，《内蒙古气象》2014 年第 4 期。

严华等：《科左后旗 55 年气温变化特征分析》，《内蒙古农业科技》2014 年第 4 期。

闫妍等：《基于遥感和 GIS 方法的科尔沁沙地边界划定》，《地理科学》2014 年第 1 期。

杨俊兰、吉木色：《科左后旗草原资源退化、沙化原因和对策》，《内蒙古草业》2003 年第 1 期。

伊勒胡：《科尔沁蒙古族农业生产习俗探析》，内蒙古师范大学，2010 年 5 月。

张伯忠：《北魏以前科尔沁沙地的变迁》，《中国沙漠》1989 年第 4 期。

张伯忠：《北魏至金代科尔沁沙地的变迁》，《中国沙漠》1991 年第 1 期。

张柏忠：《元代至民国时期科尔沁沙地的变迁》，《北方文物》1991 年第 1 期。

朝格满都拉：《试论清代哲里木盟十旗努图克》，《黑龙江民族丛刊》2005 年第 6 期。

赵宾宾、李丽洁：《科左后旗双合尔湿地自然保护区正式晋升为自治区级自然保护区》，《内蒙古晨报》，2014 年 4 月 8 日第四版。

卓海波：《僧格林沁若干问题研究》，中央民族大学，2012 年 4 月。

三 档案资料

《1956 年到 1967 年全国农业发展纲要（草案）（1956 年 1 月 23 日中共中央政治局提出）》，中华人民共和国大事记馆藏报纸展，国家图书馆官网。

《阿古拉公社 1972 年工作基本总结》，科左后旗档案馆。

《阿古拉公社七届人民代表大会上作的工作报告》，1978 年 1 月 19 日，科左后旗档案馆。

《阿古拉公社一九八三年工作总结报告》，1983 年 10 月 28 日，科左后旗档案馆。

阿古拉人民公社：《中共阿古拉人民公社第一节第二次党员大会社员代表大会总结》，1958 年 9 月 15 日，科左后旗档案馆。

《阿古拉人民公社第四届第一次人民代表大会决议》，1960 年 12 月 9 日，科左后旗档案馆。

阿古拉苏木：《畜疫防治及牲畜责任制落实统计表》，1985 年 7 月 2 日，科左后旗档案馆。

阿古拉苏木：《牧业生产建设统计表（二）》，1985 年 7 月 2 日，科左后旗档案馆。

《阿古拉苏木第十三届人民代表大会第二次会议政府工作报告》，1999 年 3 月 7 日，科左后旗档案馆。

《阿古拉苏木关于第十三届人民代表大会第一次会议工作报告》，1999 年 3 月 9 日，科左后旗档案馆。

《阿古拉苏木一九八九年工作总结》，1989 年，科左后旗档案馆。

《阿古拉苏木一九九一年工作计划》，1991 年 1 月 10 日，科左后旗档案馆。

阿古拉苏木政府：《阿古拉苏木乡规民约实施方案（讨论稿）》，1992 年，科左后旗档案馆。

巴音朝格图：《政府工作报告》，阿古拉苏木第十三届人民代表大会第二次会议，1999 年 3 月 7 日，科左后旗档案馆。

额尔敦仓：《中共阿古拉苏木党委第十二届代表大会工作报告》，1998 年 12 月 24 日，科左后旗档案馆。

《关于阿古拉乡人民公社的连续两年增产增畜的调查报告》，1962 年 12 月 5 日，科左后旗档案馆。

《科尔沁左翼后旗·统计年鉴》，科左后旗统计局，2010 年。

科尔沁左翼后旗志编纂委员会编：《科尔沁左翼后旗志（1989—2007 年）》，内蒙古文化出版社 2008 年版。

《科尔沁左翼后旗志》编纂委员会编：《科尔沁左翼后旗志》，内蒙古人民出版社 1993 年版。

《科左后旗阿古拉公社一九七七年畜牧业工作总结报告》，1977 年 7 月 23 日，科左后旗档案馆。

《科左后旗阿古拉人民公社今冬明春工作安排意见（草稿）》，1960 年 12 月 5 日，科左后旗档案馆。

科左后旗阿古拉公社：《阿古拉公社总结经验吸取教训大办牧业多做贡献》，1973 年，科左后旗档案馆。

科左后旗阿古拉人民公社：《阿古拉人民公社两年来工作总结》，1960 年 12 月 5 日，科左后旗档案馆。

科左后旗阿古拉苏木人民政府：《阿古拉苏木关于土地规范化管理的实施规章》，1997 年 3 月 15 日，科左后旗档案馆。

《牧业会议总结》，1960 年 7 月 19 日，科左后旗档案馆。

《内蒙古自治区草原野生植物采集收购管理办法》，内蒙古自治区人民政府，2008 年 12 月 31 日公布。

《内蒙古自治区退牧还草试点工程管理办法（试行）》，内蒙古自治区人民政府办公厅，2002 年 11 月 22 日印发。

内蒙古自治区环保厅公告：《〈关于内蒙古双合尔湿地、沙日温都自治区级自然保护区面积、范围及功能区划的公告〉（2014 年第 3 条）》，内蒙古自治区环保厅办公室，2014 年 10 月 23 日印发。

内蒙古自治区政协文史资料委员会：《"三不两利"与"稳宽长"文献与史料》，内蒙古政协文史书店发行，2005 年。

潘茂桐、银海：《双合尔山、双福寺和双合尔山白塔》，《中国档案报》，2003 年 12 月 26 日第 T00 版。

青格乐图：《抓住机遇奋发图强努力开创阿古拉镇科学发展新局面》，2011 年 4 月 28 日，阿古拉镇政府。

《通辽市人民政府关于禁止采集野生甘草和麻黄草的通知》，通辽市人民政府，2009 年 7 月 27 日公布。

乌力吉编著：《博王旗史话》，《科左后旗政协文史资料专辑》，2012 年。

叶喜：《阿古拉苏木第九届人民代表大会第三次会上的工作汇报》，

1987 年 3 月 11 日，科左后旗档案馆。

政协科左后旗委员会《科左后旗文史资料》编委会：《科左后旗文史资料（一）（蒙文）》，2014 年。

政协哲里木盟委员会文史资料研究委员会：《哲里木盟文史资料》（第二辑）》，通辽教育印刷厂印刷，1986 年。

中共阿古拉公社委员会：《关于一九六四年畜牧业生产计划的报告》，1964 年 9 月 20 日，科左后旗档案馆。

中共阿古拉镇委员会、阿古拉镇人民政府：《阿古拉镇 2013 年度工作实绩考核述职报告》，2013 年，阿古拉镇政府。

专访 1 改革开放以来阿古拉地区发展变化纵览

为了解新中国成立以来阿古拉地区经济社会发展的总体情况，课题组于 2014 年、2015 年两次拜访阿古拉镇原副书记山花同志。① 现将经课题组整理的访谈记录摘录于此，与读者分享。

双合尔山，坐落于内蒙古东南部，隶属于通辽市科尔沁左翼后旗。双合尔山北靠吉力吐查干、南邻红迪查干，东西两侧有清澈的白音查干淖尔环绕，唯有双合尔山耸立在中央。双合尔山山高不足 100 米，占地面积约 200 平方米，东边有哈达（蒙古语，译为岩石），南边是辽阔的草原。

自古至今，双合尔山是个神秘而有趣的地方。说起她的起源，当地有许多有趣的传说。相传很久以前，一个无恶不赦的蟒古斯欺压当地老百姓。为了镇压恶魔蟒古斯，格斯尔汗率领军队追赶蟒古斯。只见狡猾的蟒古斯摇身一变，成了一只山雀飞上天空，格斯尔汗肩上的猎鹰（海东青，蒙语称双合尔少布），张开双翅扑上去，用钢钳般的利爪一下扼住了山雀，最后战胜了蟒古斯。后来为了纪念猎鹰，一座巨大的山峰在其降落的地方拔地而起，猎鹰展翅的地方长出了两座岩石，恋恋不舍而流下的眼泪变成了两侧清澈的湖泊，盘旋的地方变成了连绵不断的查干。从此，此地被命名为双合尔山。

如今，在美丽而神奇的双合尔山脚下，生活着约 4000 多户，1.5 万农牧民。这就是原博多勒噶台亲王旗，即现科尔沁左翼后旗阿古拉镇。

---

① 山花，女，蒙古族，阿古拉镇原副书记。访谈记录原文为蒙文，由花蕊副研究员译成汉文。

一　阿古拉地区经济社会发展历程

阿古拉是一个以农业为主，农牧相结合的蒙古族聚居地。20世纪80年代，阿古拉地区曾居住7户汉族家庭，后来慢慢与当地交融，变成了当地蒙古族群众。当地民众传统习俗保存良好，人与人之间和睦相处、互助合作，当邻里、亲戚一家有难，大家愿伸出友谊之手，相互帮衬。当迎接家中来访的客人时，都会让客人先品尝茶点。桌上摆着装满奶豆腐、奶油、黄油、炒米等传统食品的4—8个盘子，沏上浓浓的红茶。饮茶完毕，捧上一桌丰盛的饭菜款待客人。

早期（改革开放之前，作者注），阿古拉地区生态环境相对恶劣，其土地面积中沙坨地面积占多数，草地面积较少，其中20%左右为光秃秃的不毛之地。由于当地70%—80%的耕地属于沙坨地，只有20%—30%的农田才是土质较好的甸子地。因此，每当风调雨顺时便五谷丰登，牛羊肥壮；但一到干旱年份，农田减产，牧草退化，牲畜缺草缺料。当地农牧民以种植玉米为主，还种植糜子、高粱、小米等农作物。早期全部以传统方式生产。以牛、马做役畜，人工种植、锄地、犁地、培土、收割，人工打草运草。由于机械化程度很低，科学技术滞后，农牧民也不懂得选用良种，不施用化肥农药，一年到头连温饱问题都难以解决，往往依靠国家返销粮、借用高利贷或信用贷款维持生计，使得居民生活相当困窘，地方经济相对滞后。

1982年，阿古拉地区开始落实家庭联产责任制，将耕地、牲畜承包到户，极大地调动了人们生产积极性，逐渐发展成为一个生产发达、生活富裕、文明和谐的新农村新牧区。

（一）农牧林业生产

在农业生产方面，为了改造原有的农业生产方式，增加农作物产量，提高农业生产效率，改革开放后当地政府在农业生产领域主要采取了以下措施。

一是通过落实党的农村政策，将农田承包到户，承包期30年不变，使耕地从嘎查集体经营转变为农牧户家庭经营，谁承包谁负责，承包经营权赋予人民，从而结束了原来全部听从生产大队长安排部署的大锅饭时代，稳定了人心，带动了广大群众的生产积极性。

二是通过对原来小块的散落的耕地的集中整治，减少沙坨地种植面积，扩大甸子耕地面积，使耕地更加集中高效。同时进行中低产田改造，防止农田沙化，控制自然植被沙化面积。

三是重点加强科学种植，注重增产增效。政府从旗农技推广站聘请技术员，开办培训班、上科技课，选用优良种子、施用优质化肥、科学耕种管理等一系列增产增效方式方法传授给农牧民。

刚开始，老百姓不愿意接受新的方式方法，工作难以开展，受到了很多困扰。就以采购玉米种子和优质化肥为例，起初大家认识欠缺，不愿意花钱购买优良玉米种子，更不舍得买化肥。于是，政府采取了发放补贴、党员团员带头实施和试点试种等办法，第一年就实现了比较明显的增产目标。第二年开始，人们的思想意识慢慢改变，从第三年开始普遍接受，科学种植从政府部门的一项强制性措施转变为老百姓自愿尝试的种植方式。

四是改进耕作方式，阻止并改变人们原来的随意开荒、满沙坨地播种的广种薄收方式，每人限种 8 亩地。

当时有些嘎查（村）满沙坨到处开垦种地，今年这儿种一块，明年又在另一块开荒种植。这种游动式耕作方式，不仅使前一年种植的地方因荒废不管，导致土壤风蚀沙化，草木不长，土地严重退化，同时不会对同一块土地进行有效投资，难以提高农作物产量，久而久之不仅浪费了土地资源，农作物也无法增产，农牧民生活难以改善。通过实施每人限种 8 亩地的基本农田政策，有效阻止人们以往随意开垦行为，制止土地沙化、土壤风蚀现象，保护了草牧场，植被恢复如初。当时，苏木采取了每年丈量土地的方法，即开春种完地，村里就用绳子丈量农田面积，超出核定面积的播种面积就得接受罚款或弃耕等惩处，进而推广基本农田政策，稳定了耕地面积。

五是改善耕地质量，搞好基础建设，改造中低产田。针对当地沙坨地多、甸子地少，甸子地碱性大、沙坨地沙化严重等情况，要求农牧民通过运土培土、施用农家肥等方式改善土质。同时，根据当地十年九旱的特点，大搞水利设施建设，要求每家每户都在田地里挖井，遇到干旱年份能够用井水灌溉。然而，由于油价贵，开销大，效益不显著，加之自然条件较差等原因，到现在为止高产农田面积仍然很少，人均面积不超过 2 亩，大部分地方甚至都不超过一亩。

六是改进农业经营方式，改善传统粗放方式向精细化管理转变，提高农业机械化程度。落实生产责任制初期，平均一个生产大队只有 2 辆拖拉机。家庭承包后每家每户农田面积有限，如果仍然采用传统的粗放式经营，不求产量提高，很难改善人民生活。

当时一亩甸子地收成（按玉米产量计算）也不会超过 600—800 斤，沙坨地收成 300—400 斤。4 口家庭每年也就能收 2 万—3 万斤粮食，折合人民币 10000—15000 元。其中种子、农药等生产开支就占一半左右，所以一户人家年纯收入也就 5000—8000 元，显然这些收入很难满足一家人日常生活开支。因此，必须通过农业机械化、科技化提高农业产量。20 世纪 90 年代，阿古拉农牧民开始购买小型拖拉机，起初一个村一两户有小型三轮或四轮拖拉机，而现在几乎每家每户都有一辆小型拖拉机，有些牧民购置了播种机、玉米收割机等，农牧业机械化水平大幅提升。随着农业投资力度的加大，机械化水平得到提高，科学化经营逐步推广，使得户均产量从 20 世纪 80 年代 2 万—3 万斤，提高到少则 7 万—10 万斤，多则20 万—30 万斤，户均打粮达到 10 万—15 万斤。机械化同时节省了大量人力，使他们可以获得可观的打工收入。春天，一周到十天就能种完地；夏季用几天时间施农药、间苗；用 5—7 天时间机械化培土；秋天用半个月到二十天时间就可以收割完毕。收割好的农作物运回乌图日莫，再用机器脱粒出售即可，甚至有些农户用综合收割机直接从农田把粮豆脱粒出售。这样一年的农活大概用两个月左右的时间可以完成。其余时间可以去镇里或附近城市打工挣钱，甚至在当地也有很多零活可以去做。比如，几个人合伙儿承揽一些建房屋、垒院墙、整理庭院等工作。

畜牧业生产：农牧相结合是阿古拉地区农牧民生产方式的主要特点，这是由其特殊的地理环境和自然条件所决定的。阿古拉农牧民仅靠农业很难增加收入，仅靠畜牧业同样难以维持生计，只有农牧相结合才能发家致富。用农作物秸秆喂养牲畜，用牲畜粪尿制作农家肥，这样农牧互补，不仅变废为宝、提高产能，还节省大量的农牧业生产成本。在阿古拉地区，有适合发展畜牧业的肥美草场，还有具有丰富养殖经验的农牧民群众。所以，不仅使阿古拉牲畜存栏量在全旗各乡镇苏木中名列前茅，而且品种优良，具有较强的市场竞争力。阿古拉地区牛羊肉营养丰富、口感较佳，是当地不可或缺的支柱产业，也是农牧民最主要的收入来源之一。科左后旗被誉为全国黄牛之乡，其主产地之一就是阿古拉。阿古拉作为科左后旗最主要的黄牛养殖基地，所产牛肉畅销全国各地，备受消费者青睐。改革开放以来，阿古拉为发展畜牧业生产同样采取了一些积极的政策措施。

一是落实草牧场承包经营制度，特别是二轮承包后将草牧场承包经营权以 30 年不变的形式承包给了农牧户。草牧场承包过程中按人三、畜七原则将全部草牧场承包到户，要求承包户只能改善而不能破坏草地生态、只能自主经营而不能外包或倒卖草牧场、只能人工种草而不能开荒种地，进而根本上改变了原来的靠天养殖、满沙坨地种植的做法，有效遏制了当地乱牧乱垦现象。现在，所有嘎查（村）没有一亩闲地，承包经营制度有效控制了草牧场破坏行为，保护了草地生态环境，遏制草地退化沙化。

二是抢抓改良工作，做到双增双提（增草、增畜、提高质量、提高效率）。阿古拉地区牲畜改良工作起步较早。起初，改良工作难度较大，老百姓对牲畜改良认识不足，纷纷提出祖祖辈辈沿用的繁育方式有什么不好、怎么可能少养还能多受益等疑问。在这种情况下，地方政府及相关部门一方面做思想宣传工作，另一方面采取了强制性措施。比如，规定任何一个嘎查屯都不能留种公牛，母牛必须进行人工授精。当时首先以牲畜数量较多的嘎查村作为示范点，按每个嘎查屯繁殖母牛比例制定任务，将牲畜改良任务与嘎查（村）干部工资薪酬挂钩，完成任务进行奖励，没有完成则批评或罚款。这样通过 2—3 年的努力，示范点乌兰那仁嘎查的牛的品种改良初显成效，改良牛个头大、产肉量高、个体产能效益提高，起到了带头示范作用。阿古拉牲畜改良工作一直坚持了近 40 多年，其培育出的科尔沁牛（黄牛）已适应饲养环境，而且其肉质鲜嫩、营养价值高，深受市场欢迎。

三是改善饲养管理方法，注重科学养殖。在牲畜饲养管理过程中，采取了远处放牧、近处圈养、人工种植优质牧草、仔畜分群（母牛生产后 2个月就把母牛与牛犊分群养殖）、储存青贮等方法，不仅使牲畜增膘，也可提高牲畜繁殖率；夏秋季跟群放牧，抓好水膘、油膘；冬天舍饲圈养，用农作物秸秆和青贮饲养，保持牲畜不掉膘等方法措施。同时加强畜牧业基础设施建设，青贮窖、棚舍、喂草喂料槽等都进行改善升级，大大提高了畜牧业防灾减灾能力和育肥出栏能力。

　　四是实施了各项惠牧政策。比如，愿意种植青贮者，按牲畜头数分给青贮地；建造永久性的棚舍者，每户补贴5000元；为能繁殖母畜进行补贴；发展订单畜牧业，为签订育肥肉牛购买合同的农牧户提供优质肥料、青贮玉米种子；等等。同时，对种植青贮过程加以控制，要求农牧户在种植过程中禁用化肥，保证用青贮育肥出来的牛肉既肉质鲜美又无公害，营养价值高。由于当地牛奶、黄油、奶豆腐、奶皮等奶食品味美质优，深受消费者喜爱，一市斤牛奶能卖3元，一市斤黄油、奶豆腐能卖50—60元。养殖户还跟旗冷库签订订单合同，冷库提供饲草料，同时给农牧户提供专用青贮种子，农牧户自行种植。订单育肥牛，要进行专业化舍饲圈养，到冬季旗冷库按订单价格收购。

　　植树造林：早期农牧业的无序发展一定程度上导致了土地沙化。因此，政府及百姓根据当地土壤及水文条件，通过植树造林，以实际行动保护植被生态、防止土地沙化，并收到了较好的效果。

　　首先对林业实行家庭承包经营制，将林业承包到户，采取"谁种植谁受益""任何人不得乱砍滥伐，违者追究相应责任，轻者罚款补种、重者承担法律责任"的方法措施。

　　同时，为了防沙治沙，将境内约2万亩查干（沙丘）全部按荒山荒沙承包给个人，进行封沙造林种植灌木丛。承包户根据个人经济能力，将荒山围栏，封沙育林，种树种草。现在，早年承包查干（沙丘）的农牧户，所种下的树苗已长成木材，所承包的查干植被基本恢复，森林覆盖率、植被覆盖率逐年提高，甚至已变成了几百亩、上千亩上好的冬季草场，成为了农牧户一笔巨大的财富（单就木材而言，当地一根柱子能卖到50—60元，一根大梁能卖到100元左右）。土地是一切财富之源，对于农牧民而言，没有土地或土地少，就意味着经济收入低下，难以实现脱贫致富之梦。

　　其次是推行国家退耕还林政策。借助国家退耕还林还草工程，大部分风蚀、沙化耕地和坡耕地全部退耕还林，并按国家规定提供退耕还林补贴，折合每亩补贴现金11.50元，连续补贴8年。退耕还林前3年因树木矮小，林网中间也能种地，从第4年开始树木成林，大量吸收阳光和水分，无法种植农作物。现在，阿古拉地区因退耕还林而形成的大片林地到处可见，大大提高了森林覆盖率。同时，还采取了义务植树活动，主要在

公路两侧、能封育的沙丘等。为此，国家补贴 90 万元，沿公路两侧路按
4 排种植了长达 31 千米的公路林，并用铁丝网围封，有效遏制了公路风
蚀破损。通过连续多年的植树活动，最终使赛音呼都嘎、吉力吐查干
（沙地）等 4000 余亩流动沙丘变成固定或半固定沙丘。在整个植树造林
工程中，政府及农牧民均投入了大量的人力、物力和财力。由于自然条件
恶劣，春季种树时必须挖深坑，种完树及时浇水，否则树苗成活率低，难
以度过炎热的三伏天。种完树还需用铁丝网围，防止牲畜破坏。鼓励个人
植树造林，并根据国家林业政策为其所种植的树木颁发林业承包经营证。

　　三是加强看护。为了保护来之不易的造林成果，每个嘎查（村）配
备一名专业的护林员，薪酬由旗林业局提供。严禁任何人、牲畜破坏或乱
采滥伐自然生态林。由于采取了上述有效措施，阿古拉地区森林总面积从
承包经营初期的 4000 余公顷发展成现在的 10000 多公顷。

（二）人民生活和社会发展

　　改革开放初期，阿古拉地区农牧民生活水平较低，各种税费负担较
重。当时，最富裕的农牧户也就是家里有耕牛、有像样的房屋，一年的收
入能够满足一家人的温饱问题，而这样的户数只占全嘎查村之 10%—
20%。当时，50%—60% 的农牧户都住着土坯房，勉强解决吃饱问题。
30% 的农牧户没有耕畜，住着破旧的土房，一年下来连温饱都解决不了，
一年的收入交完税费、除去生产开支，所剩无几，有时还会负债。只能通
过借高利贷或从供销社赊账来维持日常生活。结果下一年的收入大部分又
抵了这些债务，"赤字"会越来越多，高台债务，利滚利，年年还不清债
务。收入高一点的农户能够交够每年的各种税费，多数农户交了税就交不
起费，交了一半另一半就交不起。当时农牧户人均税费高达 300—400 元。
由于地方财政困难，苏木干部、嘎查领导的工资跟地方税费缴纳任务挂
钩，完成的税收任务才能发放工资。国家的税费任务不能耽误，税收任务
必须完成。于是，有些嘎查（村）干部以自己的名义借高利贷替交那些
贫困户的税费，完成税收任务。这样年复一年，嘎查和个人债务越来越
多，已经达到了无法偿还的程度。针对上述情况，党中央决定实施减轻农
牧民负担、增加农牧民收入的一系列惠农惠牧政策，其中包括全面取消农
牧业税、取消各种公共事业发展费用、取消义务劳工等，结束了中国
2000 年的收取农业税费历史。自 2004 年起，每年每亩耕地能够拿到粮食

直补、良种补贴、生产综合补贴等各种补贴 400—500 元，再加之农业政策性保险、公益林补贴、牲畜良种补贴、取暖补助（自治区财政拨发，每户每年 600 元）等多项补贴，一个四口之家一年的惠农惠牧补贴就有 10000 元左右。如果有居住在土坯房的农牧户，国家还给提供 2 万元的修建补助。同时，采取了各种补贴资金通过银行直接拨付给农牧户个人银行卡（一卡通）的方式，避开了诸多中间环节。近几年，粮豆和畜产品市场价格也有所上涨，人们手里有了闲钱，可以用于扩大生产，加大投入，掌握科学技术，改善经营方式，反过来又增加了家庭经营性收入。

改革开放后，尤其近几年阿古拉地区公路交通明显改善。以前阿古拉通往外界的唯一一条路就是从阿古拉到甘旗卡镇的路。但因为大半路程为土路，遇到刮大风或下大雨，这条路就无法通往，即使一年有 6—7 次的义务劳工反复修路，车辆被风沙困住或陷于泥泞，两三天出不去的事也时有发生。现在阿古拉交通四通八达，从阿古拉到海斯改、到甘旗卡、到通辽、到赤峰都通了柏油路。

近年来，阿古拉镇政府通过招商引资，发展旅游业也有所起色。投资 2 亿元的双合尔庙已基本重建完毕。同时，阿古拉民族教育事业也得到了长足的发展。要想发展经济必须先抓教育事业。阿古拉镇中心校教学质量在全旗排名前茅。现在嘎查（村）青年都受到过良好的教育，高中毕业生、大学毕业生比比皆是。

简短回顾当地百姓生产生活变化，可以说从吃不饱穿不暖，依靠吃返销粮过日子，到每家每户年产 10 万斤粮；从以前依靠贷款过日子到现在的多数家庭有存款；从以前一个村有 1—2 台拖拉机到现在每户都有小型拖拉机、切割机，甚至还有收割机、旋耕机、挖沟机等；从以前赶毛驴车赶集到现在开着小轿车进城；从以前抱着收音机收听乌力格尔到现在彩电、冰箱一应俱全；从原来破旧的土坯房到现在的亮堂的砖瓦房，有的还在城里买了楼房。

二　对未来发展的期待

（一）随着机械化、科学化程度的提高，农牧民闲暇时间增多，劳动力剩余现象普遍。如果家里有两到三个劳动力须有一个劳动力外出务工，增加收入。但现在外出务工或当地转业就业的方式和途径单一，农牧民走出去意识淡薄。因此，当地政府有必要加大农闲时间或剩余劳动力外出务工、转业、转移就业的宣传、引导和培训工作。

（二）由于体制改革等原因，有一部分非农业口人员，虽居住在阿古拉镇却无固定职业。他们没有农村土地承包经营权，如果想从事农牧业，须从他人手里承租土地。然而，这部分人的成长经历、生活方式与生存环境，跟当地农牧民并无两样，从事其他产业或转移就业等同样存在诸多不利因素。因此，需想方设法解决这部分人的收入来源问题，保持当地经济社会的稳定发展。

（三）虽然男女比例失调在全国范围内普遍存在，但在农村牧区，尤其阿古拉更为明显。教育质量的提升和城乡二元结构的存在，使大量女性青年走出了农村牧区，进城务工或求学；而农牧业对男劳动力的依赖、故土难离的思想以及传统家庭观念的影响，更多的男性青年则留在了农村牧区，一定程度上导致农村牧区劳动力性别比例上的失调问题，使劳动力结构性问题变成了一个社会问题，应值得关注。

（四）随着阿古拉农牧民物质生活的丰富发展，人们对精神文化生活的需求更加强烈。应结合阿古拉丰富多彩的文化资源，大力发展农村牧区文化事业。

（五）农牧户主要收入仍然依靠农牧业初级产品的出售，几乎没有加工、流通环节。农牧业生产加工环节，缺少能够引导农牧户生产经营的合作社或龙头企业，当地应重视新型农牧业经营主体的培育和农牧业龙头企业的引进。

专访 2 阿古拉地区文化教育事业的发展变化

为了解新中国成立以来阿古拉地区文化教育事业发展，课题组在2014—2015年年间2次拜访政协科左后旗委员会文史委主任乌力吉敖其尔同志。① 现将乌力吉敖其尔同志撰写，由课题组翻译的专访记录摘录在此，与读者分享。

阿古拉是一个具有悠久历史、深厚文化底蕴的地方。据史料记载，1650年科尔沁左翼后旗王府就驻牧于双合尔。约300年后，1948年该地区建阿古拉努图克。1951年改为阿古拉公社，1984年随机构改革改为阿古拉苏木。2000年，与原哈日额日格苏木合并，成立阿古拉镇。

一 阿古拉地区文化教育事业发展概况

(一) 新中国成立前阿古拉地区文化教育事业概况

新中国成立之前，由于阿古拉地广人稀，社会发展相对滞后，一直没有形成正规的教育机构。康熙十九年（公元1680年），双合尔山脚下初建双福寺，喇嘛教快速渗透到阿古拉。回顾过去，喇嘛教虽然在一定程度上迷惑了当地蒙古族群众的思想意识，但也因当地喇嘛传授喇嘛经及蒙藏医学，成为阿古拉"教育事业"的启蒙阶段。

据乌兰那仁嘎查西乌兰那仁小组伊德日阿尔斯楞老人回忆，该村南边格德日古草布克西岸所建的三间小庙就是双福寺起源地。据老人讲述，有

① 乌力吉敖其尔，男，蒙古族，政协科左后旗委员会文史委主任。本节内容初稿由乌力吉敖其尔撰写，由卓拉译成汉文。

一天，一只"火鸽子"飞到庙顶烧毁了该庙。于是，康熙二十九年（公元1690年）在双合尔山东南石砬子南麓建面积约30丈见方的两层楼式寺庙，命名为"大康最盛寺"。康熙三十一年（公元1692年），在双合尔山西侧、巴彦查干淖尔畔建一座塔，并筑建四方形大庙。乾隆元年（公元1736年），因原四方形大庙规模小且建造粗糙，按照呼和浩特市大昭寺萨木瓦活佛生前意愿，在双合尔山南麓依山傍水重新修建大庙，命名为双福寺。因建在双合尔山南麓俗称"双合尔庙"。

鼎盛时期的双福寺有"四大喇嘛仓，一个格根（活佛），四位呼图克图，九大庙宇，三百五十六间庙，一千三百多名喇嘛"，远近闻名，称为"最繁盛的双合尔庙"。当时，双福寺是博王旗辖区内二十七座寺庙中规模最大的寺庙。

双福寺的查玛会（查玛舞）是阿古拉文化艺术集会的雏形。查玛是一种喇嘛跳的舞。跳查玛舞有固定的日期。一般情况下，腊月二十三至第二年正月十五或每年四月八日为纪念释迦牟尼诞辰日而举行大规模的查玛会。跳查玛舞时喇嘛头戴各种面具，身着查玛服饰，脚蹬红靴子，手握各种法器，在唢呐喇叭和锣鼓等乐器的伴奏下跳查玛舞。每到节日，全旗二十多个寺庙挑选专门跳查玛舞的喇嘛参加查玛会演出。自双福寺建立至新中国成立，这种节日活动从未间断过。

此外，掷红迪和踢皮球游戏是寺庙喇嘛们经常举行的一项那达慕。阿古拉老百姓把沙嘎的宽凸面叫布呼（蒙语），宽凹面叫汇司（蒙语），窄凸面叫红迪（蒙语），窄凹面叫百泰（蒙语）。双福寺喇嘛在双合尔山南边的沙地上用牛沙嘎打红迪玩。首先把牛沙嘎放置在二三十步以外的地方，用专门的布鲁投掷玩。打中红迪者得最高分。后来人们将该沙地叫做叫红迪查干。20世纪60年代，苏木政府在红迪查干封沙造林，将其改成为苏木集体林场。踢皮球也是喇嘛们经常玩的游戏。把牛皮球（比现在的排球小些）塞满棉花等轻飘的物质，用脚向上踢，比赛谁踢得更高。新中国成立后，在土地改革运动中绝大部分喇嘛还俗，寺庙原有的那达慕和"寺庙教育"随之中断。

（二）新中国成立以来阿古拉地区文化教育事业发展概况

新中国成立初期，当地文化教育事业得到了较好的发展。但受"文化大革命"影响，民族文化教育事业一度失去活力，进入下滑阶段。"文化大革命"后虽有复苏，但农村牧区曾片面追求生产发展，忽略了文化事业的发展，致使处在相对滞后的境地。直到 1993 年，阿古拉开始举办"双合尔楚古兰"，使阿古拉文化艺术事业进入了前所未有的发展阶段。

1997 年，阿古拉苏木被内蒙古自治区文化厅命名为"蒙古族叙事民歌艺术之乡"；2008 年，被国家文化部命名为"中国民间文化艺术之乡"。同年，"双合尔楚古兰"被列入通辽市市级非物质文化遗产；2014 年，阿古拉镇被列入为全国特色景观旅游名镇名村示范镇，阿古拉镇阿古拉嘎查被列入为中国第三批中国传统村落名录；同年 9 月，阿古拉镇达林艾勒嘎查荣获全国民族团结进步先进模范集体荣誉称号。

相比文化事业，阿古拉教育事业发展更加艰辛。1949 年 3 月阿古拉地区成立了第一所完全小学（简称"完小"，下同），每个嘎查（村）教学点的学生们从教学点升学到苏木完小学习。1958 年，成立了农业中学，1968 年转为初级中学。1969 年，成立阿古拉高级中学。"文化大革命"期间（1969 年）每个嘎查（村）都成立了初级中学。然而，由于当时有知识有文化的教师资源匮乏，即使增加了学校数量，整体教育质量仍然大幅下滑。

"文化大革命"结束后，阿古拉教育事业逐渐进入恢复阶段。如今，阿古拉镇中心学校，无论教研质量，还是学校管理，在全旗各校中名列前茅，先后被评为通辽市先进学校、自治区农村牧区管理先进学校等称号。

二　阿古拉地区文化艺术事业典型案例之一：达林艾勒嘎查及"达那巴拉组合"

（一）达林艾勒嘎查概况

达林艾勒嘎查位于阿古拉镇政府所在地东南 4000 米处，东西长约 6000 米，有 254 户，1023 人口，以农牧相结合、多种经营为主的蒙古族人口聚居村落。该嘎查有 42000 多亩土地，其中耕地 9000 亩、林地 7000 亩，大小牲畜 3760 多头、只。近几年，通过内蒙古自治区实施的重大民生工程，该嘎查农牧户都住上了砖瓦房，人均年纯收入达 7800 多元，成了当地较富裕的嘎查之一。

（二）达林艾勒嘎查文化艺术事业的发展变化

达林艾勒嘎查是远近闻名的文化艺术之乡。说起达林艾勒嘎查，不得不说当地老百姓对文化艺术深厚的感情，以及对文化艺术人才的敬重，这为嘎查文化艺术事业的发展提供了肥沃的土地。

早在 20 世纪 60 年代初，达林艾勒嘎查在各嘎查屯中率先成立了艺术剧团。沙日宝、淖木恩毕力格、巴特尔、都吉雅等十几位农牧民演员通过演绎自创新剧或改编《诺力格尔玛》等民歌，丰富当地老百姓的文化生活。

1965 年 8 月，达林艾勒嘎查组建了最初的艺术团队，演出的节目，供全镇干部群众欣赏。当时，达林艾勒嘎查艺术团有那顺德力格尔、忠乃、格日乐图等为主的 15 名演员。其中，作为嘎查团委书记的班布尔同志负责了艺术团组建工作，嘎查团委副书记的那顺德力格尔老师，以艺术团团长的身份参与组织工作并参加演出，忠乃老师负责好来宝和歌词创作并参加弹拉、说唱等演出活动，格日乐图担任专业乐手。

在 1965 年 9 月举行的全旗首次业余文艺汇报演出中，达林艾勒文艺团代表阿古拉公社参加演出，获得优秀集体奖。在 1971 年 4 月举行的全旗业余文艺汇报演出中，达林艾勒嘎查文艺团代表阿古拉公社参加演出并荣获了一等奖。其中，忠乃老师创作的单人好来宝《丰收的秋天》、表演唱《我们公社的变化》、多人好来宝《我们的好书记》等作品分别获得了创作优秀奖。

接二连三的荣誉使他们内心无比振奋，工作思路变得更加清晰。即使在席卷全国的"文化大革命"中，达林艾勒嘎查业余文艺团的创作、演出活动从未被中断过。1968 年，旗乌兰牧骑利用知识青年上山下乡的机会，从天津下放到科左后旗的知青中选拔一批对文艺演出有兴趣、有天赋的年轻人到乌兰牧骑当演员。由于时代的限制和需要，他们把原来的演出节目均改为京剧。达林艾勒嘎查业余乌兰牧骑一直与旗乌兰牧骑保持密切联系，每当大规模演出时都会受到他们的技术指导。按照惯例，达林艾勒嘎查业余乌兰牧骑也很快受到天津知识分子的影响，跟随着时代的脚步学演了《红灯记》《白毛女》《林海雪原》等京剧片段。1972 年 7 月，仅在一个月的时间里，达林艾勒嘎查业余艺术团在"学大寨动员会""学大寨现场观摩会"等会议活动上演出 16 场，受到了群众赞扬，常常被夸为"这才是真正的乌兰牧骑"。1974年冬，全盟业余文艺团表演在通辽市举行。其中，为了参加比赛而专门组建的科尔沁左翼后旗文艺团的主要演员全部来自达林艾勒嘎查文艺团，并且此次演出节目也都是由他们创作。在比赛中，他们的演出受到了观众喜爱，获得了集体优秀奖。

党的十一届三中全会后，农村牧区各项事业蓬勃发展，达林艾勒嘎查业余文艺团也得到了长足的发展。截至2014年，达林艾勒嘎查有由50多名演员组成的"达那巴拉组合"，以及由30多名演员组成的专门舞蹈队（广场舞），达林嘎查业余艺术团发展成为一支有乐器、有服装、有演出规章的较为规范的群众艺术团体。2010年，中共通辽市委到达林艾勒嘎查进行农村文化建设调研，决定拨付30万元专项资金修建5000平方米的达那巴拉文化广场，为当地更好地开展群众文化艺术活动创造了良好的条件。

探究达林艾勒嘎查文化艺术不断繁荣发展的根基，可归结为领导重视、群众积极参与。在达林艾勒嘎查文化艺术发展中，除当地传统风俗习惯起到关键作用外，嘎查基层组织领导的重视也起到了重要推动作用。原达林艾勒嘎查大队佈和白乙书记、大双连队长等人在20世纪60年代初，尤其在"文化大革命"的动荡十年中，对剧团的生存和发展起到了重要作用。对此，剧团创始人那顺德力格尔老师讲述过这样一段经历：

1973年1月25日，在旗所在地甘旗卡镇举行的全旗业余艺术团文艺比赛中，达林艾勒嘎查文艺团获得了一等奖。听到这个好消息后，大队支部书记佈和白乙、队长大双连等人连夜骑马赶到70千米开外的甘旗卡镇慰问鼓励文艺团演员们。仅这一点，足以证明嘎查集体对文化艺术的尊重，对文艺工作者的关爱和嘎查文化艺术事业的重视。

在公社化时期，不管大队农牧业生产有多忙，只要乌兰牧骑有演出，大队就会给演员放假，并给他们记同样的工分，让他们安心排练节目。在佈和白乙、大双连等老一辈嘎查村领导的带领和影响下，每届支部书记、大队长，如佈力格德、额尔登朝鲁、包格日乐图、金山等，都对该嘎查文化艺术发展做出了自己的贡献。

进入 21 世纪后，作为嘎查基层组织领导，以下几位为达林艾勒嘎查文化艺术发展起到了推动作用。德力格尔扎布，男，1963 年出生于达林艾勒嘎查，高中毕业，从事多年的嘎查长、嘎查支部书记工作。他是"达那巴拉"组合的创始人之一。百顺，男，1965 年出生于达林艾勒嘎查，曾担任嘎查长，是"达那巴拉"组合创始人兼主要演员之一。青格勒图，男，1961 年出生于达林艾勒嘎查，曾担任嘎查支部书记，"达那巴拉"组合创始人及主要演员之一。他于 2014 年 9 月受邀参加全国民族团结进步表彰大会，受到过习近平等党和国家主要领导人的接见。

当然，除了嘎查支部书记、嘎查长，忠乃和那顺德力格尔两位老师作为达林艾勒嘎查文化艺术事业的奠基人，为达林艾勒嘎查文化艺术事业做出了重大贡献。忠乃，男，1950 年出生于达林艾勒嘎查。他从小酷爱文艺，聪明、好学。忠乃 6 岁上学，从小就学会拉四胡，从 16 岁开始白天读《隋唐演义》等书籍，晚上就给大队的父老乡亲用四胡弹唱所读故事，演绎乌力格尔。17 岁那年，时任大队长朝格图点名让他当了小队会计。这为他提供了很好的学习条件和机会。他利用空闲时间读书或请教别人，自学音符，后来成了能写歌词、能谱曲的能手。他先后创作了《快马比赛》《雄鹰》等十几首好来宝，受到了人们的一致好评。这两首好来宝还被选入科尔沁后翼左旗文化室整理编写的好来宝集。此外，还创作了《双合尔传》《巴彦查干湖》等 40 多部歌曲，其中新创民歌《双合尔传》（时任阿古拉苏木政府秘书陶格腾嘎填词）以优美的曲调深受大家喜爱，至今仍被广泛流唱。后来，他在嘎查小学、苏木中学任教，于 2002 年因病去世，享年 52 岁。他是达林艾勒嘎查文艺团的创始人、指导员及乐手、歌手，对达林艾勒嘎查教育、文化艺术事业发展做出了卓越贡献。

那顺德力格尔，男，1948 年出生于达林艾勒嘎查。初中毕业后回乡工作，先后当过团支部书记、文艺团团长、小学老师。1970 年到 1982 年他担任嘎查文艺团团长期间，对购买乐器、定制或借用民族服饰、应时代需求创作演出新品等工作做出了应有的贡献。

当然，达林艾勒嘎查文化艺术事业的发展不仅为家乡的父老乡亲提供了丰富的文化大餐，也培养出了一批在当地小有名气的文艺工作者。而他们也通过亲身指导、引荐高师等不同途径为家乡的文化艺术事业发展作出了应有的贡献。比如，孟根其那尔，男，达林艾勒嘎查人，阿古拉镇文艺团担任乐手，后被选入科左后旗乌兰牧骑当乐手，1964年去世。斯日古楞，男，达林艾勒嘎查人，1942年出生，毕业于通辽市畜牧学校，1964年从阿古拉公社兽医站调到科左后旗乌兰牧骑当好来宝手和乐手，1980年去世。好毕斯，男，达林艾勒嘎查人，1955年出生，嘎查文艺团演员，1975年被选入旗乌兰牧骑当乐手，先后担任哲里木盟乐手协会、哲里木盟作曲家协会会员，国家三级演员、作曲家，获得国家好来宝手奖项，曾任科左后旗乌兰牧骑副团长等职务。凭借着好来宝《中国马王赞》获得过文化部第三届《群星奖》。2007年因病去世。金亮，女，1951年出生，达林艾勒嘎查人。从嘎查文艺团成员选入科左后旗乌兰牧骑当歌手，后调入哲里木盟歌舞团当歌手、舞蹈演员。呼恩斯图，男，达林艾勒嘎查人，从嘎查文艺团成员被选入哲里木盟歌舞团工作。敖特根，女，达林艾勒嘎查人，曾在通辽市老年乌兰牧骑当歌手、舞蹈演员。

（三）科尔沁民歌达那巴拉及达那巴拉组合

众所周知，《达那巴拉》是一首颇具影响的科尔沁民歌，广泛流唱于全区各地。其主人翁达那巴拉、金香正是科左后旗阿古拉人。如今，有关达那巴拉、金香的事迹虽有些模糊，但其故事大致情节仍有源可溯。

民歌主人翁达那巴拉，为科左后旗阿古拉人，生卒年不详。

达那巴拉父亲为满贵大夫。民间关于满贵大夫及其家眷有几种不同的说法。据达林艾勒嘎查达牧林扎布老人回忆说，满贵年轻时在蒙古贞葛根庙学习蒙医，后来成为一名远近闻名的赤脚医生。也有人说满贵在扎萨克图旗（现科右前旗）学医（但在蒙古贞葛根庙学医的说法更为可靠，因为在当时蒙古贞葛根庙蒙医非常有名，又离阿古拉较近，阿古拉很多赤脚医生都曾在蒙古贞葛根庙学医过）。后来满贵回乡成家行医。满贵大夫有两房媳妇。跟第一个妻子生有5个儿子，分别为大儿子达日玛巴拉、二儿子额尔德尼巴拉、三儿子达那巴拉和小儿子敖特根巴拉，其四儿子名字不详。小儿子敖特根巴拉生活在毛道吐苏木朝鲁吐嘎查，前两年才去世。另有两个姑娘，姐姐叫香梅，妹妹名字不详。后来，满贵因治愈吉力吐艾勒一名重病姑娘，其父母把女儿许配给了满贵大夫。于是，满贵大夫第一个妻子带着子女搬迁至现阿古拉镇敖包艾勒与合林索根艾勒中间的水泡子北侧生活，满贵带着第二个妻子搬迁至吉力吐艾勒生活。①

　　而据乌日图塔拉嘎查额尔德尼达赖回忆，在他 14 岁时当时在双合尔庙当喇嘛的小舅爷道布敦扎拉森说过关于达那巴拉的事情。据说，蒙古贞葛根庙活佛有三个有名的徒弟，分别叫金贵、银贵、满贵。一天，活佛跟满贵说科尔沁地区发生各种疾病，疫情成灾，让小徒弟满贵去消灾。于是，满贵按照师傅的指示来到科尔沁。当时，他的叔叔生活在达林艾勒嘎查，满贵便住在叔叔家行医。一天，有人从吉力吐艾勒来请他看病。病者为年轻女子，但病情较重，见到病人时该女子已卧床不起，连说话都费劲。满贵大夫虽有些灰心，但还是给开了三服药，并嘱咐家人如果吃了这剂药，能说话就赶紧去叫他。当晚，生病女子的弟弟再去达林艾勒请满贵大夫，高兴地说其姐姐能说话了。最终，满贵大夫治愈病重女子，为感激救命之恩，其父母把女儿许配给了满贵大夫。于是，满贵搬迁至吉力吐艾勒，达那巴拉出生于此。

　　另据达林艾勒嘎查乃登扎布、准玛拉楚达嘎查齐保山等人所说，满贵从蒙古贞葛根庙学医回来后居住于吉力吐艾勒最东端（与准玛拉楚达嘎查齐保山家相邻）。当时，吉力吐艾勒居住分散，东西长约 30 里地，所以在民歌《达那巴拉》中称之为温都尔吉力吐，歌中主人翁达那巴拉出生于吉力吐艾勒。而敖包艾勒哈斯巴根和陶乙胡尔扎布两位老人也证实，达那巴拉兄弟四个，分别叫达日玛巴拉、额尔德尼巴拉、达那巴拉、敖特根巴拉。大哥达日玛巴拉生活在原乌兰敖道苏木朝鲁吐嘎查（现在的茂道吐苏木朝鲁吐嘎查），生有两个儿子，分别叫华兴嘎、朋兴嘎，均已去世。朋兴嘎儿子海明，50 多岁，现仍居住在朝鲁吐嘎查。

　　而民歌《达那巴拉》另一位主人翁金香则是敖包艾勒人（现与阿古拉镇合林索根合并，为合林索根嘎查敖包组），生年不详，于 1967 年去世。

　　陶乙胡尔扎布老人为金香后人，现居住在敖包艾勒小组。据老人讲述，金香家姊妹 4 个、兄弟 6 个，共 10 个孩子。金香在姊妹中排行老二，

---

　　① 另有研究显示，满贵大夫有两房妻子，大夫人生有五个儿子、两个姑娘，分别为那日玛巴拉、达那巴拉、巴音巴拉、阿力塔巴拉、敖特根巴拉、香梅和月梅；第二夫人生有二子一女，分别为陶格申扎布、陶格申乌力吉和好美英。见姜彦化《达那巴拉其人考》，《通辽日报》2006年 3 月 14 日第 003 版。

生年不详，于 1967 年 3 月去世，享年 70 余岁。① 现实生活中金香与本嘎查青年高力套结婚（高力套父亲叫毕然嘎太，可能为绰号，其爷爷叫巴拉登普日来），生有一儿，叫囊钦淖日布（简称叫淖日布），金香去世没几天便去世了。淖日布儿子特木勒，今 69 岁，现居住于敖包艾勒。金香大姐（名字不详）与本村青年少布结婚，没有子女。金香妹妹嘎日布，生活在吉力吐艾勒一组。嘎日布有一子，叫根登仁钦。根登仁钦老人生有赛音乌力吉等四个儿子，其中赛音乌力吉于 2015 年 4 月去世，享年 86 岁，其余三子早已去世。金香小妹妹沙布茹，其外孙浩仁塔布（54 岁）生活在吉力吐艾勒三组。金香家兄弟六个，大哥叫斯日希，无妻子，早已去世。二哥叫斯仁扎布，其孙子乌力吉是阿古拉苏木中学原校长，74 岁，现居住于甘旗卡镇。三哥叫道尔吉，因在嘎达梅林起义期间，多次到北京上访，得绰号"北京道尔吉"。四哥叫道布钦，其孙子陶乙胡尔扎布，现居于敖包艾勒。老五叫特格希吉日嘎拉，金香弟弟。老六叫孟和乌力吉，是位喇嘛，无妻子，早已去世。

据陶乙胡尔扎布老人回忆，当时吉力吐艾勒和敖包艾勒同属吉力吐嘎查（当时称之为艾里），吉如合当艾里达（即嘎查达）。吉如合有一喇嘛弟弟，叫哈来，为吉力吐艾勒名医，其儿子官布扎布、孙子三丫头（现 66 岁）均生活于吉力吐嘎查三组。

可见，达那巴拉、金香同属一个嘎查努图克，从小一起长大，青梅竹马。金香是个非常聪慧、直率、勇敢的姑娘。而达那巴拉是个帅气、活泼的青年，两人日久生情，相亲相爱。然而，人世间有真情且有磨难。当时，时任科左后旗军统领额尔敦毕勒格（汉名包善一）与满贵相识多年，交往密切。额尔敦毕勒格统领在农村牧区征兵过程中，看中了能骑善射的达那巴拉并将其征兵入伍②，从而造成了达那巴拉、金香的爱情悲剧。

据乃登扎布老人叙述，达那巴拉于 1919 年请假回乡正遇同村一女嫁

---

① 另有研究称，金香有五个哥哥，一个妹妹。见姜彦化《达那巴拉其人考》，《通辽日报》2006 年 3 月 14 日第 003 版。

② 另有研究称，达那巴拉为了抗日而入军。详见姜彦化《达那巴拉其人考》，《通辽日报》2006 年 3 月 14 日第 003 版。

到宝格图艾勒张姓人家，达那巴拉被邀作为首席诺彦参加送亲。[①] 当时，只有台吉才有资格作为首席诺彦参加送亲。婚礼结束后，在抢帽子游戏中，达那巴拉因马惊而拖拽身亡。当时达那巴拉仅24岁。[②]

后来，能歌善舞的家乡人民以达那巴拉、金香的悲欢爱情为模板，创作了科尔沁民歌《达那巴拉》。至于到底谁创作了这首广为流传的经典民歌，民间有几种不同的说法。

一是该民歌由原布敦哈日根苏木（今金宝屯镇）阿拉塔胡尔齐创作。据乌兰那仁嘎查依德尔阿日色楞老人所述，当时，阿拉塔胡尔齐经常来双合尔庙说唱乌力格尔。

二是该民歌由达那巴拉生前战友，吉尔嘎朗王府秘书哈达所创作。据达林艾勒嘎查小学退休教师白虎所述。

三是该民歌由好宝创作。据达牧林扎布老人所述。好宝原名孙德宝，其父亲巴布是一位精通蒙满文的艺人，从喀喇沁塔布恩格尔搬迁至达林艾勒嘎查生活。巴布有3个儿子，分别为色迪、孙德宝和孟和。孙德宝身材魁梧，因有次喝酒说自己喝了一好宝（蒙语，指一种比普通水瓢大的盛水工具，译者注）水而得此绰号。好宝娶两房妻子，第一房妻子生有双合尔扎布（原巴彦淖尔盟党校教师，2009年去世，享年85岁）、哈斯巴根（现居住于敖包艾勒，84岁高龄）两个儿子；第二房妻子生有满良、五十三（居住在敖包艾勒，前两年刚去世）两个子女。好宝本人及其兄长、其子女都是当地有名的民间艺人。小时，好宝在双合尔庙当过喇嘛，具有音乐天赋，民歌《达那巴拉》由他作曲，原埃古如德努图克巴嘎达（相当于现副苏木达）朝伦巴特尔作词。

四是该民歌由好宝作曲，都希艾勒（今玛拉楚达嘎查都希小组）道尔吉（称道尔吉达，相当于现苏木达）作词。据哈斯巴根（好宝之子）老人所述。哈斯巴根小时，其父亲经常拉四胡，唱民歌，尤其擅长拉唱《达那巴拉》，并称自己创作了该歌的曲子。

如今，达那巴拉、金香的故事已成历史，只留一首科尔沁民歌《达

---

① 据另一位老人达牧林扎布叙述，达那巴拉去世年月为1916年2月4日，死因等与乃登扎布老人叙述内容相同。

② 据另文考证，达那巴死于1934年，被包善一所害。详见姜彦化《达那巴拉其人考》，《通辽日报》2006年3月14日第003版。

那巴拉》。而达林艾勒嘎查群众业余艺术团从最初的"剧团",更名为"文艺团""毛泽东思想宣传队""业余乌兰牧骑"等,并于2005年正式注册登记"达那巴拉组合",成为一支群众性民间业余艺术团体。自成立以来,"达那巴拉组合"在通辽市、科左后旗、阿古拉镇不同场合、不同舞台演出上百场,拉唱当地群众喜闻乐见的科尔沁民歌、好来宝、乌力格尔、流行歌曲等,先后获得通辽市文艺表演一等奖、科左后旗业余文艺演出一等奖等荣誉,为传承科尔沁传统文化艺术做着应有的贡献。

如今,"达那巴拉组合"已成为当地一张名片。近几年,不管刮风下雨,不管农忙外出,只要有演出需要,"达那巴拉组合"克服各种困难,及时出现在嘎查或镇里安排的公益演出场合。在他们及其老一辈艺人的影响下,民间艺术已成为达林艾勒嘎查农牧民业余生活的全部。达林艾勒嘎查约80%的农牧户家中有四胡或马头琴,七旬老人占巴仁钦所做的四胡销往各地。而近几年,有中央人民广播电台、《光明日报》《内蒙古日报》、内蒙古广播电视台、《通辽日报》等国内各大媒体深入阿古拉采访民间艺术事业发展;有内蒙古大学、内蒙古师范大学、内蒙古民族大学等高等院校的师生深入阿古拉地区探究当地民间艺术发展,其中《达那巴拉》和"达那巴拉组合"是不可或缺的一个选题。

三　阿古拉地区文化艺术事业发展典型案例二:"双合尔楚古兰"

(一)"双合尔楚古兰"的创办

阿古拉地区农牧民自古就有端午节登高望远之习俗,认为农历五月五日登得越高,会幸福安康,一年会五谷丰登、牛羊肥壮(前文已对阿古拉农牧民端午节风俗习惯进行描述,在此不再赘述)。

在端午节那天阿古拉地区农牧民爬双合尔山的习惯则是从1980年开始的,是"双合尔楚古兰"的前身(乌兰那仁嘎查依德尔阿日色楞老人认为,端午节爬双合尔山,祭奠双合尔山的习俗很早以前就存在,但不是集体行为,是一种民间自发行为)。1980年端午节当天,原阿古拉苏木供销社、信用社、地震观测台站、银行办事处等机关干部以及私营业主,在原银行办事处那木斯来老人(已故)的带领下,带着节日食品爬双合尔山，在双合尔山山顶庆祝节日。从此，每年端午节爬双合尔山的人逐渐增多，甚至周边苏木镇的人也来爬双合尔山。于是，通过 10 余年的发展，最初以民间形式组织的爬山庆祝节日活动，逐渐演变成一种参与人数越来越多、影响力越来越广的群众性节日活动。当地政府一直非常关注并支持此活动。到了 1993 年，原阿古拉苏木政府决定将端午节群众性爬山活动创办为一个由政府统一组织的有目的、有秩序的文化艺术节，其主要目的在于通过爬山活动创办文化艺术节，宣传阿古拉，发展当地旅游业，将阿古拉自然优势转变成为经济优势，不断增加农牧民收入。于是，原阿古拉苏木政府与旗文化室的阿木古郎、满都夫老师商议，将这一节日活动命名为"双合尔楚古兰"。

首次"双合尔楚古兰"设置祭奠风水、搏克、赛马和民歌比赛等多项那达慕项目，那达慕主会场安排在双合尔山东南，红迪查干东侧，现镇政府办公大楼所在处。本次"双合尔楚古兰"参加那达慕的宾客规模高达 10 万人以上。当时阿古拉地区交通不便，很多外地宾客需住宿过夜，于是苏木各机关、中小学教室、宿舍、小旅馆都住满了外地来宾，白天参加那达慕的人潮从双合尔山顶连接到那达慕主会场，沿线两侧挤满了各类商贩。

在承办、组织、协调各方的共同努力下，首次"双合尔楚古兰"成为一次规模宏大、内容丰富的大型那达慕。本次那达慕有 38 名搏克、100 多匹马报名参加搏克比赛和快马、走马、颠马远近距离的比赛。民歌歌咏比赛分预赛、决赛两个阶段进行，那达慕共进行了 3 天。

（二）"双合尔楚古兰"的发展

在 20 世纪六七十年代，受"文化大革命"的影响，当地全社会经济发展滞后、人民生活贫穷，民间艺术事业发展相对缓慢，甚至很多大队文艺团队解散，集体文艺活动日渐稀少。而 1993 年创办的"双合尔楚古兰"属于当地开创较早的文化娱乐活动，当时全旗几乎没有类似大规模的文化娱乐活动。"双合尔楚古兰"从民间活动发展为有组织、有秩序的正规文化娱乐活动，极大地推动了当地文化艺术事业的发展。

在历届"双合尔楚古兰"中，2007 年第十五届和 2010 年第十八届"双合尔楚古兰"成为该节日庆典活动发展历程中具有重要意义的两届那达慕。2007 年第十五届"双合尔楚古兰"不仅保留原有的祭奠风水、赛马、搏克和民歌歌咏比赛等传统项目，还增加了百人四胡表演、旗文化室展演等项目，那达慕持续进行 3 天。从这次那达慕开始，科左后旗党政领导及相关部门更加关注"双合尔楚古兰"。

2010 年第十八届"双合尔楚古兰"则在传统那达慕项目上又增加了祭祀、风景摄影展、民族手工艺品展销等新内容新项目，从而使"双合尔楚古兰"从原先的单纯的文艺活动转向为文艺活动与经贸活动相结合的方式，进而成为带动当地旅游（包括餐饮、住宿等第三产业）、民族工艺品加工、土特产展销等多功能的文化载体。

对"双合尔楚古兰"的转型发展，当地政府有更加细致的安排和计划，其重点在于通过"双合尔楚古兰"招商引资，带动当地文化旅游产业的发展。其中一要提升"双合尔楚古兰"层次，继续丰富其内容；二要通过旅游业的发展，实现文化产业化；三是通过僧格林沁、达那巴拉等历史人物，挖掘当地传统文化积淀，发挥其作用；四是通过各嘎查各种组合、乐团的发展，丰富群众文化娱乐生活。

（三）"双合尔楚古兰"的含义

"双合尔楚古兰"为阿古拉地区文体娱乐事业的发展注入活力。自实行家庭承包经营责任制以来，有一段时间人们片面追求经济利益，忽略或淡化了农村牧区文化艺术事业的发展，各种文艺活动减少，农牧民除了看电视、听广播，无其他文艺活动可以参与。从 1993 年开始创办的"双合尔楚古兰"，丰富了群众文化娱乐生活，为阿古拉地区文化艺术事业的发展注入活力。在"双合尔楚古兰"的带动和影响下，各嘎查举办特定节假日或迎新专场歌咏会，在祭敖包、祭尚喜过程中举办大小规模不同的那达慕，进行民歌、赛马、搏克比赛，甚至利用农闲时间各嘎查村之间经常性开展民歌、四胡等友谊赛。近几年各种艺术团体、民歌组合相继成立，开展各种文艺活动。

通过"双合尔楚古兰"宣传阿古拉，增强阿古拉的影响力非常大。自 1993 年第一届"双合尔楚古兰"，到 2014 年已举办 22 次那达慕，参与人群从刚开始的阿古拉镇周围嘎查屯老百姓扩展到相邻旗县，甚至通辽、呼和浩特、沈阳、北京等中大城市的文艺爱好者、图片摄影师等有识之士。同时，《内蒙古日报》、内蒙古广播电视台、《通辽日报》、通辽电台等媒体的采访报道，起到了宣传阿古拉形象、增强阿古拉影响力的作用。

　　另外，通过"双合尔楚古兰"将阿古拉地方文艺优势逐步转化为发展经济的优势，使当地老百姓思想意识逐步发生变化，为当地群众开展商贸交往、开办餐饮业、加工销售奶食品和手工艺品等地方特色产品提供了平台，成为发挥地区优势、增加农牧民收入的新亮点。

四　阿古拉地区教育事业的发展

（一）阿古拉地区民族教育发展现状与历史

　　目前阿古拉地区有中小学一体化的中心学校 1 所、5 个教学点、2 所幼儿园。其中，阿古拉镇中心学校在校生 1306 名、教职工 124 名，有一栋占地面积 3793 平米的教学楼、5516 平米的学生宿舍、食堂和活动室，学校林地 1000 亩，计算机、电教室、球类、乐器、民族服饰等各种教学设备、文体设备一应俱全。阿古拉幼儿园有 200 名学龄前儿童、24 名教职工，有 1823 平米的教学楼；哈日额日格幼儿园有 32 名学龄前儿童、5 名教职工，有一所 630 平米的教室。

　　据当地老人们回忆，1947 年起阿古拉各嘎查相继成立嘎查学校，招收一到三年制，或四年制学员，是新中国成立以来阿古拉民族教育的开端。1949 年 3 月，阿古拉完小成立。1953 年吉日嘎朗中学成立后，成绩优异的完小毕业生可以到吉日嘎朗中学学习。

　　1958 年阿古拉农业中学成立，1961 年 4 月停止办学。1965 年虽重新恢复，但受"文化大革命"影响很快再次停办。1968 年在原农业中学基础上正式成立阿古拉初级中学，1969 年按照上级"初中建在生产队，高中建在公社"的号召，公社所在地建阿古拉高级中学，同时在各生产大队相继成立初级中学。1978 年各生产大队停办初中，1980 年阿古拉高级中学转为初级中学。

　　1985 年随着农村牧区机构改革，阿古拉公社中学改为阿古拉苏木中学；1995 年苏木中小学合并为阿古拉中心学校，2001 年后改为阿古拉镇中心学校。

（二）新中国成立以来阿古拉地区民族教育事业发展历程

　　阿古拉民族教育事业的发展可分为以下五个阶段：第一阶段为发展的初级阶段，即从 1949 年 3 月建校至 1966 年 6 月"文化大革命"开始。

1947 年前，当地达官贵族把孩子送到私塾念书，极少数农牧民家孩子才能到少数嘎查（村）教学点念书。1947 年后各嘎查相继成立学校，百姓孩子才有书可念。

特别是 1948 年土地改革基本结束，农牧民有了自己的土地和牲畜，生活水平逐渐提高，慢慢有了让孩子念书掌握知识的需求。在这种背景下，1949 年 3 月成立阿古拉完小。学校成立时，仅有 3 名老师、20—30 名学生。而到 1965 年年底时已有近 200 名学生。当时学校连像样的教室、宿舍都没有，借双合尔庙大殿侧房做教室。刚开始时连笔纸都没有，在经书卷上涂大麻籽油，上面再撒些灰土，然后用树枝当笔写字。

据科左后旗志记载，1958 年"大跃进"中，在全国全党"大搞办教育、普及小学"号召下，教育战线贯彻"公办与民办并举"的"两条腿走"的方针，全旗小学迅速增加至 366 所，在校生达 29415 名，教师达 741 名。到 1965 年全旗小学数达 513 所，在校生 37395 名，教师达 1374 名。

第二阶段从 1966 年 6 月至 1977 年高考恢复。"文化大革命"十年，为阿古拉民族教育事业滑坡阶段。"文化大革命"一开始，很多学校校长被划成"走资本主义道路的当权派"，被划入清理"队伍"，教师地位下降，学生纪律松散。1968 年各生产大队建立贫下中农办学委员会，提出"开门办学"口号，贫下中农管理学校，整天批判"林彪、孔老二"，批斗教师。批斗大会持续开 76 天，学生罢课参加劳动，教学质量空前下降。1968 年 8 月，全旗初中、高中各年级一同毕业，参加回乡劳动，城镇学生从 10 月份开始下乡接受贫下中农再教育。1969 年，各嘎查（村）学校在三五名教师无校房校舍等条件下随时代要求开初中班。

第三阶段从 1978 年至 1985 年，为阿古拉民族教育事业恢复阶段。期间，"文化大革命"影响渐渐消退，在办学条件没有得到完全改善的条件下，学校管理、教学教务等工作逐渐进入正常渠道，教学质量逐渐提高。当时，全公社有 19 个嘎查、28 个自然屯，共有 1 所高级中学、22 所小学（其中 20 所小学设有初中班）。阿古拉中学有初中班和高中班。1980 年最后一批高中班毕业，阿古拉高级中学停办，成为一所初级中学。据科左后旗志记载，到 1985 年科左后旗学龄儿童入学率达 97.2%，普及率达 96.7%，通过自治区初中教育普及考核小组的考评。

　　第四阶段从 1986 年至 2000 年，为阿古拉民族教育进入快速发展阶段。我国从 1986 年提出九年义务教育工作，通过 10 多年的艰辛努力，到 2001 年阿古拉镇中心学校通过自治区义务教育评审，实现"基本普及九年义务教育，基本消灭中青年文盲"的奋斗目标。办学条件逐年改善，学校管理日渐成熟，教学质量迅速提高。

　　第五阶段从 2000 年至 2005 年，为阿古拉民族教育事业发展的黄金期。期间学校办学条件大大改善，教学质量大幅度提高。自 2001 年阿古拉镇中心学校连续 10 年在全旗教学工作评比中获得第一名；2005 年、2006 年、2009 年、2010 年的全旗"双合尔杯"知识竞赛，2008 年、2009 年、2010 年的全旗"人寿保险杯"知识竞赛均获得总分第一名。2004 年被评为自治区农村牧区校园管理先进学校。

　　回顾过去 60 余年的发展历程，阿古拉中心学校（以及前身）毕业生达 6500 余名，遍布祖国各地，投身于该地区及更广泛区域经济社会建设事业中。在此过程中，阿古拉苏木镇领导额尔敦仓、道尔吉、钦达门、王铁山、尼玛，学校领导乌力吉、斯琴巴特尔、巴音宝力高等人均作出了应有的贡献。在各嘎查学校中，达林艾勒嘎查和吉力吐嘎查学校无论从学生数量还是教学质量上均属于当地嘎查小学中影响较广的学校。

　　达林艾勒嘎查小学始建于 1950 年。当时有 1 名教师、20 多名学生，设一到四年级，五年级时升学到阿古拉完小。从 1965 年起成五年制小学，有 2 名教师、50 多名学生。到 1968 年时，教师数量增加至 4 名，在校生达 98 名。自 1975 年达林艾勒小学加设初中班，开设蒙语文、汉语文、数学、物理、化学、政治、历史、地理等 8 门课程，聘用两名民办教师，在校生达 137 名。1978 年达林艾勒小学停办初中班，成为一所五年制小学。近十来年，通过农村牧区中小学撤并，达林艾勒小学师生规模大幅减少，成为仅有 2 名教师和 20 多名学生的嘎查教学点。达林艾勒小学至 20 世纪 70 年代末初具规模，白布和、囊吉德、莫尔根高娃、金晓、金英、那顺德力格尔、海小、小那顺德力格尔、双连、金宝山等老师做出了极大的贡献，先后有 60 余名学生考入高等院校。

　　吉力吐嘎查小学则始建于 1952 年，起初有 1 名教师、20 多名学生。1976 年加设初中班，1979 年两期初中班毕业，停办初中班。现吉力吐小学已撤并至阿古拉镇中心校。天虎、宝音仓、包金山、蒙根图、努尔拉扎布、阿拉腾敖其尔、阿其拉图、包金山、包虎、金桃、阿穆尔萨娜、哈斯其其格、包金花等人为吉力吐小学的发展做出了应有的贡献，而其间吉力吐小学学生中有50多名学生先后考入高等院校。

除此之外，早在20世纪50年代至80年代之间，阿古拉还曾有过卫生学校。阿古拉卫生学校是阿古拉卫生院开办的非定期两年制卫生学校。在20世纪50年代末至60年代初6年期间共招收三期学生，培养16名医生。其中第一期共招收5名学员，分别为雅门嘎查宝音德力格尔、花灯嘎查陶乙胡尔扎布、赛音呼都嘎嘎查宝音乌力吉、道尔苏嘎查德乐都、乌兰那仁嘎查义登扎布等，毕业后宝音德力格尔、陶乙胡尔扎布、宝音乌力吉、德乐都等人在阿古拉卫生院工作，成为当地有名望的医生，义登扎布至今在嘎查当赤脚医生。第二期共招收6名学员，分别为达林艾勒嘎查宝音德力格尔、恩和巴雅尔、乌兰那仁嘎查贺喜格宝音、金虎、赛音呼都嘎嘎查图门巴雅尔、准玛拉楚达嘎查敖特根等，毕业后宝音德力格尔、贺喜格宝音、敖特根、金虎、恩和巴雅尔均成为阿古拉、哈日额日格卫生院医生，图门巴雅尔成为当地赤脚医生。第三期共招收5名学员，分别为道尔苏嘎查哈斯巴根、吉力吐嘎查吉格米德、雅门嘎查金柱尔、乌日图塔拉嘎查赛音吉利跟、阿仁艾勒嘎查那木海等，毕业后除哈斯巴根在阿古拉卫生院工作外，其余均成为当地的赤脚医生。从蒙古贞葛根庙学医的巴图、札那巴杂尔、包尼巴杂尔三位喇嘛和阿古拉卫生院原院长丹达尔医生为阿古拉卫生学校三期学生教授医学。1965年，在丹达尔担任阿古拉卫生院院长期间，开设半个月的培训班为各嘎查培养一名赤脚医生，为当地基层医疗卫生事业做出了极大的贡献。另外，1983年夏季，在哈斯巴根同志担任阿古拉卫生院院长期间，恢复阿古拉卫生学校，招收53名学员，聘请宝音德力格尔、宝音乌力吉两位老医生传授蒙医知识。其中3名学员来自原巴雅斯古楞苏木，其余均为阿古拉本地学员。现在这些学员中只有10名学员在当地当赤脚医生，其余均从事农牧业。此后，高考制度恢复，医疗卫生院校毕业生增多，阿古拉卫生学校再也没招收学员，卫生学校也成了历史。阿古拉卫生学校先后虽然仅招收过五期（包括半个月的培训班）学员，但培育了近百名医疗卫生工作者，为阿古拉医疗卫生事业的发展做出了卓越的贡献。

专访 3　阿古拉地区农牧民生产生活变迁的缩影

　　为了解新中国成立以来阿古拉地区农牧民生产生活的变化，课题组于2014 年 11 月赴阿古拉镇吉力吐嘎查，在嘎查干部海山的介绍下走进八旬老人赛音乌力吉家，对赛音乌力吉、淖尔桑两位老人进行深度访谈①。现将整理、翻译的访谈记录摘录于此，与读者分享。

　　吉力吐嘎查地处阿古拉镇北部，分三个小组。1951 年，将原公因努图克吉力吐队、巴音宝吐努图克准吉力吐合并成为现在的吉力吐。站在双合尔山山顶向北看，横跨吉力吐查干能看见东西狭长坐落的吉力吐嘎查，因此当地人又称其为温都日吉力吐。吉力吐嘎查土地面积约 5600 公顷，其中草场面积占 80% 左右，是阿古拉地区草牧场面积相对较大、畜牧业比例相对较高的嘎查之一。

一　新中国成立之前阿古拉地区农牧民生产生活状况

　　新中国成立前，当地农牧民生活十分贫困。吉力吐虽然草场面积较大，但前后都是沙地。当时没有在甸子地种田，也不知道开发甸子地，只是在沙窝子里种点农作物。早期主要农作物有大麻籽、大瓜、黄豆、绿豆、糜子、荞麦等，并少量种植玉米（每户 2—3 亩），用于自食。除此之外，没有其他农作物。一般在沙窝子平整或坡地种植，农历七月中旬到八月中旬收割，并找些坚硬点的地方脱粒。当时没有仓库，除了日常食用的粮食外，都在沙窝子里挖地窖储藏，窖口用牧草、树枝盖住。

---

　　① 本节内容根据赛音乌力吉、淖尔桑老人的讲述，由明月助理研究员整理、翻译。

　　清明节前后，人们拿出犁、犁铲等生产工具，开始做种春耕准备工作。清明节后半个月到二十天开始种植。但与现在不同，当时只有大麻籽一种旱田作物，1—2天就能种完。随后就翻两三回糜子、荞麦地。夏至之前种植绿豆、黄豆等，夏至后种植糜子，再过几天小暑节气种荞麦。之后进入锄地阶段。早期没有除草药，糜子、荞麦锄一遍，大瓜锄两遍，锄地能持续两个月，锄完地大概就进入农历七月份打草季节。

　　夏季大概鸡鸣时分（大概早晨3—4点）起床，黎明前吃早饭。吃完饭找回散放在牧场上的耕牛，开始一天的劳作。晚上，犁、犁铲等生产工具一般都留在田间地头。当时不存在丢生产工具之事。当时种地的生产工具也就牛拉木质犁一种。有耕牛的农牧户用牛拉犁种地，没有耕牛的连地都种不了，甚至连住房都没有。他们为了维持生计，只能给达官贵人当劳力，仅得一年的吃穿。当时劳力还分内耪青和外耪青①，内耪青农闲时还参加雇主其他劳动。特别是逢年过节当劳力者更多。当劳力者一般年初提前预支春夏秋三季的口粮和工钱，维持一家人的生计。到秋天，算一年的工钱时，往往只剩下冬季口粮。当劳力者如果说定了给谁家当劳工，就去谁家干活，干得好，主人看中了，可能连续干上几年；干得不好，主人看不中，还得找下一家，过着流浪生活。当然，由于当地农牧民为人耿直善良，即使最贫穷的时候，也没有出现过特别凶残的地主。当时吉力吐也就四五户地主。直到土地改革，土地私有制变为公有制，再到互助组、人民公社、生产队，当地老百姓生活才开始好转，解决了吃饱的问题。

　　当时大多数家庭居住在两间房或两间房加半截儿的三间房。但那时候

---

　　① 耪青是一种土地关系，清代和民国时期，耪青盛行于满蒙的农业开发区。其内容是，地主负责提供一切生产资料，包括种子、肥料、役畜和农具，甚至住房。佃农只提供劳动力，但没有经营自主权，不像一般佃农那样有劳动自由。所谓内耪青多是外乡人，他们不仅不占有土地，而且连起码的生产工具也不具备，他们每年于固定的时间离家寻觅雇主，如有固定雇主的，就于每年农历正月二十之前到雇主家集合；没有固定雇主的，就于每年清明节前后，肩负耒耜到蒙古营屯、集镇附近寻求雇主。内耪青在农闲时一般还要为东家干其他活，包括涂壁、修理房屋、运送肥料、割柴草、刈牧草等，但有一定的天数限制。外耪青多是本地人，他们有自己的房屋财产和农耕用具，有的还占有或佃有一定数额的土地，只是由于占地或租地不够用，须再以耪青的形式租用一些土地作为补充。所以他们多自备农耕具及其他生产和生活必需品，只由雇主提供土地，收获物折半或四六分成。见王建革《耪青与社会流动》（2002）；王玉海《清代内蒙古东部农村的耪青与雇工》（2000）等。

的两间房不像现在房屋这样宽敞，再加之那时候家庭人口众多，还放置火炉子（或火盆）和供佛台，屋内显得十分拥挤。两间加半截儿的三间房稍显宽敞，但这样的房屋极少，一个村屯也就两到三户。

在当时，一年四季几乎没有农闲之说。早期粮豆加工都是用石磨盘，用毛驴拉磨，加工费时费力。当时，大多数农牧户没有毛驴，甚至连一头猪都没有。5—7户之间有一台磨盘，过年时人们都抢着用磨盘，去加工荞面，加工一年所吃的半熟米、炒米。每年年底农历十一、十二月，磨盘几乎没有空置的时候。人们在磨坊一角生火，一边取光，一边取暖，连夜加工。加工完一年的粮食，开始缝制一家五六口人一年所穿的衣服、鞋帽等。当时没有现成卖的鞋，大家都自己做。为了赶时间，人们点着大麻籽灯（后改变为煤油灯、蜡烛等），连夜缝制，一直干到凌晨。而这些活儿都是家里妇女来完成。当时当地人习惯穿长袍。男的冬季外套短褂，系腰带。女的习惯戴耳环、耳坠，常年穿绣花长袍。土地改革中，这些穿着饰品都被禁止。

男劳动力则冬季喂养牲畜、春秋季打柴、编篱笆、收拾圈舍庭院。沙窝子灌木丛较多，当地人一般都采伐灌木丛做圈舍，当柴火。当时，多用柳条枝、锦鸡儿等做圈舍围墙。春季则要打柴，一般家庭都得采伐锦鸡儿丛、柳条枝当柴火，用于每年的生火烧炉。由于大家都用大灶做饭，用火盆炒菜烧水，蒸烧糜子等都用大灶，这些都需要大量的柴火。当时人们还普遍供奉火神、祭火神，讲究一天二十四小时香火不断，即使不用火的时候，也要把牛粪埋在火灰里。

饮食上，除了上述自己种的农作物外，主要依靠牛奶和奶食品。当时几乎没有商铺、商店，人们自产自食。夏季为赶农活儿进度，一般都在野外吃午饭，其多为奶食品和炒米。而住的都是土坯房，窗户都是用纸糊的，只有那些富裕户才会在窗户纸中间放一块玻璃，便于往外看。纸糊窗户外面还安装一层芦苇帘，防止雨水弄湿窗户纸。在看病就医方面，当时全靠那些赤脚医生。家人一生病就找骑着毛驴、背着钱褡子的赤脚医生看病抓药。当时，没有什么医院、卫生所，更没有什么点滴注射等说法，赤脚医生给病人抓些装在钱褡子小格子里的蒙药，当时最方便的也就丸药，其他均为散剂。即使新生儿，也得请那些赤脚医生掐青筋，为防治感冒发烧等给开黑色丸药（当地称之为哈日乌日乐）。大人生病了，还是他们治。但那时很少有开刀手术等救治方法，服几服蒙药都能恢复。

当时的生态条件与现在没有可比性。灌木丛、草丛能达到大腿处，打猎时马根本迈不开腿，步行时裤腿都被磨破。夏季不像现在，根本看不着地面，绿葱葱的。当时吉力吐沙窝地有狼、狐狸、獾、貉、野兔、野鸡等很多野生动物，还曾有过黄羊。鸟类更是很多种，大型的有天鹅、大雁、野鸭、灰鹤、丹顶鹤等。那时骑着马出去，见到野兔、野鸡，因树丛草丛高又密马没法奔跑，根本追不过去。步行的人还好点，能穿梭在灌木丛中。当时多在春秋季农闲时期打猎。出去打猎，没有猎枪，只有猎狗和马，都按抓猎物的狗的昵称或颜色分配猎物，当时打猎没有一天是空手回来的，怎么也得打上野兔野鸡什么的。交通工具则都用铁轮车，车轮较高，时不时地给轴承打油，溢出来的油渍粘在路两边的高草丛，人一走油渍粘在裤腿上，要是穿上浅颜色裤子，一会儿工夫油都会漏出来。当时，吉力吐艾勒两个小组中间就有水泡子，夏季野鸭、大雁都在此落脚，但都没人去驱赶打扰。当时王巴哈嘎野鸭、大雁、天鹅等候鸟更多，野鸟蛋到处可见，到农历七八月份，雏鸟刚出，小孩子、家狗抓那些小鸟，甚至有人用扁担挑鸟蛋。春天，草甸子里的枯草牲畜都不吃，只能用火烧，牲畜都到沙窝子吃刚出芽的细软的嫩草。一群群四五十只大雁、天鹅、丹顶鹤、灰鹤等飞落在草甸子上，而现在连鸟叫声都很少听到，只有春秋季节偶尔听到天鹅的叫声，少见大雁，野鸭等候鸟基本见不到。当时草丛、灌木丛能延伸到村屯周围，一下大雪，野兔、野鸡都跑到庭院里觅食。

当时交通不便，人们很少外出。去得最多的地方就是双福寺。老阿爸、额吉可能偶尔去一趟通辽、郑业（现双辽市，原郑家屯，译者注）等地方。当地几乎没有什么商铺。双福寺喇嘛多的时候有过郑业准麻子铺子、刘皮匠铺子，后来还开了一个喇嘛因铺子，相当于现在的代买站，从通辽、郑业进货。嘎查屯更没有商铺。有钱的人去那几家铺子买些烟酒什么的，没钱的用粮食自己酿酒。当时一年到头见不到钱，秋冬季有了点钱，当家人阿爸与家中老额吉计划好好来年所用的布料、棉花、针线，等等，一次性进城全部置办，不像现在两三天跑一回城里。拿回来的材料按当家阿爸的安排，给需要的人缝制上衣、裤子、鞋、棉袄棉裤等，而不是每个人都能穿上新衣服。当时人们的衣服没有一件是不带补丁的，一件衣服穿好几年，只有外出办事的人才穿不带补丁的衣服，哪像现在一年一套、一年好几套的买衣服。吃的就买少量果子、白糖、红糖，而这些多用于供奉佛祖，直到正月初八、十五佛祖面前的贡品不能动，正月十五喇嘛念经、祭火完毕才开始收回果子、糖果、奶食品等贡品。

新中国成立之前，当地百姓都信奉喇嘛教。当时，几乎每个家庭都有所供奉的佛像。紧靠西墙或西北角放置佛桌，桌上放佛龛，佛像前放祭祀品，包括布呼力术斯。每天早晨烧香拜佛。每逢初一、十五点佛灯叩拜。从大年三十到初八，有甚者到十五佛灯长明，叩拜不断。人们祭火神、看风水、看病抓药都要到双合尔庙。当时祭火神，每天早晨起来都给火神点香磕头。每月祭火神时，5—7 户合伙请双合尔庙请喇嘛念经，到年底合伙几家人核算一年的念经求佛费用。当时没有统一的收费标准，也没有必须供奉念经费用之说，人们都根据自己的信奉程度供奉，生活富裕点的多给些银圆，甚至牛羊，贫困者则少给些，表达信仰之意。那时很少有出售粮食、牲畜等说法。饲养牲畜主要是为了自食和役用。牛奶、奶食品全为自食，牛奶、炒米是当时最主要的食品，农忙季节早晨吃，中午也吃（当时多在沙坨地种地，都在沙窝子里种，农田离家较远，近则 10 里地，远则 30 里地，由于没有现在似的交通工具和道路条件，中午一般都在野外就餐，多吃牛奶炒米等）。当时，双福寺大小喇嘛 500 余人，每年举办各种大小规模的庙会，如三四月份满都拉会，七月份的雅日奈会、正月查玛会等。每当举行庙会，嘎查屯男女老少都会去双福寺，拈香拜佛，布施银钱。其中正月查玛会规模比较大，喇嘛们会穿上十二生肖面具服饰翩翩起舞。查玛会一般持续 3 天。农历五月五则举行集市，来自郑业盖、通辽盖的商贩，带着果子、苹果、梨、糖果等来双合尔庙，东西摆放在红迪查干边上，红迪查干上举行踢红迪等多种游戏。在双合尔庙大殿门口举行念经、跳查玛舞。这是当地老百姓去得最多的地方。

二　新中国成立至改革开放初期阿古拉地区农牧民的生产生活

1947 年科左后旗获得解放，1948 年春天吉力吐嘎查进行分田地，穷苦农牧民有了自己的土地、住房。当时分地主（特别富裕且雇佣他人的大户）、富农（生活水平较高，牲畜较多的农牧户）、中农（有几头牲畜，中等生活水平）、贫农（维持生计，贫困百姓）和雇农（难以维持生计的）五个等级。伪满时期吉力吐与西马琳楚同为一个努图克，三个屯，即公因努图克，属于希如德努图克。以吉力吐为正艾里（主要屯）、西马琳楚为副艾里，全艾里也就 30 户左右人家。

当时不管有畜无畜，对全艾里牲畜进行平分。按照一头母牛等于一头半三岁牛、一头公牛（去势的）等于两头三岁牛、一头两岁牛加一头三岁牛等于两头三岁牛的标准，将全吉力吐艾里牲畜折算成三岁牛，按一口人一个半三岁牛的标准平分。所谓一个半三岁牛，是指一个三岁牛和一个牛犊。从此，贫困百姓翻身做主，有了属于自己的田地和牲畜，有了自己的耕牛和犁。从 1948 年春天分牲畜到 1954 年，实行单干。这期间，人民生活又开始分化，有些农牧户变成了无畜户，有些农牧户生活则逐渐好了起来，从半犁发展到整犁①，牲畜头数达到了 20 来头，部分农牧户则因人口众多或懒惰而变成了贫困户。总之，新中国成立以后人民生活水平总体上得到了改善，同时供奉佛像、烧纸祭祀等一切迷信活动也被明令禁止。

1954 年，阿古拉开始初建互助合作组。当时在国家号召下，愿意联合的几户组成一个完工组，挨家挨户合作完成农活儿。后来改建农业社，统计全嘎查村人口，牲畜作价，全改为队所有。当时一头壮牛按 90 元，一头好母牛按 40 元作价，并划分三个等级，每个等级间差 10 元。除部分自留畜外全部作价归队、集体所有。后来为了实现工业化，将全部劳动力登记造册变为合作社社员，从每个社员强制性收取 80 元，作为农业生产资料投资资金，并把农牧户全部生产资料归为队集体所有。

1956 年建立高级合作社，除了猪、鸡、狗等畜禽外，将农牧民所有自留畜也归集体所有。建小组、生产队，集体劳动。住户少点的村屯建立 7 个，大点的 9—11 个不等的生产管理委员会，负责指导农牧业生产，队长、会计、保管负责管理全队生产生活。到了秋天，队里根据每家每户人口数量供应口粮，预留集体全部牲口的饲草、庄稼种子等，再将剩余部分按劳动力劳动积分分配。当时，劳动力参加劳动都进行记分，农业、牧业生产各有不同的记分方法。年底核算一年的劳动记分，一般男劳动力一年

---

① 据敖格力皋艾勒乌力吉图老人介绍，所谓半犁是指套两头牛的犁，整犁是指套四头牛的犁。

下来能记 2000—3000 分，年底从一年的收入中预留公积金、公益金等费用，去掉各种生产开支后，剩余的部分（约占总收入的 50%—55%）再按总劳动记分分配。每个劳动力都需要参加劳动、记分，365 天天天出工，就算是生病看医也需要向大队请假。秋季农忙季节，几家小孩子集中看护，其余看孩子的老太太也要出工。吉力吐嘎查当时一个劳动计分能分到 1—1.4 元，有些地方平均 0.7—0.8 元，甚至有些嘎查村去掉上述费用后，入不敷出，拿国家返销粮。于是，最勤劳的一家人，一年也就记10000 分，折合人民币为 7000—10000 元，算是高收入家庭。当时人均粮食（未加工的粮食）供应量大概 360—450 斤，最多不超过 540 斤，其余全部国家拿走。人均口粮不足 360 斤时，由国家供应。当时都有供应本，如果不到供应时间前吃完了口粮，国家是不会提前提供粮食。

1958 年阿古拉实现公社化。当时为了增加收入，公社统一全社马车，开采沙子卖到门达①，还采伐一些芦苇、香蒲等出售，同时采些碱土。除此之外，没有其他副业收入。采伐麻黄等只能个人采，没法集体采伐。当时早田只有大麻籽，出售大麻籽或牲畜有些零星收入，其他都是晚田作物。后来，提出"以粮为纲"，大量开发草甸子地，发展"纲要田"②，增加玉米等早田作物种植比例。当时，用长春拖拉机大面积开发草甸子，开发高产良田，如果没有机械开发，畜力木犁根本开不了草甸子。有了草甸子地，每人种植一亩"纲要田"，种作物种类也逐渐增多，粮食产量明显提高。这些草甸子地就是吉力吐嘎查现在"园田"的基本雏形。

三年困难时期（1959—1962 年），当地老百姓也过得十分贫穷。当时每人每天只分得三两未加工粮食，根本不够吃，人们在碱水里煮碾磨好的玉米棒子、用荞麦皮做饼吃，甚至采集灰菜、反枝苋、苍耳等野菜充饥。当时阿古拉公社道尔苏大队 12 人因吃苍耳中毒身亡，吉力吐嘎查有两人在放养过程中因吃野山杏核中毒身亡。除了粮食外，做衣服的布料都用票买，一人 7 尺布料。当时，一件衣服真是新三年、旧三年、缝缝补补又三年，相比现在可以作为节俭榜样来宣传。

---

① 门达指科左中旗门达镇境内门达火车站。门达车站建于 1921 年，离双辽站（原郑家屯站）38 千米，离大虎山站 332 千米，是早期通辽——郑家屯线上重要站点。

② 为实现《1956 年到 1967 年全国农业发展纲要（修正草案）》而开发的农田，因此称之为纲要田。见《1956 年到 1967 年全国农业发展纲要（修正草案）》（1957 年）。

自 1982 年实行承包经营制度，把土地和牲畜承包给了农牧户，进入农牧户单干时代，从此当地老百姓生活水平逐渐得到提高。当时生产队按一头牛 250 元、一匹马 500 元的价格，将全部牲畜作价归户，大家又重新站在同一起跑线上。自实行家庭承包经营制度，甸子地播种种类增多，亩产提高。刚开始，牛作为畜力，拉犁较多，有少量马拉犁。不久马作为畜力普遍用在拉犁过程中，提高了耕种速度，木质犁也逐渐变成铁犁。当时，甸子地、沙坨子齐种，人们生产积极性空前高涨，吉力吐西南甸子地各家各户的乌图日莫占满空地，每到秋季忙碌的人们犹如集镇。刚单干时，多为小胶轮车，套牛、套驴；后发展为二号、三号车（中型胶轮车），套马；20 世纪 90 年代后就慢慢变成了机械化，三轮、四轮拖拉机逐渐普及，甚至一些大型拖拉机应用到农业生产中。

20 世纪 90 年代，税费压力过重，严重制约当地农牧民的生产生活改善。当时一只山羊各种税费加起来就有 30 元，一年到头农牧民所得只够缴纳各种税费，甚至出现亏空。如果有剩余，那就是一点口粮玉米和秸秆。后来逐步减免各种税费，重视民生改善，使老百姓生活才有了起色。特别是进入 21 世纪后，国家加大惠农惠牧补贴力度，从收缴税费转为提供各种生产生活补贴，甚至连烧火的煤炭都给补贴，将全社会发展的成果惠及了老百姓。

三 对现在生产生活的评价及期许

（一）现在草牧场承包到户，但生态条件远远不如从前，存在严重的植被退化和草场退化现象。除了野兔、野鸡，几乎见不到其他野生动物，更没有像从前那样狼、狐狸等野兽侵害家畜的事件发生。芦苇、香蒲、麻黄、山杏、甜草等植物产量也大大降低，有些已经不让采伐。当时去灌木丛采摘野山杏，走过两三个灌木丛就看不着彼此，而现在爬上沙丘光秃秃一片。其主要原因是一方面连续干旱，另一方面人口增多牲畜存栏头数增多，畜均草牧场面积变得狭小。过去，吉力吐地区饲养牛、马、骆驼、绵羊、山羊、驴等多种家畜，其中牛、马、驴在生产生活中的作用更突出。而现在只剩下绵羊、山羊和牛，农业生产中基本不以畜力为主要动力。马主要是以赛马形式饲养，其饲养管理更加精细化。毛驴基本绝迹。现在草牧场严重退化，养畜只能冬季用秸秆圈养，夏季则放牧。当然，现在牛羊出售价格与过去相比高很多，牛犊能卖8000—10000元，如果持续发展必将给当地农牧民带来很好的收益。但前提是必须加强草牧场保护和建设，加强吉力吐查干的生态恢复保护。

（二）走进2010年之后当地基本实现了农业机械化。可以说，机械化使农牧民从"三弯"中解放出来（"三弯"即锄刀、镰刀和铲刀）。总体上，由于气候干旱少雨，水稻播种面积明显减少。同时，也很少种植大麻籽、大瓜、豆类作物，作物种类越发减少。现在主要种植玉米，而生活所需的蔬菜、水果，甚至炒米、荞面等传统食品都从集市购买。这种种植结构不仅降低了当地农业抗风险能力，也失去了传统特色农产品优势。

（三）食品更多地依赖市场提供的商品，除了奶食品外，很少有自产自食食品，甚至很多农牧户奶食品都从市场购买，荞麦、糜子等传统优势农作物也很少有人种植。取水时过去一个小组就一口井（土井），女劳动力每天打水挑水几次，劳动强度也不小，而现在已经从压井发展到了潜水泵（机井），一按电源就出水。住房条件也得到大大改善，现在大部分人家都住着砖瓦房，连牲畜棚圈都变成了砖石结构的，基本看不到土坯房了。当时背着种子、犁，步行到农田种地，现在进出门就坐车，到了目的地脚才落地。但与过去相比，现在农村牧区社会风气不如从前，赌博欠债、离婚分家、追求金钱、道德败坏、铺张浪费等现象大有存在，这些不利于家庭生活改善乃至社会发展，应得到重视和引导。

（四）新中国成立后，特别是"文化大革命"中，当地老百姓供佛拜佛、祭祀烧纸等习俗被禁止。近年来这些习俗慢慢得到恢复。很多老百姓自愿恢复供奉佛像、祭奠故人等习俗，但信奉程度大不同。过去双合尔庙每年的查玛会都有过搏克大赛，后来集体时期也举办过各种那达慕。现在嘎查举办的那达慕较少，一般都是寿宴时举办小型的那达慕。信佛信教或恢复那达慕不是要回到过去，也不是恢复封建迷信，现在看来不管是信佛信教还是举办各种那达慕，其目的在于让人们有一种信仰寄托，有一种心灵向往，使人们向着美好的、与自然和谐相处的方向去发展，而不至于让人们沉迷于无尽的物质欲。

附录一　走访嘎查及深度访谈对象名录

（按首字笔画排序，无先后主次之分，
60岁以下访谈对象未记录年龄）

1. 走访的嘎查、自然屯

乌日图塔拉、乌兰那仁、白兴吐、吉力吐、达林艾勒、合林索根、希伯艾里、阿古拉、砖盆窑、敖包艾勒、敖格力皋、桐其格、准玛拉楚达、准道日苏、浩坦格日、赛音呼都嘎。

2. 深度访谈对象

乃登扎布，男，88岁，阿古拉镇达林艾勒嘎查人。

山花，女，62岁，阿古拉镇党委原副书记，已退休。

毛敖海，男，80岁，原阿古拉苏木干部，已退休。

乌力吉，男，70岁，阿古拉镇中心学校原校长，已退休。

乌力吉图，男，87岁，阿古拉镇乌兰那仁嘎查敖格力皋艾勒人。

乌力吉敖其尔，男，政协科左后旗委员会文史委主任。

巴音宝力高，男，阿古拉镇中心学校原校长。

玉宝，男，阿古拉镇达林艾勒嘎查人。

包文学，男，阿古拉镇镇长。

包玉梅，女，阿古拉幼儿园园长。

达牧林扎布，男，68岁，阿古拉镇达林艾勒嘎查人。

那顺德力格尔，男，67岁，达林艾勒嘎查小学退休教师。

吴明山，男，阿古拉镇卫生院副院长。

希日莫，男，65岁，阿古拉镇希伯艾里人。

张静波，男，阿古拉镇党委书记。

阿荣，女，75岁，阿古拉中心学校退休教师。

青格乐图，男，达林艾勒嘎查支部书记。

青梅，女，阿古拉镇政府干事。

图门吉日嘎拉，男，86 岁，阿古拉镇乌日图塔拉嘎查人。

和平，男，阿古拉镇卫生院副院长。

依德尔阿日色楞，男，97 岁，阿古拉镇乌兰那仁嘎查人。

哈达，男，64 岁，阿古拉镇干部，已退休。

哈斯巴根，男，83 岁，阿古拉镇合林索根嘎查人。

哈斯宝鲁，男，70 岁，道日苏嘎查小学退休教师。

都达古拉，女，79 岁，阿古拉镇赛音呼都嘎嘎查人。

陶乙胡尔扎布，男，72 岁，阿古拉镇合林索根嘎查人。

淖日仓，男，78 岁，阿古拉镇吉力吐嘎查人。

斯琴巴特尔，男，阿古拉镇中心学校原校长。

赛音乌力吉，男，85 岁，阿古拉镇吉力吐嘎查人。

赛音吉日嘎拉，哈日额日格幼儿园园长。

额乐博力图，男，66 岁，阿古拉镇吉力吐嘎查人。

额尔德尼达来，男，阿古拉镇乌日图塔拉嘎查人。

附录二　部分历史档案截图
（科左后旗档案馆提供）

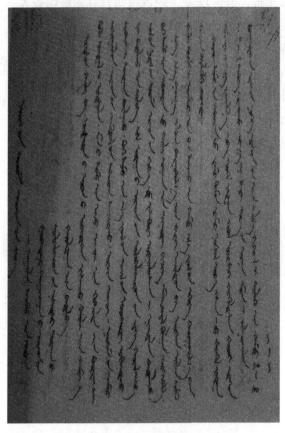

1. 阿古拉苏木乡规民约讨论稿（1997 年）

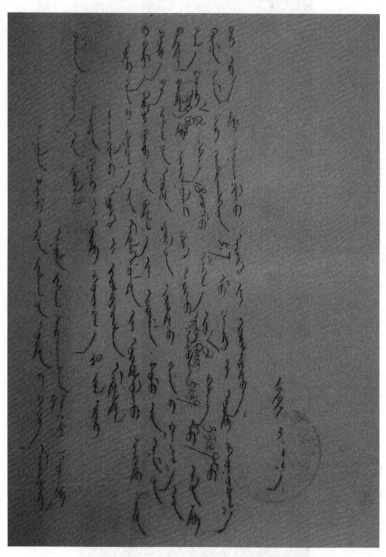

2. 关于批准达林嘎查土地承包的通知（1997年）

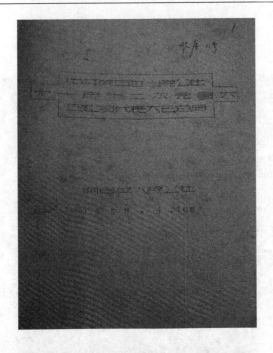

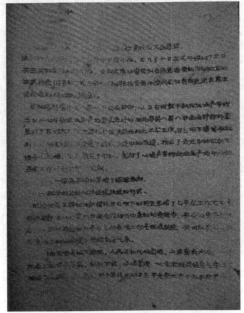

3. 中共阿古拉人民公社会议材料原文（第一届第二次党员大会社员代表大会总结，1959 年）

4. 阿古拉公社生产计划（1960 年）

5. 粮食产需分配表（1962—1963 年）

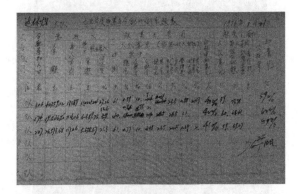

6. 大队党支部委员呈报表（1976 年）

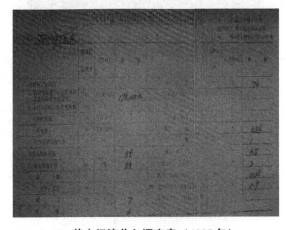

7. 积累和分配比例呈报表（1976 年）

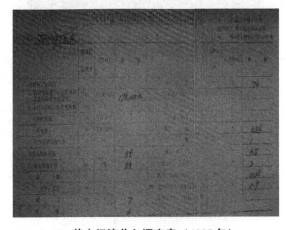

8. 苏木经济收入调查表（1985 年）

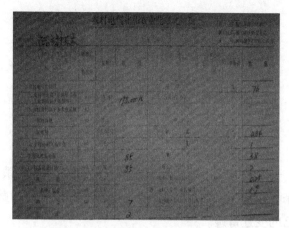

9. 农村电气化和农业化学化情况（1992 年）

后　记

　　阿古拉，一个蒙古族人口比例高达 99.85%的农牧业小镇。

　　数百年来，在这片 150 万亩的热土上，阿古拉农牧民用勤劳和智慧创造着属于自己的变迁奇迹。

　　为了记录新中国成立以来阿古拉地区农牧民生产生活及其所处的生态环境的变迁，课题组先后 6 次深入科左后旗相关部门及阿古拉镇政府、阿古拉镇阿古拉嘎查、达林艾勒嘎查、吉力吐嘎查等十余村落，从档案室到田间地头，从地方贤达到居家老人，尽可能去访谈获取他们生产生活及其所处生态环境变迁的点点滴滴，试图用档案资料、统计数据、文献记录、访谈录音、文字描述、家常闲聊、照片信息等描述过去。最后，我们将其整理、归纳、分析，撰写了这本书。

　　在实地调研中，不管是严冬腊月还是盛夏时节，当我们冒昧造访时，当地群众和干部，欣然接受我们长达数小时的访谈，特别是那些年迈的老者，娓娓讲述阿古拉地区农牧民的过去和今日，在此表示衷心的感谢！同时，时任科左后旗宣传部副部长赵洪同志、政协科左后旗委员会文史委主任乌力吉敖其尔同志、档案局副局长乌日根达来同志、中共阿古拉镇书记张靖波同志、副镇长文明同志、原副书记山花同志等，在百忙之中为我们的调研提供诸多方便，也为我们的课题研究指点迷津，使得课题研究更加顺利和完整，在此一并表示衷心的感谢！是你们共同讲述了一部有关阿古拉地区农牧民生产生活及生态环境变迁的故事，如果文中有什么不足、遗漏，甚至错误之处，是我们课题组水平有限、时间仓促之过，恳请阿古拉地区父老乡亲、相关专家学者和广大读者朋友谅解。

　　同时，在拙作即将付梓之际，衷心感谢内蒙古民族文化建设工程领导小组办公室及专家委员会的信任和关怀。感谢内蒙古自治区社会科学院领导及科研组织处的关心和支持。感谢内蒙古自治区社会科学院牧区发展研究所全体同仁挚友给予的热情帮助！感谢课题组成员内蒙古自治区社会科学院牧区发展研究所花蕊副研究员、包玉珍副研究员、明月助理研究员、内蒙古广播电视台编辑卓拉同志、政协科左后旗委员会文史委主任乌力吉敖其尔同志的辛勤付出。特别感谢中国社会科学出版社编辑宫京蕾老师、校对刘娟老师为本书出版付出的智慧与辛勤劳动。

愿阿古拉及阿古拉人民永远美丽、安康！